"十三五"国家重点出版物出版规划项目

|社|会|建|设|卷|

中国社会治理创新之路

THE ROAD OF SOCIAL GOVERNANCE
INNOVATION IN CHINA

龚维斌 等著

中国财经出版传媒集团
经济科学出版社
Economic Science Press

图书在版编目（CIP）数据

中国社会治理创新之路/龚维斌等著.—北京：
经济科学出版社，2019.2（2021.6 重印）
（中国道路·社会建设卷）
ISBN 978 - 7 - 5218 - 0187 - 3

Ⅰ.①中… Ⅱ.①龚… Ⅲ.①社会管理 -
研究 - 中国 Ⅳ.①D63

中国版本图书馆 CIP 数据核字（2019）第 014370 号

责任编辑：孙怡虹
责任校对：刘　昕
责任印制：李　鹏

中国社会治理创新之路

龚维斌　等著
经济科学出版社出版、发行　新华书店经销
社址：北京市海淀区阜成路甲 28 号　邮编：100142
总编部电话：010 - 88191217　发行部电话：010 - 88191522
网址：www.esp.com.cn
电子邮件：esp@esp.com.cn
天猫网店：经济科学出版社旗舰店
网址：http://jjkxcbs.tmall.com
北京季蜂印刷有限公司印装
710×1000　16 开　20.25 印张　260000 字
2019 年 2 月第 1 版　2021 年 6 月第 2 次印刷
ISBN 978 - 7 - 5218 - 0187 - 3　定价：70.00 元
(图书出现印装问题，本社负责调换。电话：010 - 88191510)
(版权所有　侵权必究　打击盗版　举报热线：010 - 88191661
QQ：2242791300　营销中心电话：010 - 88191537
电子邮箱：dbts@esp.com.cn）

《中国道路》丛书编委会

顾　　问：魏礼群　马建堂　许宏才

总　主　编：顾海良

编委会成员：（按姓氏笔画为序）
　　　　　　马建堂　王天义　吕　政　向春玲
　　　　　　汪林平　陈江生　季正聚　季　明
　　　　　　竺彩华　周法兴　赵建军　逄锦聚
　　　　　　姜　辉　顾海良　高　飞　黄泰岩
　　　　　　傅才武　曾　峻　魏礼群　魏海生

社会建设卷

主　　编：陈江生　向春玲

《中国道路》丛书审读委员会

主　任：吕　萍

委　员：（按姓氏笔画为序）
　　　　刘明晖　李洪波　陈迈利　柳　敏
　　　　樊曙华

总　　序

中国道路就是中国特色社会主义道路。习近平总书记指出，中国特色社会主义这条道路来之不易，它是在改革开放三十多年的伟大实践中走出来的，是在中华人民共和国成立六十多年的持续探索中走出来的，是在对近代以来一百七十多年中华民族发展历程的深刻总结中走出来的，是在对中华民族五千多年悠久文明的传承中走出来的，具有深厚的历史渊源和广泛的现实基础。

道路决定命运。中国道路是发展中国、富强中国之路，是一条实现中华民族伟大复兴中国梦的人间正道、康庄大道。要增强中国道路自信、理论自信、制度自信、文化自信，确保中国特色社会主义道路沿着正确方向胜利前进。《中国道路》丛书，就是以此为主旨，对中国道路的实践、成就和经验，以及历史、现实与未来，分卷分册做出全景式展示。

丛书按主题分作十卷百册。十卷的主题分别为：经济建设、政治建设、文化建设、社会建设、生态文明建设、国防与军队建设、外交与国际战略、党的领导和建设、马克思主义中国化、世界对中国道路评价。每卷按分卷主题的具体内容分为若干册，各册对实践探索、改革历程、发展成效、经验总结、理论创新等方面问题做出阐释。在阐释中，以改革开放四十年伟大实践为主要内容，结合新中国成立近七十年的持续探索，对中华民族近代以来发展历程以及悠久文明传承的总结，既有强烈的时代感，又有深刻的历史感召力和面向未来的震撼力。

丛书整体策划，分卷作业。在写作风格上，注重历史和现实相贯通、国际和国内相关联、理论和实际相结合，对中国道路的重大理论和实践问题做出探索；注重对中国道路的实践经验、理论创新做出求实、求真的阐释；注重对中国道路做出富有特色的、令人信服的国际表达；注重对中国道路为发展中国家走向现代化的途径、为解决人类问题所贡献的中国智慧和中国方案的阐释。

在新中国成立特别是改革开放以来我国发展取得的重大成就基础上，近代以来久经磨难的中华民族实现了从站起来、富起来到强起来的历史性飞跃，焕发出强大生机活力，迈进中国特色社会主义道路发展的新时代。在新时代建设社会主义现代化强国的新的历史征程中，中国财经出版传媒集团经济科学出版社、中国特色社会主义经济建设协同创新中心精心策划、组织编写《中国道路》丛书有着更为显著的、重要的理论意义和现实意义。

《中国道路》丛书2015年策划启动，2017年开始陆续推出。丛书2016年列入"十三五"国家重点出版物出版规划项目、主题出版规划项目，2017年列入国家"90种迎接党的十九大精品出版选题"，2018年获国家出版基金资助。

《中国道路》丛书编委会
2018年12月

目 录

导言 社会治理创新的基本特点 ······ 1
    一、社会治理理念创新 / 1
    二、社会治理主体扩大 / 4
    三、社会治理方式改革 / 8
    四、社会治理重心调整 / 10

第一章 社会治理主体多元化 ······ 15
    一、坚持党的领导，发挥核心作用 / 15
    二、落实政府责任，创新管理机制 / 23
    三、推动社会协同，激发发展活力 / 30
    四、动员公众参与，实现共建共享 / 38

第二章 社会治理方式多样化 ······ 47
    一、历史演进 / 47
    二、法治保障 / 55
    三、道德约束 / 67
    四、科技支持 / 80
    五、融合创新 / 90

第三章　人民团体参与社会治理 ………………… 95

一、人民团体概述 / 95

二、共青团组织参与社会治理 / 103

三、工会组织参与社会治理 / 113

四、妇联组织参与社会治理 / 125

第四章　社会组织参与社会治理 ………………… 137

一、社会组织的界定、类型及其现状 / 138

二、社会组织在社会治理中的作用 / 146

三、社会组织参与社会治理的机制与挑战 / 154

四、社会组织的发展和管理 / 161

第五章　城市社区治理 ………………………………… 167

一、城市社区治理的兴起与历程 / 167

二、中国城市社区治理的成效与经验 / 178

三、中国城市社区治理的问题与出路 / 183

第六章　农村社会治理 ………………………………… 193

一、中国农村社会治理的时代背景 / 193

二、发达地区农村社会治理 / 199

三、欠发达地区农村社会治理 / 210

四、少数民族地区农村社会治理 / 221

第七章　网络社会治理 ………………………………… 234

一、网络社会治理的内涵与背景 / 234

二、网络社会的特点与治理原则 / 240

三、网络社会治理面临的新挑战 / 246

四、网络社会治理的发展方向 / 253

第八章 现代应急管理体系的建立与发展 …………… 260

一、现代应急管理体系建设的起步 / 261

二、"十一五"时期应急管理体系建设 / 267

三、"十二五"时期应急管理体系建设 / 275

四、"十三五"时期应急管理体系建设的思考 / 281

第九章 新时代中国社会治理新趋势 ………………… 291

一、社会治理的体制机制将更加完善 / 291

二、社会治理的理念原则将更加优化 / 295

三、社会治理的方式方法将更加科学 / 299

四、社会治理的重点任务将更具时代性 / 303

主要参考文献 / 309

后记 / 312

导 言

社会治理创新的基本特点

中国自1978年实行改革开放以来，经济社会政治文化各个方面发生了全方位的巨大变化。在此过程中，社会的组织方式和秩序建构模式也进行了相应的调整和改革，由传统意义的社会管理走向现代意义的社会治理。社会治理体制不断改革创新，主要表现在社会治理理念、社会治理主体、社会治理方式、社会治理重心等几个方面。

一、社会治理理念创新

2012年，党的十八大提出了"国家治理体系和治理能力现代化"这样一个重要思想。作为国家治理体系和治理能力现代化的重要组成部分，"社会治理"在学术界使用多年后正式进入党和国家的理论和政策范畴。社会治理是指：立足公平正义，以维护和实现群众合法权益为核心，协调社会关系，处理社会问题，化解社会矛盾，防范社会风险，促进社会认同，保障公共安全，维护社会和谐稳定。社会治理是一个中国本土化色彩很浓的概念，它与国际上通行的"治理"概念既有联系又有区别。在一定意义上可以把它看作是"治理"的一个方面或一个部分。因此，"治理"的理念、原则、方法和手段在很大程度上同样适用于"社会治理"。社会治理是由社会和治理两个词组成的，既可以把"社会"理解为"多种社会力量和社会主体"，把"社会"作为主语来对待，即社会性力量的治理；也可以把"社会"理解为对象，把"社会"作为宾语来对待，即治理的是社会领域的事情。无论"社会"作为主语还是宾语，社会治理都是治理的一个方面，而不是全部。因此，社会治理与治理的不同之处主要在于，治理是一个更大的概念，治理的对象、范围和任务比社会治理要宽泛、复杂和繁重，而社会治理相比于治理则相对简单一些。社会治理是中国特色的理论和概念，是中国历史传统与现实发展的产物，具有很强的中国特色，有自己的特点。

（一）从社会管理走向社会治理

社会治理是从社会管理发展而来的。中国人长期以来习惯于社会管理这一概念，而对治理以及与此相连的社会治理却十分陌生。社会管理是中国土生土长的概念，有人类社会就需要有社会管理。进入21世纪以后，随着中国经济高速发展、城镇化快速推进，经济社会结构以及人们的阶层和需求结构深刻变化，新老社会问题和社会矛盾交织、频繁发生，迫切需要加强和创新社会管理。2004年，党的十六届四中全会强调，要加强社会建设和管理，推进社会管理体制创新。自此以后，社会管理成为党和政府的一项重要工作，是经济建设和管理之外的另一个重要任务。社会管理也因此受到学术界的重视，成为重要的学术研究领域，产生了一大批有价值的研究成果。但是，当时社会管理主要还是沿用传统的思维模式和手段，把"维护社会稳定"（简称为"维稳"）作为唯一目标，把"社会管控"作为主要手段，一些地方陷入"越维越不稳""越治越不安"的怪圈。一方面是受到治理理论的启发，另一方面是基于对社会管理实践的总结，党和政府以开放的胸怀和不断创新的理论勇气，提出了社会治理这一新思想。社会治理是对社会管理理论的发展，是顺应时代发展要求、更具人文精神、更加合理的社会管理。

（二）立足公平正义

社会治理要求立足公平正义。公平正义既是社会治理的重要原则，也是社会治理方式方法的衡量标准，更是社会治理效果和质量的评判依据。"事不公则心不平，心不平则气不顺，气不顺则难和谐。"不公平、不正义是很多社会问题、社会矛盾、社会冲突产生的根源。近年来，中国政府努力推进权利公平、机会公平和规则公平，致力于改革户籍制度，缩小城乡差距；改革就业、教育和社会保障政策，努力减少不公平现象；深化司法体制改革，规范司法行为，建设公正、高效、权威的司法制度，努力确保在全社会实现公平和正义。

（三）坚持以人为本

社会治理要求坚持以人为本，保护公民的合法权益。以人为本就是要求维护人的尊严、满足人的需求、保障人的权利。以人为本是社会治理最重要的原则。实现以人为本，首先要着眼于保护弱势群体，只有弱势群体的权利得到了保护，社会才能真正进步，文明程度才能真正提高。农民、农民工、贫困人口以及城市就业困难人群作为弱势群体，他们的财富相对较少，他们的社会地位相对较低，他们的社会影响力相对较弱，他们生产生活中的困难更多一些，而他们解决难题的能力也相对较差。近年来，对以上述群体为代表的普通群众的权利保护是党和政府工作的重点。中国一系列公共政策在体现普惠的同时，致力于补齐社会发展的短板，实行倾斜保护和重点保护。党的十八届五中全会提出"十三五"时期要坚持共享发展，让全体人民在改革发展中有更多的获得感，要求大力发展社会事业，着力保障和改善民生，实现"业有所就、劳有所得、学有所教、老有所养、病有所医、住有所居"。只有人民群众生产生活的实际困难得到了真正有效的解决，产生社会问题和社会矛盾的空间才会大大压缩。

（四）追求秩序与活力的统一

社会治理追求秩序和活力的统一，强调既要追求稳定和秩序，更要激发社会活力。追求秩序和活力的统一是社会治理对社会管理理念的重要发展。不能片面强调维护社会秩序而忽视了激发社会活力，要防止出现"一管就死、一放就乱"的局面。新一届中央政府成立以来，一直把"简政放权、放管结合、优化服务"作为深化行政审批制度乃至行政体制改革的中心任务，把政府不该管、管不了、管不好的事情交给市场、交给社会，把该由地方和基层政府去做的事情权力下放，正确处理政府与市场、政府与社会、社会与市场以及中央政府和地方政府的关系，激发市场和社会的活力，鼓励和支持大众创业、万众创新，让一切创造财富的源泉充分涌流，努力做到人尽其才、物尽其用，人人心情舒畅。

（五）重视源头治理

社会治理要求实行源头治理，而非末端治理；不是坐等问题出来以后再想办法解决，而是要提前预防、事先疏导，不是简单的管控、压制。源头治理要求保障公民权利，着力改善民生，进行社会风险评估，把矛盾、问题、隐患、风险消解在萌芽状态。

二、社会治理主体扩大

一般而言，社会治理的主体是多元的，运用多种力量进行治理，实行社会共治。1978年以前，中国实行高度集中的计划经济体制，政府管理延伸到经济、政治和文化等方方面面。政府（包括党在内的公共权力机构）在一定意义上是国家（国家政权)的代名词,因此,较激进的观点甚至认为改革开放前中国只有国家,没有市场和社会。"国家—市场—社会"的框架模型中只有强大无比的国家,国家吞没了市场,也吸纳了社会,既没有市场生存和发展的空间,也没有社会生存和发展的空间。国家(或者说党和政府)几乎是一切公共事务、公共产品、公共服务、社会秩序的唯一提供者。由于没有社会力量,也没有社会空间,因此改革开放以前的社会管(治)理更多的是政治管(治)理。

改革开放以来,中国着力打破计划经济体制,建立社会主义市场经济体制,培育企业家和市场力量,努力发挥市场配置资源的作用,国家力量对经济生活的直接干预越来越少,政府与市场的关系逐步向科学合理的方向发展。但是,相比之下,政府与社会的关系仍不合理,具体表现为,一方面,政府对社会事务干预过多,干了很多干不了、干不好的事情;另一方面,对于社会成员亟待解决的生活难题,政府表现又往往缺位,使得社会问题和社会矛盾不能及时有效地得到解决,群众诉求不能及时有效地得到反映。这种状况不仅造成政府负担过重,还使得社会力量得不到发展。建立党政主导下的多元共治社会治理新格局,是中国社会治理体制改革创新的必然选择。

(一) 党政主导

中国特色的社会治理体制要求加强党委领导,发挥政府主导作用,鼓励和支持社会各方面参与,实现政府治理和社会自我调节、居民自治良性互动。社会治理体制是对社会管理体制的继承和发展,它是一种扬弃式的坚持和创新。多元主体参与是在党的领导下和政府主导下进行的,因此,创新社会治理首先要加强党的领导,充分发挥政府的主导作用,而不是放弃党的领导和政府的主导。但是,党和政府在社会治理中发挥作用的方式又不能简单地沿袭传统的办法,必须与时俱进地改革完善。党的领导有利于保证社会治理不走偏方向,沿着正确的轨道前进。中国社会治理不可能照搬别国的经验和做法，需要探索建立与中国历史文化传统、社会主义市场经济体制相适应的社会治理模式。党的领导有利于团结、组织和动员各方面力量共同参与，因为共产党具有强大的凝聚力和整合力，可以统筹和协调各种力量。新的历史条件下，党对社会治理的领导主要体现在对社会治理形势的判断、重大方针政策的制定上，体现在对社会思潮、价值观念、舆论民意和社会心理的掌握和引导上，体现在对社会治理人才的选拔、使用和培养上。政府对社会治理的主导作用，主要表现为经常性地研判社会发展趋势、编制社会发展专项规划、制定社会政策法规、统筹社会治理方面的制度性设计和全局性事项管理、筹集和合理配置社会治理资源。近年来，各级党委和政府加强了对社会治理宏观政策的研究与社会治理的顶层设计，不断强化社会治理责任制，加强对社会治理的考核，建立更加细化严格的社会治理考核指标体系。

（二）多元参与

现代社会是复杂社会，人们的社会需求多种多样、千差万别，社会事务纷繁复杂，社会问题和社会矛盾林林总总，党和政府不可能包揽一切，必须动员和运用市场组织、社会组织等多方面力量参与社会治理。中国在构建多元共治的社会治理格局中，一是进一步健全城乡居民自治组织，深入推进居民自治。在这方面，党和政府近年来出台了一系列政策和措施。二是改革以工会、妇联、共青团为代表的群团组织，增强其活力，加强其与特定群众的联系，发挥其在社会治理中的重要作用。2015年7月，中央召开党的群团工作会议提出群团工作要以群众为中心，让群众当主角，要大力健全组织特别是基层组织，加快新领域新阶层组织建设，要积极联系和引导相关社会组织。同月，中央出台《关于加强和改进党的群团工作的意见》，指出了工会、妇联、共青团等群团组织改革发展的方向，为焕发群团组织的生机活力、有效参与社会治理提供了动力。除此之外,最重要、最紧迫的是规范和发展社会组织,鼓励和支持社会组织参与社会治理。

(三) 发展社会组织

社会组织也是中国式的概念。它是对传统的非政府组织、非营利组织、第三部门、民间组织等称谓的改造,主要有两种情况:一是在民政部门管理的社会组织,包括社团、基金会、民办非企业单位三类。截至 2015 年底,中国共有 60 多万家社会组织。二是实际存在但是没有在民政部门正式登记备案的社会组织。这类社会组织通常规模不大、内部结构比较简单甚至不怎么规范,如社区老年志愿服务组织、钓鱼协会、棋牌协会等。据估计,这类组织的数量远远超过在国家机关登记备案的社会组织数量,而且生命力很强。

中国政府对于社会组织的改革发展思路,一是盘活存量,即用改革的办法规范已有社会组织的行为,激发社会组织活力。党的十八大以来,社会组织改革进入新的历史阶段。对于现有社会组织改革的目标是政社分开,促使社会团体、行业协会商会真正按照社会组织的要求独立运转,建立完善的法人治理结构,提高服务能力和水平。党的十八届二中全会决定限期实现行业协会商会与行政机关真正脱钩。经过两年的调研论证,2015 年,中共中央办公厅、国务院办公厅印发了《行业协会商会与行政机关脱钩总体方案》,阐述了改革的总体要求和基本原则,明确了脱钩主体、范围、任务和措施,对配套政策和组织实施方式也做了详细的说明。其中,最为核心的内容是,推进行业协会商会与行政机关在机构、职能、资产财务、人员、党建外事等方面的"五分离五规范"。目前,行业协会商会与行政机关脱钩已进入实质性阶段。二是做大增量。与发达国家相比,与社会治理创新的现实要求相比,中国社会组织数量远远不足,迫切需要大力发展。2013 年,中国政府明确要求改革社会组织登记管理制度,对行业协会商会类、科技类、公益慈善类、城乡社区服务类社会组织，除依据法律法规和国务院决定需要前置审批的外，不再需要有主管部门，可直接向民政部门依法申请登记。这在一定程度上有利于社会组织的发展。

三、社会治理方式改革

社会治理方式是指运用何种方法和工具治理社会。能否依法治理是社会治理与社会管理最重要的区别之一。在强调法治方式的同时，社会治理还要积极运用社会管理中有效的方法和工具，如道德约束、市民公约、村规民约、行业规范、单位管理等。

（一）运用法治方式

党的十八大以来，法治成为社会治理方式改革创新的主旋律。党的十八届四中全会提出推进法治社会建设的重大任务，要求把社会治理纳入法治化轨道，提高社会治理法治化水平。坚持依法治理，领导干部是关键。习近平总书记多次强调，各级领导干部要提高运用法治思维和法治方式的能力，在法治轨道上推进各项工作。要求各级领导干部自觉带头守法，善于运用法治思维和法治方式开展工作、解决问题，引导和支持人们依法理性表达诉求、依法律按程序维护权益，预防和化解矛盾，有效实施社会治理。要求在领导干部中树立法治首先是"治官"而不是"治民"的理念。党的十八大以来开展的严厉打击腐败和全面从严治党都是依法推进社会治理的有力保障和重要体现。

法治要求规范约束政府权力，保护公民权利。党的十八大以来，党和政府致力于依法建立健全群众利益表达维护和矛盾纠纷解决机制。一是着力构建群众利益表达机制和协商沟通机制。要求各级政府建立决策听证制度，凡是事关群众切身利益的重大决策，都要通过听证等方式广泛听取群众意见。完善人大代表联系群众机制，听取和反映群众诉求。构建程序合理、环节完整的协商民主体系，拓宽国家政权机关、政协组织、党派团体、基层组织、社会组织的协商渠道，充分发挥协商民主在群众利益表达和协商沟通中的独特作用；发展基层民主，维护基层群众利益；健全以职工代表大会为基本形式的企事业单位民主管理制度，维护和保障职工民主权利和利益。改革信访工作制度，建立涉法涉诉信访依法终结制度，启动信访立法工作，努力把信访纳入法治化轨道，引导群众依法理性表达诉求，通过法律渠道维护合法权益。二是着力构建社会矛盾预警机制。总结和推广一些地方创造的网格化管理、社会化服务经验，加大力度建设基层党组织、政法综治机构、人民调解组织，发挥其扎根基层、联系群众的优势，及时了解群众疾苦，倾听群众呼声，反映群众利益诉求，及早发现和掌握社会矛盾线索，为党委、政府和有关部门决策、管理提供依据。三是健全社会矛盾纠纷预防化解机制。各地开展大下访、大排查、大调处活动，坚持抓早抓小抓苗头、及时就地化解，最大限度地把矛盾解决在基层、解决在萌芽状态，防止矛盾激化升级。在社会矛盾纠纷化解方面，中国已经建立了调解、仲裁、行政裁决、行政复议、诉讼等纠纷解决制度，这些制度各具特色、各有优势，在化解矛盾纠纷中各自发挥独特作用。党的十八届四中全会提出，要进一步完善各项纠纷解决制度，致力于建立不同纠纷解决制度运行顺畅、有机衔接、相互协调的多元纠纷解决机制。具体来说，就是要求进一步完善调诉对接、裁审协调、复议诉讼衔接的机制，不同纠纷解决制度既能在各自领域和环节中有效发挥作用，又能够顺畅衔接、相互配合、相互支撑，强化纠纷解决效果。例如，调解是中国特色的纠纷解决制度。《人民调解法》规定了人民法院对调解协议效力的确认和执行制度，有效实施这一制度，对于提高人民调解的公信力，防止经过调解的纠纷又涌入法院，从而减轻法院案件压力，具有重要作用。因此，需要坚持和完善调解制度；同时，还要坚持调处结合、调判结合，能调则调，当处则处，该判则判，依法妥善化解纠纷。

（二）运用信息技术

中国正处于信息化、互联网乃至物联网深度发展的时代。信息化与互联网为信息互通、资源共享、社会合作提供了极大的可能性和便利性，既给社会治理带来挑战，也给社会治理方式创新带来机遇。中国政府充分意识到新一代"互联网+"技术与社会治理服务融合在社会治理中的重要作用，把它作为提升社会治理精细化水平的有力支撑。近年来兴起的网格化管理模式就是信息化在社会治理中的运用。网格化管理模式是运用数字化、信息化手段，以社区、网格为区域范围，以事件为管理内容，以处置单位为责任人，通过管理信息平台，实现网格内单位联动、资源共享的社会治理模式。2015年7月，国务院颁布《关于积极推进"互联网+"行动的指导意见》，提出了11个方面的任务，其中有多项涉及社会治理的内容。与"互联网+"相关的大数据、云计算等信息化技术手段，越来越成为社会治理的重要工具。2015年8月，国务院出台《促进大数据发展行动纲要》，勾画了未来5~10年打造精准治理、多方协作的社会治理新模式。建设智慧城市、智慧社区、智慧警务，实行"阳光信访"正在成为潮流。

四、社会治理重心调整

社会治理重心涉及社会治理的范围、领域和重点任务。随着工业化、城市化、信息化、市场化和国际化的深入推进，中国社会治理的形势和任务发生了极大的变化，社会治理的重点领域和工作着力点也随之变化和调整。

(一) 重视网络社会治理

21世纪以来,互联网技术迅猛发展,快速形成了一个庞大复杂的网络社会。由于网络社会的匿名性、平等性、参与性和互动性等特点,它的发展速度远远超出人们的想象。它既独立于现实社会,又与现实社会紧密相连,成为人类历史上新的生存交往空间和方式。2010年中国网民数量为4.57亿人,到2015年12月则跃升为6.88亿人,5年多时间增加2亿多人。网络社会的诞生虽然给人们的生产生活、学习购物、交流交友等带来极大方便,但是网络信息鱼龙混杂、真假难辨,往往充斥着暴力、色情、欺诈、谣言等有害信息,信息安全存在隐患,一些言论不理性、不负责甚至有政治目的,对社会秩序和政治稳定构成威胁。为此,统筹现实社会的治理和网络社会的治理成为一项紧迫的任务。2011年5月,国务院办公厅成立国家互联网信息办公室,负责落实互联网信息传播方针政策,推动互联网信息传播法制建设,指导、协调、督促有关部门加强互联网信息内容管理等。2014年8月,国家互联网信息办公室颁布实施了《即时通信工具公众信息服务发展管理暂行规定》,对即时通信工具服务提供商、使用者的服务和使用行为进行了规范。2015年,全国人大常委会起草了《网络安全法(草案)》,向社会公开征求意见。2014年以来,多次开展针对网络谣言、网络犯罪的专项治理行动。成立专门的管理机构、制定专门的政策法律,依法实施网络治理,促进网络社会健康有序发展。

(二) 重视城市社会治理

2011年,中国城市化率达到51.27%,标志着城市人口超过农村人口,也意味着中国不再是一个农村和农民占主导的国家,而是城市和城市人口占主导的国家。2015年底,中国城市化率进一步提高到56.1%，预测2020年中国城市化率将达到60%。中国快速城市化的过程中，大量农村人口转移进入城市工作和生活。1978年，中国城市化率不到18%，30多年间中国城市化率提高了38个百分点，数以亿计的农村人口离开农村进入城镇。中国快速城市化进程带来两个极化效应，一是城市特别是大城市人口急剧膨胀，造成人口"过密化"，公共资源紧张，公共服务不足，外来人口难以融入当地社会，社会治理面临诸多困境。这种情况在北京、上海、广州和深圳等特大型城市特别明显。二是农村特别是中西部经济欠发达地区农村人口"空心化"，出现大量"空心村"和"空壳村"。青壮年外出以后形成的"留守儿童""留守妇女""留守老年"有1亿多人，成为新的弱势群体。城市化带来的新变化、新挑战，给中国的社会治理提出了一个崭新的课题，一方面要积极探索建立适应城市特点的社会治理体制，另一方面要加强和创新农村社会治理。2015年底，在时隔37年之后，中央召开了改革开放后第一次城市工作会议，要求各级党委政府高度重视城市工作，科学规划、建设和管理城市，加强城市管理机构建设，改革城市执法体制，提高社会治理水平。城市社会治理在城乡社会治理格局中的地位将进一步上升。

（三）重视基层社会治理

基层社会治理是社会治理的根基，城乡社区则是基层社会治理的主要载体，社区治理已经成为基层社会治理的主要形式。各级党委政府越来越清醒地认识到，社会治理的重点和难点都在基层，上面千条线下面一根针。以乡镇街道和社区居委会为主体的基层直接面对和服务群众，基层社会治理水平的高低直接反映和决定着整个国家的社会治理水平。近年来，各地按照"重心下移、力量下沉、保障下倾"的要求，推进街道和社区管理体制改革。很多地方进一步把社会服务与城市职能下沉到街道，发挥街道开展公共服务、统筹辖区治理、组织综合执法、指导社区建设等职能,街道办事处在辖区社会服务与城市管理中的综合协调作用得到加强,推进街道政务服务中心建设。社区建设进一步得到加强,各地普遍开展社区减负工作,要求制定社区任务清单,社区有权拒绝在任务清单之外的政府部门和有关单位提出的工作要求,社区工作进一步规范。按照费随事转的要求,政府向社区投放和转移的资源更多。同时,遵循社区治理规律,动员居民委员会、社会组织、物业公司、业主委员会、驻区单位等各方面力量,搭建社区成员交往交流的平台,鼓励和支持社区成员互帮互助,加强社区公共事务民主管理,增进社区成员的联系,增强社区成员的社区认同感和归属感。

(四)重视公共安全与应急管理

公共安全事关人民安居乐业、社会安定有序,健全公共安全体系、加强应急管理工作、确保公共安全是社会治理的重要内容。21世纪以来,我国自然灾害进入多发频发期,重特大事故灾难时有发生,食品药品安全事件经常发生,公共卫生事件防控难度增大,社会矛盾和群体性事件数量居高不下,反恐维稳形势严峻、任务艰巨。特别是随着工业化和城市化加速推进,城市高层建筑物、水电油气运等生命线工程,一些大型关键设备、化工园区等重大风险源在增多,一旦发生事故,可能导致重大经济社会损失和人员伤亡,造成社会混乱。2003年抗击"非典"疫情之后,中国政府开始建设以"一案三制"为核心的现代应急管理体系。经过10多年的建设和发展,中国应急管理的机构、制度逐步建立和完善,预防和处置突发事件的能力大大增强。但是,2015年发生的长江航道上"6·1""东方之星"客轮翻沉事件、天津港"8·12"火灾爆炸事故、深圳市光明新区"12·20"渣土受纳场滑坡事件,造成重大人员伤亡,暴露出我国公共安全体系和应急管理工作的不足,也说明加快公共安全体系建设任重道远。作为非常态社会治理的应急管理工作，受到了前所未有的重视。当前有关部门正在制定《国家突发事件应急体系"十三五"规划》，致力于织密织牢公共安全网，补好应急管理的短板，提升公共安全保障和应对突发事件的能力。

第一章

社会治理主体多元化

"多元"是现代社会治理的基本趋势和重要特征。党的十八届三中全会从推进国家治理体系和治理能力现代化的战略高度,提出了加强党委领导,发挥政府主导作用,鼓励和支持社会各方面参与,实现政府治理和社会自我调节、居民自治良性互动的创新社会治理的战略要求。党的十九大进一步提出,要完善"党委领导、政府负责、社会协同、公众参与、法治保障"的社会治理体制,构建全民共建共治共享的社会治理格局。社会治理"体制"和"格局"的构建,蕴含了社会管理迈向社会治理理念的重要变革,体现了社会治理主体多元化的特征。

一、坚持党的领导,发挥核心作用

中国共产党是中国特色社会主义事业的领导核心。党的性质从根本上决定了党在国家政治生活中处于领导核心地位。加强党对社会治理领导,就是要始终坚持党委的领导核心地位,充分发挥党在社会治理中总揽全局、协调各方的作用,把党的意志和主张体现到国家的法律法规中,支持社会治理多元主体依法参与社会治理,有效发挥基层党组织和党员服务群众、凝聚人心的作用,提高引领社会、服务社会的能力。

（一）社会治理关系党的执政兴衰

社会治理事关党执政目标的实现。创新社会治理是坚持和发展中国特色社会主义的本质要求和重要保障，是实现国家治理体系和治理能力现代化的必然要求。人民是历史创造者，始终坚持人民主体地位，是马克思主义群众观点的基本原理，也是马克思主义政党同其他政党的根本区别之一。一个执政党能否长期执政、有效贯彻党的纲领、实现党的奋斗目标，关键是执政党能否进行有效的社会动员和赢得人民群众的认可。中国共产党是执政为民的党，人民的幸福就是中国共产党最大的执政目标，正如习近平同志在2012年11月15日中央政治局常委与中外记者见面会上所指出的，"人民对美好生活的向往，就是我们的奋斗目标"。社会治理涉及人民生活的方方面面，社会治理的理念、方式方法、能力水平、治理效果关系到社会是否安定有序、社会发展是否活力充沛、社会矛盾能否有效化解、公共服务能否有效提供、公共安全能否切实保障等，这些都与人民幸福息息相关。改革开放以来，中国共产党领导全国各族人民为实现全面小康社会不懈奋斗，以民生为重点的社会建设取得了长足进步，社会公共服务事业发展迅速，但社会治理能力和水平还需要进一步提高。因此，创新社会治理体制，完善社会治理格局，提高社会治理领导水平和能力事关党的执政目标的实现。

社会治理事关党执政基础的夯实。一个政党要实现执政使命，巩固扩大执政地位，必须随着形势和任务的变化，不断增强党的阶级基础，赢得广大人民群众的信任、支持和拥护。我们党的执政基础集中体现在中国共产党是中国工人阶级的先锋队，并建立在广大人民群众的拥护和支持的基础上。习近平同志指出，"不论过去、现在和将来，我们都要坚持一切为了群众，一切依靠群众，从群众中来，到群众中去，把党的主张变为群众的自觉行动,把群众路线贯彻到治国理政全部活动之中。"① 改革开放以来,我国社会治理与社会的发展进步总体上是同步的。但在新的历史时期,特别是在社会主义市场经济体系建立后,由于多种所有制成分共存,社会结构呈现复杂化、多样化特点,党的执政基础已经并将继续发生重大变化。与此同时,社会治理的范畴、内容、对象和外部环境也发生了深刻的变化,传统社会治理方式与新的社会环境之间不相适应的矛盾和问题快速凸显出来,各种群体性事件、集体上访事件频发。因而,必须创新社会治理,改进社会治理方式,协调好各阶层、各利益主体之间的利益关系,否则,势必会削弱甚至动摇党的执政基础。

社会治理直接体现党的执政能力。党的十八届三中全会提出了加快推进国家治理体系和治理能力现代化的总目标,反映了中国共产党对中国特色社会主义事业发展规律的新认识,体现了新时期党对治国理政的新认识,是加强中国共产党执政能力的内在要求。社会治理是社会建设的重大任务,是国家治理的重要内容。社会治理的好坏,体现着执政者执政水平的高低和执政能力的强弱,也直接体现了党的领导水平和执政能力。新时期,加强和提高党的执政能力,必须把握好立党为公、执政为民这一本质要求,充分尊重社会的发展规律、把握人民群众的利益需求、正确处理当前的社会矛盾、不断增加社会的公平正义、营造安定有序的社会环境。这些重大现实问题是对党的执政能力的重大考验,要进一步加强和改善党对社会治理的领导,加快推进社会治理体制改革,从而提高党科学执政、民主执政、依法执政水平。

(二)党领导社会治理的历史进程

中华人民共和国成立以来,中国共产党作为执政党,对社会发展规律和执政规律的认识不断深入,党领导的社会建设与社会

---

① 习近平:《在纪念毛泽东诞辰120周年座谈会上的讲话》。

治理理论与实践不断成熟。在不同的历史时期和历史背景下，中国共产党积极探索社会发展规律，创新社会管理方式，提高人民生活水平，维护社会和谐稳定。

改革开放前党对社会管理的领导。1949年9月30日，毛泽东同志在《中国人民大团结万岁》这篇宣言中，号召全国同胞们把全社会"进一步组织起来"。中华人民共和国成立初期，中国共产党的中心任务是巩固新政权，改造旧社会，同时吸收借鉴苏联社会主义建设的经验和做法，对经济以及各种社会资源实行全面的垄断，新生国家政权对社会实行全面控制。社会成员被"有计划"地安排在固定的社会空间，个人都是在服从的组织体系中发生交往互动，人们的社会生活（吃穿住行、生老病死等）都由国家给予相应的支持和供给。单位制、人民公社制、户籍制度、阶级分类制度以及高度一元化的意识形态成为支撑这一时期社会的基础性制度安排。在这种国家与社会结构框架下，社会建设依附在国家政权体系下，形成了我国独特的社会治理模式。

改革开放后党对社会管理的领导。党的十一届三中全会开启了改革开放的伟大历史征程，成为决定当代中国命运的关键抉择，中国共产党的工作重心走上了探索中国特色社会主义现代化建设的道路，"要求多方面地改变同生产力发展不适应的生产关系和上层建筑，改变一切不适应的管理方式、活动方式和思想方式"①。这一时期党和政府主要工作重点是以经济建设为中心，各项工作均为经济建设服务，在市场化的改革中逐步放松管制、放宽政策。此时，党对社会管理体制探索并没有纳入改革的重点领域，主要是围绕经济体制改革来进行，社会发展处于从属于经济发展的地位，社会管理的方式仍以"管控"为主，具有很浓的行政干预色彩。但是市场化改革也深刻影响了党对社会建设的

---

① 中共中央文献研究室编：《三中全会以来重要文献选编（上）》，人民出版社1982年版。

战略理念和重大决策,无形中推动了社会管理体制改革,政府提供公共服务开始注重质量和效益,民间组织也得到了较快发展。

加强和创新党对社会管理的领导。十六大以后,中国共产党顺应国内外形势发展变化,抓住重要战略机遇期,实施科学发展、促进社会和谐,完善社会主义市场经济体制,将社会建设纳入中国特色社会主义事业总体布局,构建起中国特色社会主义社会管理体制。2002年,党的十六大报告首次提出"社会更加和谐"的要求,强调要在"服务中实施管理,在管理中体现服务",将社会管理与社会服务并重。2004年党的十六届四中全会强调"要适应我国社会的深刻变化,把和谐社会建设摆在重要位置,注重激发社会活力,促进社会公平和正义,增强全社会的法律意识和诚信意识,维护社会安定团结",并提出要"加强社会建设和社会管理,推进社会管理体制创新"。2006年,党的十六届六中全会通过了《中共中央关于构建社会主义和谐社会若干重大问题的决定》,进一步明确了"健全党委领导、政府负责、社会协同、公众参与的社会管理格局"。2007年党的十七大报告首次把"社会建设"纳入中国特色社会主义事业总体布局,并提出"加快推进以改善民生为重点的社会建设"。2012年,党的十八大把"法治保障"纳入中国特色社会管理体制。

社会治理理念的提出。2013年,党的十八届三中全会通过了《中共中央关于全面深化改革若干重大问题的决定》,首次提出"创新社会治理体制",强调"必须着眼于维护最广大人民根本利益,最大限度增加和谐因素,增强社会发展活力,提高社会治理水平"。从"社会管理"到"社会治理",体现了中国共产党执政理念的重大转变和升华。

(三)党领导社会治理面临的挑战

21世纪初,我们党的执政环境发生了深刻的变化,当代中国既处于发展的重要战略机遇期,又处于社会矛盾叠加期,党领导的社会治理任务更加艰巨繁重。当前，社会治理思想认识不够清晰、体制机制不够顺畅、能力水平不相适应的问题依然突出，需要以问题和需求为导向，着力创新社会治理体制，改进社会治理方式。

社会治理理念相对落后。党的十八届三中全会提出了社会治理的理念，反映了我们党执政理念的转变更新。但当前对社会治理内涵实质把握得不深入，还没有形成统一的思想认识，还存在党委包揽过多、权力过分集中、以政策代替法律等现象，自觉不自觉地管了很多不该管或管不好的社会事务。社会治理理念所强调的多元化主体还未真正形成，社会力量发育比较缓慢，还不能完全适应社会时代的新变革，不能满足适应广大人民群众的新期待。实践中，特别是在基层街道（乡镇）、社区的社会治理中，维稳管控的思维还比较浓，社会服务意识还不够，社会自治基础薄弱，社会发展活力不足。

社会治理体制机制创新不够。从现实情况看，现阶段党领导的社会治理体制还不适应世情、国情、党情发生的深刻变化，顶层设计不够、缺乏综合协调、政社关系不顺、治理模式陈旧、政策法规滞后、实践经验不足，适应新要求的中国特色现代化社会治理体系框架尚未形成。因此，党领导社会治理体制改革要像抓经济领域体制改革一样，社会体制改革既要加快推进顶层设计、启动社会政策改革议程，又要积极倡导"摸着石头过河"、抓紧开展社会综合改革试点，不断改进和创新治理理念、制度、手段、方法。

社会治理能力还比较低。社会治理能力的现代化关键在于人才，重点在于领导干部社会治理能力提高和基层社会治理队伍建设。当前各级领导干部在社会治理能力方面还存在诸多不适应。一方面，治理观念有待转变，突出表现为权力观念变革迟缓，放权的内生动力不足；另一方面，解决社会问题的方式习惯靠单一的、自上而下的行政管理方法，不善于运用法治思维、法治方式和动员社会参与的办法解决问题。同时，缺乏处置复杂社会问题的方法经验，缺少应对突发事件的办法机制。基层社会治理队伍建设还不能满足当前社会治理的需求。社区、农村"两委"班子建设总体薄弱。加强社会治理人才培养对于加快推进社会治理能力的现代化至关重要，任务极其紧迫。

（四）党领导社会治理的工作体系

《中国共产党章程》规定，"党必须按照总揽全局、协调各方的原则，在同级各种组织中发挥领导核心作用"。"总揽全局、协调各方"是党发挥领导核心作用的体现，又是党领导社会治理的重要方式。创新社会治理体制，提升社会治理水平，首先就是要从体制机制上保障党领导核心作用的发挥，确保党委对社会治理的领导。

加强党委对社会治理的领导体制。党委对社会治理的领导主要体现在各级党委在社会建设与社会治理中担负领导职责的机构设置与职责明确的制度安排。随着中央层面对社会建设与社会管理创新的重视，各地紧密结合自身实际不断创造出许多适合国情和各地实际的社会建设与管理鲜活经验和实践模式，不断丰富和发展了中国特色社会建设道路。如北京、上海、广东、南京、贵阳、大庆等省市从成立工作机构入手，完善了党委对社会建设与社会管理创新的领导。最具代表性的是北京、上海和广东。上海起步最早，2003年8月成立社会工作党委，以抓"两新"组织党建为突破口，着力推动社会建设；北京最全面系统，于2007年12月成立市委社会工作委员会、市社会建设工作办公室，并于次年成立社会建设工作领导小组及其办公室，按照"五位一体"总布局的要求，系统设计、整体推进首都社会建设；广东有后发优势，于2011年8月成立省社会工作委员会后，紧紧抓住政社分开、转移政府职能这一关键，大力度推进社会体制改革。

完善党委领导社会治理的工作机制。高效顺畅的工作机制是党领导社会治理的重要基础和保障。近年来，各地围绕社会治理领导组织机构的职责，建立了相应的工作机制，如北京市全面创新社会治理领导体制和工作机制，并构建了"上、中、下"三级社会治理领导工作机制："上"有市委市政府党政主要领导挂帅的社会建设工作领导小组抓统筹，"中"有市、区两级社会工委、社会办牵头抓协调，"下"有纵向到街道社区、横向到"两新"组织复杂的工作网络抓落实。同时，在各街道（乡镇）建立社会工作党委，形成了区域化大党建格局；深化社区服务管理，形成社区党建、社区自治、社区服务"三位一体"治理机制；构建"枢纽型"工作体系，形成社会组织分类分级服务管理格局；在所有商务楼宇建立"五站"（党建工作站、社会工作站、工会工作站、青年团工作站、妇联工作站），打造全方位治理格局，形成了纵向到底（社区）、横向到边（"两新"组织）的社会治理工作机制。

夯实党委领导社会治理的法治保障。古人云，"国无常强，无常弱。奉法者强则国强，奉法者弱则过弱。"习近平同志在党的十九大报告中强调，要坚持党的领导、人民当家作主、依法治国有机统一，把党的领导贯彻到依法治国全过程。加快推进社会治理体系和治理能力现代化，必须不断完善社会建设与社会治理政策和制度创新，形成强有力的法治保障体系。如经过多年实践探索，北京市社会建设与社会治理初步形成三级"塔形"政策体系，即："顶端"是统筹全市社会建设的纲领性文件，包括社会建设"纲要"、社会治理规划等；"中间"是社会建设"六大体系"各领域专项文件；"底端"是专项配套政策文件和管理办法等，围绕这三个层级北京市已出台近百个关于社会建设与社会治理的政策性文件，并且正向法制化转化提升。

二、落实政府责任，创新管理机制

政府是社会管理的关键主体，在国家和社会事务中发挥着主导作用。社会管理是政府的基本职能之一，良好的社会管理对于维护社会公平正义、增进人民福祉、化解社会矛盾、维护社会稳定等具有十分重要的意义。随着改革开放的不断深入，经济体制深刻变革、社会结构深刻变动、利益格局深刻调整、思想观念深刻变化，政府履行社会管理的职责任务越来越重，一方面要求政府落实好履行社会管理的职责，另一方面也要不断推进社会管理体制改革，改进社会治理方式，调动发挥全社会的力量，形成多元共治的治理格局。

（一）社会管理是政府的重要职能

社会管理，是指以维系社会秩序为核心，通过政府主导、多方参与，规范社会行为、协调社会关系、促进社会认同、秉持社会公正、解决社会问题、化解社会矛盾、维护社会治安、应对社会风险，为人类社会生存和发展创造既有秩序又有活力的基础运行条件和社会环境、促进社会和谐的活动。① 可见，政府全面履行社会管理职能是加强政府自身建设、建设服务型政府的应有之义，对于确保社会秩序稳定、促进社会公平正义、实现人民安居乐业具有十分重要的意义。

良好的社会管理有利于确保社会稳定。一个国家的发展离不开社会的稳定有序。我国的国情决定了政府是履行社会管理的主导者，是一种政府主导型的社会管理方式。当代中国，既处于发展的重要战略机遇期，又处于社会矛盾的凸显期，影响社会不稳

---

① 马凯：《努力加强和创新社会管理》，载于《求是》2010年10月16日。

定的因素增多，如公共服务供给不足、城乡流动加快、收入差距加大、利益诉求增多、群体性事件频发、社会风险加剧等。如果不能进行有效的社会管理，及时改进政府社会管理的方式，那么中国在现代化建设的道路上就会缺乏稳定良好的环境。因此，政府要有效履行社会管理职能，就要以现实问题为导向，加快创新社会管理体制机制，积极化解社会矛盾、防范社会风险，构建全民共建共享的治理格局，做到职能到位、工作到位、责任到位。

良好的社会管理有利于促进社会公平正义。"有国有家者，不患寡而患不均，不患贫而患不安。盖均无贫，和无寡，安无倾"。公平正义是现代社会发展和稳定的核心。公平正义，就是社会各方面的利益关系得到妥善协调，人民内部矛盾和其他社会矛盾得到正确处理，社会公平和正义得到切实维护和实现。因此，政府履行社会管理职能就要制定好维护社会公平正义的社会政策，把最广大人民的根本利益作为制定和贯彻党的方针政策的基本着眼点，兼顾不同阶层和群体的利益，依法逐步建立以权利公平、机会公平、规则公平、分配公平为主要内容的社会公平保障体系，使公平正义具体体现在人们从事各项活动的起点、机会、过程和结果之中，使全体人民在共建中共享改革的发展成果，朝着共同富裕的方向迈进。

良好的社会管理有利于激发社会发展活力。加强和创新社会管理的目标之一就是要建设一个有活力的社会。政府主导并不意味着政府大包大揽，而是要形成政府、市场与社会的协调与平衡发展，否则就会导致社会缺乏积极性。党的十八大以来，中央和各地全面加强社会管理创新，加快推进社会体制改革，明确提出加快形成政社分开、权责明确、依法自治的现代社会组织体制。加快培育和发展社会组织已成为政府全面正确履行社会管理职能的重要体现，随着政府对社会组织管理改革的深化，也极大地推动了政府自身的改革、创新了公共服务提供方式，同时也有利于反映社会诉求，化解社会矛盾，增加就业岗位。

（二）政府履行社会管理职能的变迁

政府社会管理职能必须随着经济社会的发展变化不断改进和完善。回顾中华人民共和国成立以来政府职能的发展变化，在每一个时期都呈现出不同的阶段特征和职能定位，政府的社会管理职能经历了一个从"全能型政府"到"管治型政府"再到当前积极建设"服务型政府"的转变过程。

中华人民共和国成立到改革开放前，政府扮演全能的角色。中华人民共和国成立初期，国家的主要任务是巩固政权、维护社会秩序和稳定。当时，国家生产力水平低，经济社会由于长期战乱遭到严重破坏，为尽快恢复生产、进行经济社会建设，我国仿照苏联模式，实行高度集权的体制。在这个时期，社会一切事务由政府生产和提供，政治统治是我国政府的主要职能，政府成为全能型政府，"国家—社会"权力一元化，国家和政府垄断了一切社会资源。政府职能大而全，政府与社会边界高度重合。同时，政府进行社会管理的主要方式是强有力的管制，缺少有效的治理与服务，"政府通过计划与管制来理性设计社会运转的秩序，把社会活动包起来，管到底，力求通过这个损益最小、效果最好的计划把零乱无序的经济和社会生活纳入秩序的范围之内"。[①]

改革开放后到 1992 年，政府的社会管理服从于经济管理。改革开放后，中共中央及时调整了国家发展战略和中心任务，将工作重心转移到经济建设上来，政府更多地注重经济管理职能。为适应经济建设新形势，以转变政府职能为核心的行政体制改革被提上议事日程，1988 年首次提出以政府职能转变为方向的机构改革，通过改革，精简了政府机构，减少了政府对企业的干预，改变了政府对微观经济活动的管理。这个时期政府公共权力

---

① 马敬仁：《转型期的中国政府、企业与社会管理——中国管理情结解析》，载于《中国行政管理》1996 年第 1 期。

对社会的控制并没有减弱，政府仍然主导了所有社会事务，政府虽然加强了教育、卫生、文化、体育等社会事业的发展和维护社会稳定等工作，但政府的社会管理活动主要是为了发展经济服务。"这种改革方式使我国对经济事务的管理日益成熟的同时，也导致了社会管理部门改革的严重滞后"。①

从1993年到2002年，政府的社会管理重在维护稳定。1992年10月，党的十四大报告明确提出建立社会主义市场经济体制的改革目标。此后，随着我国社会主义市场经济体制的深入，也进入了全面的社会转型期，除了国家经济总量的持续增长，也面临着社会分化加剧、贫富差距逐渐加大等社会矛盾和风险。1994年政府报告提出要加强宏观调控、综合协调和社会管理。2000年政府工作报告强调"搞好社会保障体系建设，维护社会稳定"。这一时期政府加强了社会管理的职能，逐步重视社会保障体系的建设，但政府社会管理的主要精力放在了社会综合治安和维护社会稳定上。

从2003年至今，全面加强社会建设，在保障和改善民生中创新社会管理。随着市场经济体制的发展和完善，经济和社会发展不平衡不协调不适应的问题日益凸显，政府职能也逐步从经济发展与社会管理并重转变。2003年国务院机构改革明确提出政府的职能为经济调控、市场监管、社会管理和公共服务，把社会管理作为社会主义市场经济条件下政府应该履行的基本职能之一。2007年，党的十七大提出了加快推进以改善民生为重点的社会建设的六大任务，这表明加强社会管理已经成为我国政府加快职能转变、构建和谐社会的一个重大战略选择。2011年，政府工作报告提出，政府强化社会管理职能，广泛动员和组织群众依法参与社会管理，发挥社会组织的积极作用，完善社会管理格

---

① "政府社会管理"课题组：《我国政府社会管理的现状及问题分析》，载于《东南学术》2005年第4期。

局，实现政府行政管理与基层群众自治有效衔接和良性互动。2012年，党的十八大报告进一步强调，要在改善民生和创新管理中加强社会建设，加快推进社会体制改革，提高社会管理科学化水平，加强社会管理法律、体制机制、能力、人才队伍和信息化建设。2013年党的十八届三中全会提出社会治理的理念。2014年政府工作报告又提出推进社会治理创新，改进社会治理方式。总之，这一时期政府更加强调社会管理职能，以保障和改善民生为重点，有效推进社会事业发展，构建多元主体参与的社会治理格局。

（三）我国政府社会管理取得的主要成就

中华人民共和国成立以来，我国政府社会管理职能随着经济社会的发展不断演变并逐步适应。尤其是改革开放以来，为了适应经济体制从计划经济到社会主义市场经济转变，我国对社会管理体制进行了一系列改革，大力发展社会事业，创新社会管理方式方法，取得了显著成效。

人民生活不断提高。改革开放前，我国城乡居民生活基本上处在温饱不足状态，农村贫困人口2.5亿。经过近40年经济的快速发展，城乡居民生活水平和质量明显改善，居民拥有的财富迅速增加，按照世界银行的划分标准，我国已经由低收入国家跃升至世界中等偏下收入国家行列。2016年我国居民人均可支配收入23 821元，城镇居民人均可支配收入33 616元，农村居民人均可支配收入12 363元。[①] 就业人员持续不断增加，在经济快速增长的同时实现就业人数的同步甚至更快增长，2016年末就业人员达77 603万人。同时，逐步建立和完善了覆盖城乡的社会保障制度，养老、医疗、失业、工伤、生育保险在内的社会保

[①] 国家统计局，《中华人民共和国2016年国民经济和社会发展统计公报》，http://www.stats.gov.cn/tjsj/zxfb/201702/t20170228_7424.h。

障体系框架基本形成,而且覆盖面不断扩大,2016年全国社会保障卡持有人数达到9.72亿人。政府扶贫工作成效显著,全国农村贫困人口由2012年的9 899万人减少至2016年的4 335万人。

社会事业蓬勃发展。改革开放后,我国经济实力不断增强,社会事业发展得到重视,特别是进入21世纪以来,社会事业呈现加快发展态势。政府通过对教育、医疗、文化等事业单位的改革,大力增加对公共产品和公共服务的供给,极大地满足了人民群众在教育、医疗、文化生活等方面不断增长的生活需求。在教育方面,教育普及程度明显提高,已接近中等收入国家平均水平。九年制义务教育全面普及,城乡教育发展不平衡状况得到有效改善,国家财政性教育经费支出持续增加,2016年达到31 373亿元。[①] 在医疗卫生方面,公共卫生服务体系建设不断强化,2016年7月底,全国医疗卫生机构数达99万个,基层医疗卫生机构92.8万个。居民人均预期寿命由1981年的67.8岁提高到2016年的76.3岁。

社会管理持续创新。随着政府社会管理职能的演变和发展,中央和地方政府越来越重视社会管理职能,政府职能加快转变,行政体制改革不断深入,社会管理的理念已开始转变,政府与社会的关系逐渐顺畅,加强公共服务和社会管理创新,维护群众合法权益,预防和化解社会矛盾。加强城乡基层社会管理创新,发挥城乡社区功能,北京、上海、广东等地把社会管理的重心下移到村和社区,建立了相应的日常化的制度规范和运行机制,从源头上把大量的社会矛盾消解在基层,有效地维护了社会和政治稳定,促进了和谐社会建设。构建和完善现代社会组织管理体制,大力培育和发展社会组织,发挥社会组织在社会管理中的作用,

---

① 新华网,《2016年国家财政性教育经费首次超过3万亿元》,http://www.xinhuanet.com/politics/2017-10/25/c-1121855952。

使社会组织成为稳定社会与服务社会的重要力量。

(四) 深化政府社会管理体制改革

随着国家现代化进程的不断加快,我国经济社会各个领域已经发生了深刻变化,越来越多的人从"单位人"转变为"社会人",日趋复杂的利益结构和多元化的群众需求,社会的快速变迁一方面使得社会管理的复杂性和难度不断加大,另一方面政府在社会管理理念、管理职能、管理体制、管理方式等方面呈现出了滞后和不相适应的情况,需要进一步理顺政社关系、创新社会治理体系、改进社会管理理念和方式、完善社会管理体制机制,提高政府社会管理的能力和水平。

创新社会管理理念。社会管理创新的关键是理念的创新。转变传统社会管理理念,树立社会本位、共同治理、有限政府和服务政府等社会管理理念,就必然要求加快政府体制改革,理清政府的职能定位,解决好管什么和怎样管的问题。因此,必须树立以人为本、服务为先、协同管理、依法管理的理念,坚持人民主体地位,始终把保障和改善民生作为工作的出发点和落脚点,积极引导人民群众依法有序参与社会管理,改变重管理、轻服务的思想,妥善解决好住房、教育、医疗、就业等各种民生问题,实现管理与服务的有机统一。同时,政府要依法加强社会管理,更好地运用法治思维和法律手段协调社会关系、规范社会行为、化解社会矛盾、维护社会稳定,使各项社会管理工作有法可依、有法必依。

改进社会管理方式。社会管理方式是政府机关及其公务人员为贯彻管理思想、执行管理功能、提高管理效能和实现管理目标所采取的必不可少的方法、手段、技巧等的总称。[1] 现阶段,我

---

[1] 盛美娟:《中国社会转型与社会管理方式创新研究》,载于《兰州学刊》2008年第12期。

国社会管理方式依然是自上而下的运行方式，政府注重对社会的管制，社会管理行政化色彩较浓，等等。为此，要紧紧围绕党的十八届三中全会提出的系统治理、依法治理、综合治理、源头治理的要求，进一步理顺政府和社会的关系，加快转变政府职能，大力建设服务型政府，有序推动社会广泛参与，加强城乡社区居民自治，逐步实现政府治理和社会自我调节、居民自治良性互动。北京市朝阳区探索创新基层社会管理方式方法，开展党政群共商共治工程，建立"问政、问需、问计"于民的议事平台，组织基层政府、城乡社区、驻区单位、社会组织、居（村）民等各类主体，共同协商、共同参与、共同解决基层服务管理事务，大大提升了基层社会管理的效果。

健全社会管理机制。政府进行社会管理的出发点就是要解决好人民最关心、最直接、最现实的利益问题，核心是要健全和完善党和政府主导的群众权益维护机制，加快形成科学有效的利益协调机制、利益诉求表达机制、矛盾纠纷排查调处机制、权益保障机制以及社会风险稳定评估机制等，全面统筹协调各方面利益关系，加强社会矛盾源头治理，切实维护群众合法权益。另外，要加强公共安全体系建设，建立主动防控与应急处置相结合、传统方法与现代手段相结合的社会治安防控、生产安全、食品药品安全、防灾减灾救灾以及突发事件应急管理体系。

三、推动社会协同，激发发展活力

社会协同，是指社会各行动主体之间形成紧密配合的和谐关系与相互支持的合作行动。[1] 党的十八届三中全会确立了推进国

---

[1] 朱力、葛亮：《创新社会管理研究——社会协同：社会管理的重大创新》，载于《社会科学研究》2013年第5期。

家治理体系和治理能力现代化的全面深化改革的总目标,并提出了要创新社会治理、提高社会治理水平。社会协同是社会治理体系的重要依托,在社会治理体系和治理能力建设中发挥着关键作用。实现"善治"需要社会各方力量的协同参与,大力发挥工青妇等人民团体、社会组织、人民群众在社会管理中的作用,建立有效的社会协同治理机制,充分激发社会发展的活力。

(一) 社会协同是社会管理创新的重大变革

我国改革开放以来的进程就是在党的领导下不断调整政府与市场、政府与社会关系的过程。随着政府职能转变和社会体制改革的不断深入,社会各主体不再仅仅是被管理的对象,也逐渐成为社会自我治理以及政府治理的合作伙伴,在公共服务、社区建设、慈善公益、环境保护、社会稳定和矛盾化解等社会服务管理的方方面面发挥着越来越重要的作用。

社会协同是完善社会管理体制的内在要求。中华人民共和国成立以来,我国社会管理体制改革经历了一个长时间的历史演变,伴随着经济社会发展的要求,党领导的社会管理体制也在实践中不断完善,逐步从高度集权的社会管控体制逐步走向多元参与的现代社会管理模式,实现了党政一体化的单一主体向党委、政府、社会、公众的多元主体转变,形成"党委领导、政府主导、社会协同、公众参与、法治保障"的社会管理体制,成为一个完整的有机体,缺一不可。完善社会管理体制,就必然要求充分发挥各类社会组织的社会协同作用,逐步建立与政府社会管理功能和力量有效互动、及时互补的社会协同网络,逐步改变"强政府,弱社会"的传统模式。

社会协同是加强和创新社会管理的必然选择。在计划经济时代,传统的社会管理主要是依靠党和政府对社会公共事务进行管理,由于社会各类主体发育不足,社会力量非常薄弱,政府总揽一切,社会高度依赖于政府。在市场经济条件下,特别是 20 世纪 90 年代以来，我国社会结构不断变化、各种利益主体和利益诉求日益多元，社会矛盾和社会风险逐渐增多，以政府为主的单一的传统社会管理方式已经不能适应出现的新问题、新情况，亟须从观念到制度上改变社会组织和公民参与的不足。迈向治理的现代化，就必须积极发挥党委、政府、市场、社会等多元主体在社会管理中的协同配合、相辅相成的作用，体现多方参与、共同治理的理念和思路，实现由政府全面管理向政府与社会、公民合作共治的转变。

社会协同是改进社会管理方式的有效路径。合作社会的建构应当是一场自觉的社会变革运动。① 现代社会治理更加强调社会的协同共治，重视治理主体的多元性、平等性、协同性和有序性。社会协同体现了政府社会管理主体向多元主体的转变，实现了政府部门自上而下和社会领域自下而上的有机结合。一方面，政府从管不好和不该管的领域中退出，努力建设人民满意的服务型政府；另一方面，社会自身在发育的过程中主动实现自我组织和对社会公共事务的自我管理。同时，社会协同也进一步强化了公共精神和公民认同，调动社会各方更加积极、有效地参与社会管理，发挥多元主体的作用，从传统型的管理方式转向与时代发展相适应的"善治"模式。

（二）发挥多种社会主体的协同作用

社会协同是社会治理体制的重要组成部分，充分发挥社会协同的作用，意味着在党委和政府的引导和动员之下，社区、社会组织、公众等有序进入社会管理领域，利用其资源优势，积极参与民生建设、公共服务和社会管理等。社会协同在强调发挥政府主导作用、动员和整合社会资源的同时，更加强调社会多元主体在社会事务中作用的发挥。

---

① 张康之：《走向合作的社会》，中国人民大学出版社 2015 年版。

政府是社会协同的主导力量。政府是推进社会协同的关键主体,社会治理创新要更好地发挥政府在社会协同中的作用,首先要处理好政府"掌舵"与社会"划桨"的关系。在党的领导下,政府是新型社会管理体制的关键主体,发挥着主导作用。同样,在社会协同多元主体当中,政府也需要以主导者、组织者、支持者、监管者的角色不断推动社会实现协同治理,从而实现社会整体利益的最大化。在社会协同参与社会治理的过程中,政府通过社会政策和法律法规的制定为市场主体、社会组织、社区组织、社会公众等参与社会治理提供必要的制度环境,大力培育和发展社会组织,引导社会组织的发展方向,通过分配社会公共资源,实施对社会组织的引导、服务、管理,进而实现政府在协同中的职能。

社会组织是社会协同的基本依托。社会的自我管理离不开社会组织,社会组织的兴起与发展是改革开放以来我国社会领域发生的重大变化,在国家政治活动、经济活动、文化活动、社会活动等领域扮演着不可或缺的重要角色,正在成为一支参与国家治理的重要力量。截至2015年底,全国共有社会组织66.2万个,比上年增长9.2%;吸纳社会各类人员就业734.8万人,比上年增长7.7%;全年累计收入2929亿元,支出2383.8亿元,形成固定资产2311.1亿元。接收各类社会捐赠610.3亿元。[①]就社会协同的本质而言,就是要充分发挥社会组织在社会服务管理中的积极作用,主要表现在"补位作用:提供社会服务,弥补市场失灵;桥梁作用:参与社会管理,沟通政府与社会;安全阀作用:代言公众诉求,维护社会稳定;蓄水池作用:组织公益慈善,凝聚社会资源。"[②]正因为社会组织在社会治理中的"多面

---

① 《2014年社会服务发展统计公报》,中华人民共和国民政部官网,http://www.mca.gov.cn,2016年7月。
② 周爱萍:《社区社会组织在创新社会管理中的作用——广东南海经验的表达》,载于《云南行政学院学报》2014年第3期。

手"作用,政府主动引导社会组织参与社会治理,加大对社会组织培育扶持的力度,各类社会组织也如雨后春笋般成长起来,在整合社会各类资源、承接政府转移职能、提供多样化的社会服务、预防和化解矛盾纠纷、收集民意反映民情、维护社会公平正义等方面具有不可替代的作用。

基层自治组织是社会协同的重要力量。社区居委会、村民委员会、业主委员会、社区社会组织等基层群众性自治组织是社会最基层、与群众直接联系的组织,是在自愿的基础上由群众按照居住地区自己组织起来管理自己事务的组织。作为社会协同的重要力量和社会参与重要主体,城乡基层自治组织在自我管理、自我教育、自我监督、自我服务的过程中深度融入社会治理,广泛参与基层公共服务,不仅有效弥补了党委政府的"短板"和市场"失灵"、提升了基层公共服务的质量和效率,还极大激发了基层社会活力,成为党组织和政府组织功能发挥的有力补充和重要资源,极大地促进了社会治理创新。同时,这些组织通过将分散、流动的个体组织起来,共同处理民众内部的共同的社会事务,从而达到居民自治和社会自治的社会效用,对于宣传党和政府的方针政策,推动各项政策落实,促进基层民主健康发展,解决群众的实际困难和问题,化解矛盾纠纷,维护社会和谐稳定等都具有重要作用。

(三) 加强社会协同面临的主要问题

随着党对社会建设与社会管理问题的重视,特别是在经济体制改革和政府职能转变不断深化的时代背景下,社会的发展活力进一步得到了释放,社会组织的发展空间进一步得到拓宽,社会组织在社会协同中的作用得到了进一步发挥。但由于社会组织自身建设、制度保障等因素的影响,社会组织在社会治理中协同作用的发挥仍面临许多困境。

政府职能转变不到位。政府职能的转变是理顺政社关系、厘清政社边界的前提,对于推进社会治理创新具有基础性的作用。"市场经济要求现代政府在性质上从政治权力的统治者变为社会公共事务的管理者,在政府职能的结构上,则要求它从维护政治统治转向全面履行社会公共管理"。[①] 改革开放以来,我国的行政体制改革取得了重大进展,服务型政府建设的步伐进一步加快,但受传统管理思想观念的束缚、传统模式和体制惯性的影响,仍然存在与政府社会管理职能不适应的地方,如政府职能转变还不到位,越位、缺位、错位问题依然存在,社会管理和公共服务职能仍然比较薄弱;行政组织结构不够合理,行政职责界定模糊,权责脱节、相互推诿扯皮现象依然突出;法治政府建设、政务公开不及时,与人民群众的期待仍有很大距离;对行政权力的监督制约机制还有很多待完善之处。

社会协同主体发育不足。群团组织、基层自治组织、行业组织、社会团体、社会服务机构、志愿服务组织等是社会协同的重要主体。近年来,我国各类社会组织迅速发展,2015 年底已达到 66.2 万家。但是,与西方发达国家相比,由于受我国独特的历史条件影响,我国社会组织成长尚处于起步阶段,在发展中也面临着诸多问题。一方面,就社会组织自身来看,主要存在规模小、资金筹集困难、缺乏竞争力、专业人才队伍缺乏、运作不规范、行业自律性较弱、内部结构不健全、行政化倾向严重等问题。另一方面,受政府社会组织管理体制的制约,存在政策法规不完善、管理制度滞后、政府监管乏力等现象,一定程度上影响制约着社会组织参与社会服务管理事务,降低了社会协同的基础。

社会协同机制不完善。如何实现社会协同,如何有效整合各种分散功能,发挥社会治理主体的各自功能优势,使它们配合工

[①] 苏加毅、陈宇:《和谐社会中政府社会管理职能探析》,载于《红旗》2006 年第 5 期。

作，实现社会事务治理中各系统、各部门、各阶层的协同已经成为我们当下亟待解决的重要问题，而要使社会协同得以实现必须构建社会协同的具体实现机制。① 然而，当前对于社会协同机制的理论研究和实践探索都相对滞后，信息共享机制、服务承接机制、责任分担机制、监督评估机制等还没有真正建立起来，影响了社会管理格局的完善和社会协同作用的有效发挥。另外，由于我国社会组织发展处于起步阶段，社会组织自身的能力和公信力偏弱，同时，政府对社会组织发展还存在防范限制的观念，没有从社会管理主体建设的角度来培育发展各类社会组织，导致社会协同主体参与社会管理能力不强。

（四）加强社会协同的途径

社会协同治理的目的是要积极调动社会的一切积极因素和积极力量共同治理社会，核心是要提高社会参与的能力和水平，关键是要畅通社会协同治理的路径和方式，这也是实现社会良好治理的前提条件。

大力培育社会的公共精神。"公共精神，即公民对公共事务的积极参与，对社会基本价值观念的认同和对公共规范的维护。它是一种公民美德，更是一种社会资本，较强的公共精神能够为民主政治的发展奠定良好基础，而民主政治的发展也会为公共精神的成长提供有利条件。"② 可见，以公共利益为基础的公共精神的培育是社会协同的重要基础，公共精神的培育有利于提高公民的公共责任意识，增强社会主体互惠合作的精神，其强弱程度体现了社会协同的水平。为此，要尊重人民的主体地位，发挥群众首创精神，培育公众的责任意识和法治意识，增强社会主体参

---

① 邵静野、来丽梅：《社会治理体制创新中社会协同机制的构建》，载于《东北师大学报》2014年第1期。

② 张洋：《理性引导公民公共精神》，载于《人民日报》2012年7月18日。

与的意愿。同时，积极构建社会共同体，特别是加快推动形成社区共同体，引导和鼓励社会主体在参与社会服务管理中塑造主体意识、法治意识、责任意识和规则意识，形成具有广泛认同感的公共精神。如厦门市不断涌现的社区书院蓬勃发展，将过去各个社区原有的文化活动空间和资源进行整合，从学习交流，到议事协商，孵化有助于社区自治的社会组织、培育社区的共同精神，成为探索基层社会治理创新的又一新平台。

支持培育各类社会组织。社会组织是现代社会治理不可或缺的主体，是社会发展活力的重要体现。现阶段，社会组织的发展壮大离不开政府的支持和培育，需要在政策环境、管理体制、保障机制等方面为社会组织发展不断"松绑"。首先要厘清政社边界，推动政社分开，推进政府职能转移，优化社会组织发展环境，完善政府购买社会服务制度，为社会组织的成长发展创造良好的空间，充分保障社会组织的合法权益。同时，加快建立政社分开、权责明确、依法自治的现代社会组织体制，改革社会组织管理制度，降低社会组织登记门槛，加快实现行业协会商会等社会组织"去行政化"改革。另外，加强基层群众自治组织建设，扩大群众参与的范围和途径，搭建多样化的参与平台，增强社会自治功能，实现政府治理和基层群众自治的良性互动。

建立健全社会协同机制。高效运行的社会协同机制能够充分发挥社会主体的积极作用，实现社会公共资源的有效整合，扩大社会力量参与的广度和深度，从而建立政府治理机制和社会协同机制的良性互动。信息沟通是社会协同的基础，公开透明的信息沟通既可以使政府与社会主体之间的互动始终畅通无阻，也能更好地使政府政策信息及时得到响应和落实，社会民意得到及时的反馈。完善社会协同的运行机制对于治理目标的实现至关重要，通过深化社会服务领域的供给侧改革，改进社会主体参与服务供给方式，使众多的社会力量良性互动并形成合力，依法把社会组织纳入公共服务供给体系之中。建立社会协同的监督评价机制，既要运用法律法规、政策等手段加强政府监督,也要积极鼓励和引导社会成员之间相互监督。要加大社会协同的法治保障力度,明确社会各协同主体的责权利关系,为推动社会协同营造良好的制度环境。

四、动员公众参与,实现共建共享

公民是国家和社会的基础,公众参与是现代社会治理的重要特征,任何形式的治理,都离不开公众的有效参与和广泛支持。党的十八大报告提出要"最广泛地动员和组织人民依法管理国家事务和社会事务、管理经济和文化事业、积极投身社会主义现代化建设"。公众参与社会治理体现了人民在国家治理中的主体地位和主人翁精神,突破了传统的社会管理模式,推动了社会治理创新,能够有效降低社会治理的成本,激发社会的活力,更好地实现政府治理与社会自我调节、居民自治良性互动。

(一)公众参与社会治理的现实意义

社会管理是对人的管理和服务,公众既是社会管理的对象,也是社会管理的主体。随着市场经济体制改革的不断深入,中国社会进入快速转型期,社会利益格局日益多元化,公众利益诉求日趋复杂,同时,公众的民主参与意识也越来越强烈,更加渴望表达自身利益诉求,共同参与社会公共事务的管理,逐渐成为现代社会治理的重要力量。

公共参与是人民当家作主的本质体现。人民当家作主是我国社会主义制度的本质要求。党的十八大报告强调,"中国特色社会主义事业是亿万人民的事业","必须坚持人民主体地位"。广大人民群众是社会建设的力量源泉,公众参与社会治理就是在党的领导下,始终坚持人民当家作主的主体地位,充分发挥人民群众参与的基础性作用,牢牢树立"以人为本"的治理理念,从根本上维护最广大人民的根本利益,确保人民群众依法实行民主选举、民主决策、民主管理、民主监督,发挥社会公众自我管理、自我服务、自我教育、自我监督的主体作用。

公众参与是实现发展成果共建共享的内在要求。"公与平者,即国之基址也",公平公正是国家治理和社会建设的核心问题。随着我国经济体制改革的深入推进,市场竞争使社会资源由平均性分配转向竞争性配置,社会利益结构也随之加速分化,利益主体多元化成为当前转型期社会的基本特征,人民群众利益诉求也呈现多元化的特点,特别是由于社会贫富差距的逐渐加大,公众对公平正义的诉求也越来越强烈。近年来,加快保障和改善民生已成为群众的热切期盼,社会保障、居民收入、医疗改革、教育公平、住房、环境保护等民生问题成为街谈巷议的热点,激发了公众参与公共政策制定和公共事务管理的热情,通过积极有效参与社会治理,既有利于加快推动政府职能转变,提升社会运行效率,也有利于人民群众共享经济社会发展成果,实现社会的和谐稳定。

公众参与是激发社会发展活力的重要途径。人民群众是历史的创造者,也是社会发展的根本动力。"求木之长者,必固其根;欲流之远者,必浚其源",广大群众蕴藏着无限的创造力,社会发展活力的源头活水就在于广大群众的参与。特别是在利益格局多元化的今天,公众参与已经成为新时期推进社会治理创新的重要基础,在社区建设、矛盾纠纷化解、社会互助、慈善公益、志愿服务、养老助残、环境保护等方面发挥了重要作用,创造了丰富的经验,为社会发展注入了充足的活力。同时,有效扩大公众参与也是深化社会治理体制改革的重要目标,对于改进社会治理方式,培育社会的宽容和协商精神,塑造公民的主体意识,满足广大社会成员的利益需求,理性合法地表达利益诉求,促进社会利益关系的协调发展具有重大意义,成为激发社会发展活力的必由之路。

（二）公众参与的历史与现实

人民群众是历史创造者，毛泽东同志曾形象地比喻人民群众为"真正的铜墙铁壁"，无论是在中国革命战争年代还是现代化建设的伟大征途，中国共产党都非常重视动员群众参与，可以说，动员群众、发动群众、依靠群众是中国共产党的"传家宝"，回顾中国共产党的发展史，就是一部群众参与的历史。在新的时代背景下，动员公众广泛参与仍然是社会治理创新的重大命题。

不同的历史时期，人民群众在国家和社会建设中扮演着重要的角色，发挥着中流砥柱的作用。中华人民共和国成立前，中国处于半殖民地半封建社会，中国人民长期遭受"三座大山"的压迫，人民处于水深火热之中，彻底打破旧社会，实现民族独立、人民当家作主、国家富强是全国各族人民的迫切需要，在中国共产党的领导下，亿万人民群众被动员起来，义无反顾地投入到反对外来入侵和打倒反动势力的革命洪流中来，历经28年的英勇奋斗，取得了新民主主义革命的伟大胜利，中国历史掀开了崭新的一页。

中华人民共和国成立到改革开放前，中国共产党借鉴苏联计划经济体制模式，努力改变旧中国一"穷"二"白"的落后面貌，广泛动员人民群众参与社会主义改造和建设，着力恢复和发展国民经济，巩固新生国家政权，广大人民群众被高度地"组织起来"，国家通过严密组织系统，将全国的人力物力资源动员起来，群众主要是通过社会运动的形式参与各项社会建设活动，因此，"计划体制时期，从社会建设的组织和动员机制来说，政治动员是最强大、最有效的动员力量，每一项社会建设都是作为政治任务进行部署的，每一项具体的社会建设成就都被赋予强烈的政治意义。"[①] 自上而下的政治动员成为公众参与的基本路径，

[①] 陆学艺：《北京社会建设60年》，科学出版社2008年版，第16页。

如20世纪50年代发起的"除四害运动""扫盲运动"等都是采用领袖号召、全民参与的形式进行的。

改革开放以来,党和国家的工作中心从"以阶级斗争为纲"迅速转移到国民经济发展上来,经济建设、解放和发展生产力成为国家建设的首要任务,党的十四届三中全会提出建立社会主义市场经济体制,要求"建立以按劳分配为主体,效率优先、兼顾公平的收入分配制度,鼓励一部分地区一部分人先富起来,走共同富裕的道路;建立多层次的社会保障制度,为城乡居民提供同我国国情相适应的社会保障,促进经济发展和社会稳定",市场经济体制的确立彻底打破了计划经济体制下单一的利益结构,多元化利益格局已经形成,利益主体之间的竞争性矛盾不断涌现,利益差距也在不断发生着变化。这些变化促进了公众利益意识和自主意识的形成,为公众参与社会治理,尤其是参与政府公共政策决策提供了最直接的动力。① 进入21世纪,随着市场化、全球化、城镇化与信息化的发展,我国经济社会发展持续发生深刻变革,社会领域出现了许多新情况、新问题,单靠政府主导的治理模式难以为继,"公众参与"作为社会治理格局的重要组成在推进社会治理体系和治理能力现代化方面的作用不可忽视。

现阶段,动员公众参与已成为社会治理创新的重要途径和主要方式,在公共服务、社会救助、公益慈善、基层治理、城市管理、环境保护等领域发挥着重要作用。目前,公众参与作为社会治理的基础性支撑,其发展还处于探索阶段,缺乏相应的制度保障,在实践中仍存在着诸多发展困境,主要表现为公众参与的主体意识和责任意识薄弱,公众参与的广度和深度相对有限;公众参与制度化规范化不够,缺乏相应制度规范和法律支持;公众参与社会治理渠道不畅通,参与程序不规范;社会组织发育缓慢,

---

① 宋煜萍:《公众参与社会治理:基础、障碍与对策》,载于《哲学研究》2014年第12期。

公众参与社会治理的组织化程度较低，等等。这些因素在实践中往往导致公众参与的表面化与形式化，极大制约了公众参与的热情，影响了公众参与社会治理的效果。

（三）公众参与社会治理的载体与形式

公众参与是创新社会治理、激发社会活力的力量源泉。改革开放以来，我国经济社会快速发展为公众参与提供了良好的土壤，在长期实践和探索中，公众参与社会治理的载体不断丰富、形式更加灵活。"众人拾柴火焰高"，如何进一步发挥群众首创精神，改进公众参与的方式、拓宽公众参与的渠道、提高公众参与的效能成为新时期创新社会治理的迫切要求。

城乡居民自治是公众参与社会治理的基本形式。城乡社区是广大人民群众生活的共同基础，居（村）民委员会是社区居民自我管理、自我教育、自我监督、自我服务的自治性组织，截至2015年底，基层群众自治组织共计68.1万个。居民自治组织是实现公众参与基层社会治理的重要路径，其民主选举、民主决策、民主管理和民主监督是社区居民参与的基本途径。随着社会治理体制改革的深化，在党委领导和政府主导下，各地普遍开展了加强基层社区治理的实践，创新社区治理的方式方法，搭建居民参与的平台，充分调动居民参与的热情，增强居民自治的能力和水平，经过多年的探索，积累了许多宝贵经验。例如，"社区居民常务会议"模式，在社区搭建一个反映社情民意、议事协商、评议监督的平台，使得社区居民民主自治的主体地位更加突出，居民的利益诉求表达渠道更加顺畅。"社区多方共议"模式，建立了由社区党组织、居委会、业主委员会和物业公司以及驻区单位共同组成的联席会议制度，通过"协调、协商、协同、协力"共同处理社区重大事项。社区"自组织"模式，针对老旧小区的服务管理问题，动员居民开展互助服务，化解老旧小区服务管理的困境。"社区网格化"模式，通过社区网格化信息化服务管理平台，建立收集民意、与公众互动的信息渠道，增强了政府与社会的互动。另外，很多社区积极利用信息化网络技术，改进居委会工作方法，创建社区论坛、社区微博、社区微信公众号等新载体，加强与居民之间的沟通，了解居民需求，增强居委会的民主自治功能。

社会组织是公众参与社会治理的重要载体。社会组织作为社会治理的重要主体，能够有效聚合、联系沟通、反映表达公众的诉求，同时又能把党和政府的声音传递给公众，是公众参与社会治理的重要平台。基层社会组织内部的民主选举、民主决策、民主管理，也提高了群众认知和掌握民主规则、选举程序以及自我组织、自我管理的能力，促进公众学会用民主的方式来维护和发展自身合法权益。[①] 截至2015年，全国共有社会团体32.9万个、各类基金会4 784个、民办非企业单位32.9万个，吸纳社会各类人员就业734.8万人，并在工商服务、社会服务、养老助残、科技教育、扶贫济困、慈善公益、环境保护等领域发挥着不可或缺的作用。正因为社会组织涉足的领域越来越多，也就为公民借助社会组织参与社会治理提供了更多的机会，公民借助社会组织这个平台，既转化了观念，增强了参与的意识，又提高了其参与的能力和自治的水平。[②] 由于社会组织具有个性化、专业化、社会化的优势，所以能够灵活有效地利用社会各方面的资源，带动社工和志愿者队伍，动员社会公众积极参与社会治理，满足公众参与社会公共事务的需求，促进公众参与社会治理的规范化和有效性。

群团组织是党联系群众的桥梁纽带，在动员组织公众参与社会治理中发挥着重要作用。党的十八大提出，支持工会、共青

---

① 荀君厉：《社会组织建设：基层民主不可或缺的组成部分》，新华网，2008年2月4日。
② 龚维斌：《中国特色社会主义社会治理体制》，经济管理出版社2016年版。

团、妇联等人民团体充分发挥桥梁纽带作用,更好地反映群众呼声,维护群众合法权益。截至 2012 年底,工会、共青团、妇联、科协等八大群团组织的基层组织数量约有 668.3 万个,远远超过在民政部门登记的社会组织的总量,且已形成"纵向到底、横向到边"的组织网络,由于其兼具政治属性和社会属性,具有强大的组织动员能力。群团组织参与社会治理,一个重要方式就是广泛组织和动员工人、青年、妇女等不同的社会群体,在服务联系群众的同时为其参与社会治理搭建平台,畅通和拓宽参与社会治理的渠道。"社区青年汇"是共青团北京市委参与社会治理创新的积极探索与有效实践,通过开展志愿公益、创业就业、参观实践、普法维权、运动健康、婚恋交友等活动,积极引导和组织广大青年参与社会治理,不仅创新了群团组织参与社会治理的方式,而且为他们参与社会治理提供了广阔的平台。

(四)公众参与社会治理的动力和保障

在新型社会治理体系格局中,公众能否有效参与社会治理,很大程度上依赖于经济社会发展的基础条件,受制于公众参与的动力机制和制度保障等多方面的因素。从公众参与社会治理的发展过程来看,公众更好地参与社会治理离不开公民精神的培育、基层民主制度的完善、社会组织的发展壮大、政府信息的公开以及公众参与的法治保障。

完善基层民主制度。社会民主体现了社会开放的程度,反映了公众参与社会治理渠道的畅通程度,是公众参与社会公共事务的基本保障和基础条件。党的十八大提出,"在城乡社区治理、基层公共事务和公益事业中实行群众自我管理、自我服务、自我教育、自我监督,是人民依法直接行使民主权利的重要方式。要健全基层党组织领导的充满活力的基层群众自治机制,以扩大有序参与、推进信息公开、加强议事协商、强化权力监督为重点,拓宽范围和途径,丰富内容和形式,保障人民享有更多更切实的民主权利"。完善的基层民主制度，对于培育社会公共精神和民主意识具有重大的推动作用，使社会公众能够正确认识自身在社会政治生活和公共事务中的主体地位，增强其行使权利和履行责任的意识和能力，使公众参与社会治理的意识内化于心。特别是随着中国特色社会主义协商民主制度的不断完善，基层协商民主成为公众参与的重要方式，极大地拓宽了公众参与社会事务的途径。

加大政府信息公开力度。政府在履行社会管理职能中发挥着主导作用，在信息和资源的获取方面处于绝对的优势，而公众则由于条件的限制以及政府的信息公开不到位，他们参与社会治理机会和热情大大降低。因而，政府信息公开是政府与社会合作共治的前提，也是公众参与社会治理的基础。打造"阳光政府""法治政府""透明政府"，建立开放透明的行政管理体制，首要的任务就是要做到政府依法公开政务信息，确保公众在更加广泛、更加深入的层面充分行使决策参与、民主管理、民主监督等公民权利，提高公众参与的效果。2008年5月1日起实施的《政府信息公开条例》首次对政府信息公开的范围、主体、方式和程序、监督和保障等内容作出了全面系统的规定要求，对于保障公众参与的知情权，建立政府与公众的信息沟通机制，为公众获取相关信息提供了制度化的渠道，成为公众参与管理社会公共事务的基础保障。

加强公众参与的制度保障。建立公众参与社会治理的长效制度是依法保障公众有序、有效参与社会治理的关键举措。传统的社会管理体制由于缺乏公众参与的制度和机制保障，使得在现实生活中公众的参与困难重重，不仅阻碍了政府与社会的互动，降低了政府社会管理的效率，也造成广大公众利益表达不及时、利益诉求得不到有效满足，诱发了很多社会矛盾和冲突。因此，政府要进一步完善有利于公众参与的民意调查制度、社会公示制度、社会听证制度、专家咨询制度、反馈回应制度等，激发公众的参与热情，培养和增强公众的参与意识，及时掌握公众利益需求,一方面推动政府决策科学化、民主化,另一方面增加社会公众对政府决策的理解和支持,实现政府与社会公众之间形成良好的双向沟通、良性互动。同时,也要培育和支持各类社会组织,加强社会组织参与社会治理的制度化法制化建设,让公众以有组织的方式依法参与公共事务、表达利益诉求、开展协商民主。

第二章

社会治理方式多样化

一、历史演进

社会治理的方式有行政、法律、经济、道德和科技等多种方式，不同的社会形态和发展阶段，社会在运行中凸显的社会矛盾不同，社会结构、政权形式、科技条件不同，用来解决社会问题、维系社会秩序的社会治理方式也随之不同。在传统社会，以国家行政力量为核心、依靠庞大的官僚体系维护社会公共秩序是主要方式，但却忽略了社会力量的成长。随着现代化进程的发展，社会公共事务日趋增多，传统管理模式的局限性日益凸显，逐步注重增加法律、经济、科技等手段。当代中国的社会治理方式，从以行政和道德为主要发展到多措并举、融合创新的多样化治理，经历了一个从传统社会管理到现代社会治理的发展历程。

（一）行政主导的国家全面管控（1949~1978年）

1949年中华人民共和国的成立，为实现国家富强、民族振兴和人民幸福创造了必要的前提。基于中国工业化基础十分薄弱，资金、技术、人才十分匮乏的现实，当时国家选择了强大的政府主导型的计划经济体制和优先发展重工业的赶超战略。这一发展战略要求确保国家拥有强大的资源动员和配置能力，利用有限的资源推进现代化建设。因而，新中国很快完成了由新民主主义社会向社会主义社会过渡，迅速创建了国家全面管控的社会治理体制。社会治理依赖于科层制的国家组织体系，采取自上而下的行政指令与行政手段，开展社会动员，加强意识形态建设，经济、法律手段运用较少。主要治理方式特征如下：

一是政府全能的社会管理体制，建立起高度集中的计划经济体制，通过干部统一调配、职业身份统一确定、人员统一安置、社会事务统一部署、一切社会活动统一组织等，建立起以政府为中心的全能社会管理体制。二是以"单位"为基础的从业人员管理体制，国家机关、企事业单位、人民公社，都成为一个个"大而全"或"小而全"的单位组织，既是工作组织，也是提供基本公共服务、解决各种社会事务和落实社会管理控制任务的基层组织体系。三是以"街居"为基础的城市社会人员管理体制，通过街道—居委会体系，管理社会无工作人员、闲散人员、民政救济和社会优抚对象等。由于绝大多数人都隶属于某一单位，街居体制起着社会管理的辅助作用。四是以单位制度、户籍制度、职业身份制度和档案制度为基础的社会流动管理体制，一般社会成员的就业和居住尽量固定，使社会高度组织化和有序化。五是通过社会舆论导向、道德建设、思想政治教育和政治压力攻势等方式来改造人们的思想意识，进而通过改变人们的行为来实现社会管控的目标。

在当时的生产力水平和经济社会发展条件下，这种一元化的社会管理体制依靠群众运动和思想动员，把"一盘散沙"的中国社会凝聚成一个整体，使国家具备了强大的社会动员能力。1972年，英国学者汤因比在与日本学者池田大作的对话中评价中国人说，"几千年来，比世界上任何民族都成功地把几亿民众，从政治文化上团结起来。他们显示出这种在政治、文化上统一的本领,具有无与伦比的成功经验。"① 但是,这种管理体制和管理模式最大的弊端是权力和社会思想过于集中,使经济和社会生活缺少活力,严重制约了社会经济的进一步快速发展。

(二) 改革开放中的调整与变革 (1978～1992年)

从1978年党的十一届三中全会决定改革开放直到1992年党的十四大确定社会主义市场经济,中国的社会结构、社会组织形式、社会价值理念等都已经和正在发生深刻变化,大量社会矛盾易发多发,原有的权力高度集中、政府统管一切的社会管理方式已经不能适应新的现实要求。伴随着这一转型过程,必然要求"多方面地改变同生产力发展不适应的生产关系和上层建筑,改变一切不适应的管理方式、活动方式和思想方式"②,针对政治、经济一体化的权力高度集中的管理体制,实行党政分开、政社分开、政企分开的"放权"改革。在农村,废止政社合一的人民公社体制,建立乡政权,实行政社分开;在城市,为了"搞活企业",实行政企职责分开,所有权和经营权"两权分离",企业实行经营承包责任制。

改革开放以来,身份制得到了合理化的改革。由于经济建设成为各项工作的中心,社会生活中的政治色彩开始淡化,原有的阶级身份系列在城乡社会日益弱化,并趋于消灭。以"大包干"为主要内容的农村经济体制改革使农民有了生产与分配的自主权,户籍制度与票证制度日益松动。城市中计划外经济的发展,体制内的干部与工人在利益驱使下流向体制外新的就业岗位,所有制身份也日益弱化,社会上逐渐出现了新的社会群体。1985年颁布《关于城镇暂住人口管理的暂行规定》开始对流动人口

---

① [英]汤因比、[日]池田大作:《展望二十一世纪——汤因比与池田大作对话录》,国际文化出版公司1985年版,第294页。
② 中共中央文献研究室编:《三中全会以来重要文献选编(上)》,人民出版社1982年版,第4页。

实施暂住证管理，同年开始实施居民身份证制度。1990年全国流动人口突破3 000多万人。改革开放以来整个社会经济体制和社会调控体制的变革，单位的地位和作用发生了重要的变化，政企分开使企业成为利益主体，企业自主经营、自负盈亏，对政府指令的责任减少。新组织形态也开始萌生，主要包括行业协会、商会、文化体育协会、学术性协会、基金会、联谊会等，民间社会组织化程度加强，开始与单位制分离。社会治理由原来的高度集中统一转向放松管制、放权搞活，不同的社会组织和市场主体开始参与社会治理，由党和政府包揽一切向注重激发社会活力转变。运动式、批斗式的管理方式被新的法制化管理方式所取代，城乡分割的户籍制度日益松动，作为社会控制细胞和福利供给者的单位逐渐变为比较单纯的工作场所。

社会管理体制的调整和变革推动着改革开放事业的顺利发展，放松管制带来了市场活力和社会生机，社会生产力获得新的解放，安定团结的政治局面不断巩固，十一亿人民的温饱问题基本解决，正在向小康迈进。但由于未从根本上触动计划经济体制，社会管理的许多方面未能进行相应的配套改革，虽然开始重视运用法律进行社会管理，市场化手段、法律手段开始发挥较大作用，但主要通过行政手段管理社会经济的方式没有根本改变，社会管理仍是在行政管控下进行。

（三）从社会行政管理到社会管理的市场化转轨（1992～2002年）

1992年，党的十四大第一次明确提出了建立社会主义市场经济体制的目标，经济体制转型和法制化建设的步伐加快，在优先发展经济的基础上推进社会全面发展，社会体制的改革渗透到社会领域的各个方面。这一时期，社会治理服务或配套于经济体制的市场化改革，从社会行政管理向社会治理的市场化转变，同时也加快了社会治理法制化进程，并且出现了结构分化和治理重

第二章 社会治理方式多样化

心下移，更多地采用法治和经济手段进行社会治理。

随着社会主义市场经济改革的推进，加之各级政府社会管理职能扩大带来的财政压力，政府公共服务和社会事业管理越来越多地吸收和应用市场要素、市场机制和市场手段，市场的原则被大量引入社会管理领域，管理的效率和效益均有不同程度的提高。社会管理方式市场化发展有多种表现形式，一是公共服务市场化，二是社会事业单位的市场化改革。① 在社会管理的方式市场化、经营化发展中也形成了一些有效的工具性方法，如合同外包、特许经营、用者付费、内部市场等。② 这些市场化的工具提高了管理的效率，但是也出现了政府的"公司化"趋势，职能部门的"寻租"现象，以及再分配权力滥用市场逻辑的问题。

单位体制的瓦解，原来承担生产经营、秩序维持、生活保障的共同体单位逐渐解体，对基层社会管理、社会治安管理、社会团体管理等提出了改革要求，相关改革取得了积极的进展。一是基层社会管理的法制化得到加强，1998年全国人民代表大会常务委员会颁布了《中华人民共和国村民委员会组织法》，2000年中共中央办公厅、国务院办公厅转发《民政部关于在全国推进城市社区建设的意见》，城市基层社会管理被纳入了社区建设范畴，农村村民自治走上规范化管理的轨道。二是社会治安管理法制化也在稳步推进，相继出台了《关于实行社会治安综合治理领导责任制的若干规定》（中央社会治安综合治理委员会等，1993年）、《关于加强农村治保会工作的意见》、《关于加强社会治安综合治理的决定》（中共中央、国务院，1996年）、《关于进一步开展基层安全创建活动的意见》（中央社会治安综合治理委员会，1997

---

① 1993年，中共中央印发的《关于党政机构改革的方案》和《关于党政机构改革方案的实施意见》明确提出，事业单位改革的方向是实行政事分开，推进事业单位的社会化。1996年，中共中央办公厅、国务院办公厅印发了《中央机构编制委员会关于事业单位改革若干问题的意见》，对新一阶段的事业单位改革作出了全面部署。

② 卢汉龙等：《新中国社会管理体制研究》，上海人民出版社2009年版，第90~96页。

年)等,中共中央、国务院于2001年发出的《关于进一步加强社会治安综合治理的决定》提出要坚持"打防结合、预防为主"的方针。三是随着政社合一体制退出历史舞台,社会团体在我国大量涌现,社团的法制化管理也步入正轨,1998年6月,在国务院机构改革中成立了民政部民间组织管理局;1998年9月国务院重新修订了《社会团体登记管理条例》;并于同年10月颁布《民办非企业单位管理条例》;20世纪90年代以后,民间组织管理从定期清理走向依法登记管理。

(四)多措并举,构建和谐社会(2002~2012年)

2002年,党的十六大提出了全面建设小康社会的奋斗目标,把社会更加和谐列为全面建设小康社会的一个重要目标,明确了构建社会主义和谐社会在中国特色社会主义事业总体布局中的地位,将社会管理作为政府的四大职能之一,并从维护社会稳定的角度提出要"改进社会管理、保持良好的社会秩序"。

2004年《中共中央关于加强党的执政能力建设的决定》提出"建立健全党委领导、政府负责、社会协同、公众参与的社会管理格局"[①],明确了社会管理的领导体制。2007年,党的十七大报告从实现全面建设小康社会新要求的角度提出了建设更加健全的社会管理体系的要求,提出要"最大限度激发社会创造活力,最大限度增加和谐因素,最大限度减少不和谐因素"的新要求,并提出全民进行以民生为重点的社会建设。由此,社会管理体制改革正式提上党委和政府的工作日程,体现了社会管理思想逐步成熟。

2011年7月,中共中央、国务院颁发《关于加强和创新社会管理的意见》,以构建社会主义和谐社会为目标,将社会秩序

---

① 《中共中央关于构建社会主义和谐社会若干重大问题的决定》,载于《人民日报》2006年10月19日。

与社会发展贯通起来,实现社会建设与社会管理并举。经过长期探索和实践,初步形成了党委领导、政府负责、社会协同、公众参与的社会管理格局,在运用行政手段的同时,更多地运用法律规范、经济调节、道德约束、心理疏导、舆论引导等手段,以实现社会服务与社会事业的繁荣发展。

(五)融合创新,推进治理方式现代化(2012年~)

2012年11月,党的十八大召开,对中国特色社会管理体系做了全面阐述,提出要围绕构建中国特色社会主义社会管理体系,加快形成"党委领导、政府负责、社会协同、公众参与、法治保障"的社会管理体制。在社会管理体制中增加了"法治保障"这一新内容,体现了社会管理与依法治国的结合,法治成为社会管理基础性的保障。

2013年11月,党的十八届三中全会通过《中共中央关于全面深化改革若干重大问题的决定》,在党的正式文件中第一次提出"社会治理"概念,"社会治理"成为国家治理体系和治理能力现代化的重要内容,标志着由传统的社会管理体制向适应时代发展的现代社会治理体制转变。习近平指出:"治理和管理一字之差,体现的是系统治理、依法治理、源头治理、综合施策。"[①] 传统社会管理更多侧重单一主体的政府管理、自上而下的政府管控,而社会治理更加强调多元参与、共同治理,更加强调民主协调、依法管理,更加强调以人为本、维护权利,是共治与自治的结合、法治与德治的并用。党的十八届四中全会指出,国家和社会治理需要法律和道德共同发挥作用,实现法律和道德相辅相成、法治和德治相得益彰。

党的十八大以来,社会治理方式日益多样化,善于运用法治

[①] 中共中央宣传部编:《习近平总书记系列重要讲话读本(2016年版)》,学习出版社、人民出版社2016年版。

思维和法治方式开展工作、解决问题，统筹运用经济调节、行政管理、法律规范、道德教化、心理疏导、舆论引导等手段，增强社会治理实效。经过多年的探索和创新，逐步形成了"自上而下"的社会治理与"自下而上"的社会自治"纵向有机结合"，"自外而内"的法治与"自内而外"的德治"横向有机结合"，以及"纵向治理"与"横向治理"的结合，以及注重源头治理、动态管理与应急处置的相互结合。在社会治理手段上，重视运用"市场的无形之手、政府的有形之手、社会的隐形之手"的有机结合。在社会治理的环节和重点上，推动治本与治标、事后救济与源头防范合理布局。同时，积极探索互联网、大数据、移动社交媒体等新兴技术手段在社会治理中的运用，努力构建与信息社会相适应的现代治理技术手段。

　　党的十八大以来，更加重视多种手段综合运用。党的十八届四中全会指出，国家和社会治理需要法律和道德共同发挥作用。我国历史上一直强调"礼法共治"，认识到"徒法不足以自行"。我国在由农业社会向工业社会、由乡村社会向城市社会、由封闭社会向开放社会、由传统社会向现代社会转型的过程中，特别是在信息化和全球化大潮冲击下，人们的价值观念特别是青年人的人生观和世界观形成的环境发生了深刻变化，这就要求更加重视文化建设，引导人们树立正确的价值观念。党的十八届四中全会提出，要大力弘扬社会主义核心价值观，弘扬中华传统美德，培育社会公德、职业道德、家庭美德、个人品德，既重视发挥法律的规范作用，又重视发挥道德的教化作用，以法治体现理念、强化法律对道德建设的促进作用，以道德滋养法治精神、强化道德对法治文化的支撑作用，实现法律和道德相辅相成、法治和德治相得益彰，既有道德约束又有法律规范。

　　社会治理注重运用多种规则体系。现代社会纷繁复杂，社会治理规则体系也不是单一、同质的，而是由不同类别、不同层级、不同效力社会规范构成的集合体，除国家法律法规外，市民公约、乡规民约、行业规章、团体章程等多种形式的社会规范，对其效力所及的组织和成员个人具有重要的规范、指引和约束作用。因此，在社会治理创新中更加重视运用其他社会规范，引导和支持不同方面的群众通过制定完善市民公约、乡规民约、行业规章、团体规章，进行自我约束、自我管理，规范成员行为，发挥多种社会规范的积极作用。化解社会纠纷和社会矛盾，坚持调处结合、调判结合，能调则调，当处则处，该判则判，健全完善人民调解、行政调解、司法调解联动工作体系，建立矛盾纠纷调解衔接配合机制，充分发挥调解这一具有中国特色的纠纷解决制度的独特作用，依法妥善化解矛盾纠纷。①

二、法治保障

法治是国家治理的基本形式，社会治理是国家治理的重要内容。推进国家治理现代化，必须加快社会治理法治化进程，提高社会治理法治化水平。党的十八大以来，以习近平同志为核心的党中央高度重视法治建设，提出法治国家、法治政府、法治社会一体建设，也为创新社会治理体制明确了新目标、新要求。党的十八届三中全会从完善和发展中国特色社会主义制度、推进国家治理体系和治理能力现代化的高度，作出创新社会治理体制的战略部署。法治是国家治理的基本形式，实现社会治理现代化，必然要求实现社会治理法治化。

（一）社会治理的法治化进展

中华人民共和国成立以来，党和国家始终高度重视法治建

---

① 龚维斌：《社会治理新常态的八个特征》，载于《中国党政干部论坛》2014年第12期。

设,为形成和发展适应国情的社会治理法律制度进行了长期探索和实践。尤其是改革开放以来,创新社会管理作出重大部署,社会治理法治化取得了明显成就,积累了宝贵经验,为改革、发展、稳定,为建设有中国特色的社会主义事业作出了重大贡献。

第一阶段:奠基阶段(1978~1997年)

1978年党的十一届三中全会确立提出了加强社会主义民主,健全社会主义法制的任务目标。全会公报指出:"为了保障人民民主,必须加强社会主义法制,使民主制度化、法律化,使这种制度和法律具有稳定性、连续性和极大的权威,做到有法可依、有法必依、执法必严、违法必究"①,重新确立了法律在社会治理中的最高地位。这一时期,重点抓立法,社会主义法律体系粗具规模,从根本上改变了许多重要领域无法可依的局面,为经济建设和社会发展提供了强有力的保障。为提高全民法律素质和法治意识,从1986年开始,持续实施五年普法规划,通过有领导、有计划、有步骤地进行全民普法工作,有力推动了中国法治建设的进程,开始了我国社会管理从主要依靠政策管理向依法治理的转变。

改革开放的深化和社会主义市场经济体制的建立,有力推动了法制建设稳步前进,逐渐形成了与经济发展需要和国家治理相适应的法律体系。1993年,党的十四届三中全会通过的《中共中央关于建立社会主义市场经济体制若干问题的决定》提出:"各级政府都要依法行政,依法办事。"这是第一次在党的正式文件中提出"依法行政",将法治政府建设作为法治建设的重点,进一步丰富了依法治国的内涵。

第二阶段:发展阶段(1997~2012年)

20世纪90年代,中国开始全面推进社会主义市场经济建

---

① 中共中央文献研究室编:《三中全会以来重要文献选编(上)》,人民出版社1982年版。

设,由此进一步奠定了法治建设的经济基础,也对法治建设提出了更高的要求。1997年党的十五大正式提出依法治国基本方略,1999年通过的宪法修正案规定"中华人民共和国实行依法治国,建设社会主义法治国家",为此后的国家治理和社会治理指明了方向。虽然"法治"和"法制"只有一字之差,但内涵却有很大差别,即不再仅仅将"法"作为一种治理工具,而是作为国家制度的依据和基础,作为治国理政的基本方略和社会主义现代化的重要目标。自此,"法制"回归其本意,成为法律制度的总称,主要从法律规则的层面强调法律体系的完整性和统一性;而"法治"作为一种与人治相对立的治国方略,强调依法治理,不仅要求具备"依法办事"的制度安排及运行机制,而且强调法律面前人人平等、规范权力、保障权利、程序公正、良法之治等精神和价值。2010年,我国基本形成了以宪法为统帅,以宪法相关法、民法、商法等多个法律部门的法律为主干,由法律、行政法规、地方性法规等多个层次的法律规范构成的中国特色社会主义法律体系,国家和社会生活各方面总体上实现了有法可依。

在这一时期的法治建设中,通过制定专门的、系统的、规范的社会政策和法规,管理和规范社会组织,培育合理的现代社会结构,调整社会利益关系,回应社会诉求,化解社会矛盾,维护社会正义、社会秩序和社会稳定,孕育理性、宽容、和谐、文明的社会氛围,建立经济、社会和自然协调发展的社会环境。[①] 纵观这一时期的法治建设,其核心在于追求"程序正义",法律的泛政治化和泛道德化色彩逐渐淡化,开始向日常生活法则回归,立法、行政、司法体系也不断深化自身的独立性,使得整个社会实质性地迈向了"法治"。这些努力不仅迎合了社会主义市场经济的发展要求,也缓和了社会管制留给社会的创伤,保证了社会

[①] 陈振明:《什么是政府的社会管理职能》,载于《新华文摘》2006年第3期。

的高速发展。①

第三阶段：完善阶段（2012年~）

党的十八大以来，依法治国方略围绕着全面深化改革措施的推进而进一步展开，把全面依法治国纳入"四个全面"战略布局。

党的十八届三中全会提出要发挥市场在资源配置中的决定性作用，简政放权、转变政府职能，必然要求厘清政企关系、政事关系，这为建设高效廉洁的服务型法治政府奠定了良好的基础。党的十八届四中全会对依法治国进行总体部署和全面规划，提出建设社会主义法治体系和建设社会主义法治国家的总目标。为了实现这一目标，这次全会提出建设"五大体系"，即形成完备的法律规范体系、高效的法治实施体系、严密的法治监督体系、有力的法治保障体系，形成完善的党内法规体系，并强调坚持依法治国、依法执政、依法行政共同推进，坚持法治国家、法治政府、法治社会一体建设，实现科学立法、严格执法、公正司法、全民守法，促进国家治理体系和治理能力现代化。与1997年党的十五大提出的形成社会主义法律体系相比较，法律体系注重立法层面的有法可依，而法治体系则覆盖到科学立法、严格执法、公正司法、全民守法全过程，囊括了依法治国、依法执政、依法行政与法治国家、法治政府、法治社会各方面。

2014年，党的十八届四中全会决定把"推进法治社会建设"作为全面依法治国的重要内容，并进一步将"坚持系统治理、依法治理、综合治理、源头治理"作为提高社会治理法治化水平的基础；将"加快保障和改善民生、推进社会治理体制创新法律制度建设"作为提高社会治理法治化水平的必要条件。通过提高社会治理法治化水平，把社会治理纳入法治化轨道，努力实现社会

---

① 郭星华、石任昊：《从社会管制、社会管理到社会治理——改革开放以来中国现代法治建设的变迁》，载于《黑龙江社会科学》2014年第6期。

治理体系和运行机制的法治化、制度化。① 在《关于〈中共中央关于全面推进依法治国若干重大问题的决定〉的说明》中,习近平强调:"推进法治社会建设,从推动全社会树立法治意识、推进多层次多领域依法治理、建设完备的法律服务体系、健全依法维权和化解纠纷机制4个方面展开。"②

(二) 法治治理的特点和优势

习近平指出:"我们的国家治理体系和治理能力总体上是好的,是有独特优势的,是适应我国国情和发展要求的。"中国特色社会治理的法治建设具有显著的中国特色和独特的优势。

1. 围绕大局,稳定发展。

促进经济社会协调发展,是建设中国特色社会主义的必然要求,也是社会主义法治建设的必然要求。经济的发展和繁荣并不能必然地解决现存的社会矛盾问题,而是更多地要靠加快以民生和社会治理为重点的社会建设来解决。社会治理的时代主题随经济社会的发展变化不断调整变化,从社会稳定、社会发展向更高阶段的社会和谐迈进。在社会主义建设时期,建立以"五四宪法"为统帅的社会主义法律体系框架实现社会整合和社会动员,运用法律手段正确处理敌我矛盾和人民内部矛盾等思想,调动一切积极因素,巩固新生政权,恢复和发展国民经济,让人民过上安定有序的社会生活;改革开放时期,确立依法治国基本方略,努力建设社会主义法治国家,中国特色社会主义法律体系初步形成,1999年颁布的《关于全面推进依法行政的决定》,要求各级政府"依法行政、从严治政",社会治理的目标偏重于以经济建设为中心,正确处理改革、发展和稳定的关系,把促进改革发展

---

① 沈筱芳:《党的十八大以来社会治理理念的创新》,载于《中国党政干部论坛》2017年第5期。
② 习近平:《关于〈中共中央关于全面推进依法治国若干重大问题的决定〉的说明》,载于《人民日报》2014年10月29日。

同保持社会和谐稳定结合起来,坚持改革力度、发展速度和社会可承受程度的统一,实现社会稳定和人民生活富庶;在全面深化改革的新时代,坚持法治国家、法治政府、法治社会一体建设,建设平安中国的社会治理总目标,全社会共建共享,全面推进社会治理体系和治理能力现代化,实现社会公正公平、人民幸福。

虽然社会治理的主题因应时势,但其根本目标坚定明确,社会治理法治化始终围绕中心工作,服务大局处理好改革、发展、稳定之间的关系,确保人民安居乐业、社会和谐稳定。改革开放以来,颁布一系列的法律法规,逐步建立健全党和政府主导的维护群众权益机制、群众利益保障机制、社会利益协调机制、群众诉求表达机制、社会矛盾纠纷排查预警机制、社会矛盾调解机制、政府重大决策的社会风险评估机制、突发事件监测预警机制、虚拟社会综合管理机制等,不断推进社会治理体系的完善和能力的提升。通过卓有成效的社会治安综合治理和风险防控,确保社会既充满活力又和谐有序,实现国家的长治久安、人民的安居乐业和经济社会的持续发展。

2. 以人民为中心,管服结合。

坚持人民主体地位,是以人民为中心的发展思想在法治领域的具体体现,也是社会治理法治化的基本特点。在我国,人民是依法治国的主体和力量源泉。中国特色社会主义法治,坚持法治建设为了人民、依靠人民、造福人民、保护人民,以保障人民根本权益为出发点和落脚点,保证人民依法享有广泛的权利和自由、承担应尽的义务和责任,维护社会公平正义,促进共同富裕。《中华人民共和国立法法》规定,"立法应当体现人民的意志,发扬社会主义民主,保障人民通过多种途径参与立法活动"。以民为本、立法为民,社会治理法治建设反映人民意志、得到人民拥护。社会主义各种法律都体现了保证人民在党的领导下,依照法律规定,通过各种途径和形式管理国家事务,管理经济文化事业,管理社会事务。

社会治理是对人的管理和服务，管理社会不是最终目的，服务社会才是根本要求，社会治理法治建设体现了服务优先、管服结合的特点。党的十八大以来，颁布了《中华人民共和国慈善法》等一系列的保障和改善民生的法律法规，坚持以人为本、服务为先的理念，以保障改善民生、促进社会公平正义为重点，大力发展社会事业，完善公共服务体系，加强和创新社会治理，促进人民安居乐业、社会安定有序。颁布实施《法治政府建设实施纲要（2015—2020年）》，确立了到2020年基本建成法治政府的奋斗目标和行动纲领，"放管服"改革持续推进，努力实现管理与服务的有机统一，解决影响社会和谐稳定的突出问题。

3. 党的领导，多元协同。

把党的领导贯彻到依法治国的全过程和各方面，是我国社会主义法治建设的一条基本经验。党的十八届四中全会提出全面推进依法治国的重大战略任务。中国共产党是全面推进依法治国的坚强领导核心，党的领导是人民当家作主和依法治国的根本保证，人民当家作主是社会主义民主政治的本质要求，依法治国是党领导人民治理国家的基本方略，依法执政是党执政的基本方式，依法行政是政府行政权运行的基本原则。坚持党的领导、人民当家作主和依法治国的有机统一，保证了人民以国家和社会主人的身份充分发挥建设国家、管理国家的积极性、主动性和创造性。

党的十八大以来，通过立法不断完善党委领导、政府主导、社会协同、公众参与、法治保障的社会治理体制，完善公众参与社会治理法治建设机制，充分听取各方意见，不断健全利益表达、利益协调、利益保护机制，实现了政府治理和社会调节、居民自治良性互动。既充分发挥党政的主导作用，又充分发挥各种社会力量、社会组织在社会治理中的作用，共同参与社会治理，共同分享发展成果，经济、高效、公平地解决好各类社会问题，发挥国家整体效应、促进政府积极作为、实现国家集体意志，促进经济社会协调发展。

4. 依法治理，综合施策。

依法治理、综合施策的社会治理方式，是中国社会治理的又一显著特点。党的十八大报告提出，要更加注重法治在社会管理中的保障作用，善于运用法治思维和法治方式破解社会管理难题，提高社会管理创新水平，在改善民生和创新社会管理中加强社会建设。习近平指出："治理和管理一字之差，体现的是系统治理、依法治理、源头治理、综合施策。"党的十八大以后，针对全面依法治国面临的新形势、新任务、新要求，提出了科学立法、严格执法、公正司法、全民守法的"新十六字方针"，既涵盖了立法、执法、司法、守法四个法治建设的基本环节，又明确了每个环节的重点要求，形成了新时期全面依法治国的基本格局。善于运用法治思维和法治方式开展工作、解决问题，统筹运用经济调节、行政管理、法律规范、道德教化、心理疏导、舆论引导等手段，增强社会治理实效。更加重视社会矛盾纠纷的调解化解，多元化纠纷解决体系日益健全；完善守法诚信褒奖机制和违法失信行为惩戒机制，社会诚信建设显著加强；领导干部带头尊法、学法、守法、用法，运用法治思维和法治方式的能力和水平明显提高。

（三）依法治理的挑战和机遇

当前，我国正处于社会主义初级阶段，正处于全面建成小康社会进入决定性阶段，正处于跨越"中等收入陷阱"并向高收入国家迈进的"爬坡过坎"的关键时期，国际形势复杂多变。中国经历了工业化、城镇化、市场化、信息化和国际化，同时经历传统社会向现代化社会转型、计划经济向市场经济转轨的"两个转变"。如果说"五化"是世界普遍发展的规律，那么"两转"就带有中国特色，特别是计划经济向社会主义市场经济转轨前所未有，增加了中国现代化发展的难度。① 随着全面深化改革的进一步推进，面对的改革发展稳定任务之重前所未有、矛盾风险挑战之多前所未有，现实矛盾回避不了，群众诉求必须合理化解，迫切需要进一步深化社会治理法治化。面对新形势、新任务，需要更好地维护和运用我国发展的重要战略机遇期，更好地统筹社会力量、平衡社会利益、调节社会关系、规范社会行为，使我国社会在深刻变革中既生机勃勃又井然有序。实现我国和平发展的战略目标，必须更好地发挥法治对社会治理的引领、规范和保障作用。

改革开放以来，特别是党的十八大以来，全面推进依法治国，在推进法治社会建设，提高社会治理法治化水平，把社会治理纳入法治化轨道，努力实现社会治理体系和运行机制的法治化、制度化方面，取得了重大进展。应当看到，社会治理法治建设还面临很多挑战，存在许多不适应、不符合经济社会发展的问题。一是总体上立法数量还不足，位阶比较低，且系统性还不够，与创新社会治理体制的实际需要、广大人民群众的期待，特别是切实改善和保障民生的要求还有一定距离，针对性、可操作性不强，特别是一些法律与法律、法律与法规、法规与法规之间的矛盾或不协调问题依然存在。尤其，还有些重要立法尚未列入计划，如《社会组织法》《信访法》等。二是有法不依、执法不严、违法不究现象比较严重，执法体制权责脱节、多头执法、选择性执法现象仍然存在，执法司法不规范、不严格、不透明、不文明现象较为突出，群众对执法司法不公和腐败问题反映强烈。三是部分社会成员尊法信法守法用法、依法维权意识不强，一些国家工作人员特别是领导干部依法办事观念不强、能力不足，知法犯法、以言代法、以权压法、徇私枉法现象依然存在。这些问

---

① 龚维斌：《正确判断社会形势 科学推进社会管理》，载于《行政管理改革》2012年第11期。

题必须下大力气解决。

(四) 推进社会治理的法治化

1. 科学立法，完善社会治理法律体系。

良法是善治之前提，推进社会治理能力和治理体系的现代化必须坚持立法先行，科学立法，完善各领域法律法规，增强法律法规的及时性、系统性、针对性、有效性。第一，应把社会领域的立法工作摆到更加突出的位置，坚持科学立法、民主立法，统筹规划，分步实施，明确责任，修订不相适应的法律法规、体制机制，加快重点领域立法，争取3~5年形成比较完善的中国特色社会治理法治体系。第二，依法界定社会治理各主体之间的权利界限、职责范围及程序，紧扣《法治政府建设实施纲要（2015—2020年）》确认职能范围，划定权力清单，厘清政府和社会的关系以及各自的角色定位，实现社会治理权责关系明晰化、法治化，提升社会治理效能，形成党政善治、社会共治、基层自治的良好局面。第三，要时刻关注民生、社会安全和生态保护等领域出现的新问题，不断完善相关的法律法规，为解决社会中出现的新问题提供法律依据，保证社会治理内容的合法性。第四，在立法的过程中，要最大限度地听取民意，整合不同利益群体的观点，保障弱势群体利益，形成被大多数社会成员认可的可行方案，使法律代表大部分人的利益，体现最广大人民的意愿。第五，通过立法的形式使社会治理的经验上升为制度，完善法律法规，使社会治理的主客体、方式、范围等有法律依据。

2. 依法治理，构筑社会安全防护网。

党的十八届三中全会审议通过的《中共中央关于全面深化改革若干重大问题的决定》中指出："坚持依法治理，加强法治保障，运用法治思维和法治方式化解社会矛盾。"在法治轨道上推进社会治理法治化，创新执法体制，完善执法程序，推进综合执法，严格执法责任，建立权责统一、权威高效的依法治理体制，构筑社会安全防护网。把能不能遵守法律、依法办事作为考察干部的重要内容,党政领导干部必须遵循法治原则,不得逾越法律的底线。国家行政机关依法行政,法定职责必须为、法无授权不可为,推进各级政府事权规范化、法律化,实现治理程序的法治化。司法机关要公正司法,进一步提高执法质量、执法水平、执法公信力。运用法治思维解决与人们切身利益密切相关的民生问题,打破利益固化的现状,激发社会的活力,用法律对社会相对和谐的状态予以保障。运用法治思维还有助于进行舆情分析,使人民共建和谐社会,共享经济发展成果,在全社会范围内形成崇尚法律的法治精神,以期最终建成法治社会。用法治的方式进行社会治理,这既是将依法治国这一战略方针落到实处的有效途径,也能推动社会治理取得积极效果。

3. 尊法守法,增强全民法治观念。

法律的权威源自人民的内心拥护和真诚信仰。习近平指出:"法律要发挥作用,需要全社会信仰法律。"① 首先,把全民普法和守法作为依法治国的长期基础性工作,全方位地深入开展法治宣传教育,破除长期存在的管控思维,强化合作意识、协商意识,增强学法、尊法、守法、用法意识,使法治理念、法治精神内化于心、外化于行,在全社会范围内培养起法治信仰和精神,使法治思维成为社会成员的潜意识内容与内心认同。其次,引导全民自觉守法、遇事找法、解决问题靠法,依法表达诉求、主张权利,维护好自身的合法权益,提高依法办事能力,将法治理念贯穿于社会治理的整个过程之中,让法治成为居主导地位的社会治理方式。最后,把这种法治意识通过日常行为体现出来,尊重法律的权威地位,让人们相信法律面前人人平等,人们的社会行为都在法律的框架内进行,在法律框架内的合理诉求都会得到合法的结果。

---

① 中共中央文献研究室编:《十八大以来重要文献选编(上)》,中央文献出版社2004年版,第721页。

4. 重心下移，推进基层治理法治化。

全面推进依法治国，基础在基层，工作重点在基层。党的十八届四中全会提出，要加强基层法治机构建设，强化基层法治队伍，建立重心下移、力量下沉的法治工作机制，改善基层基础设施和装备条件，推进法治干部下基层活动。这就明确了推进基层治理法治化的前进方向，提出了基本要求。一是发挥基层党组织的战斗堡垒作用，增强基层干部法治观念、法治为民的意识，提高依法办事能力。二是加强基层法治机构建设，强化基层法治队伍，建立重心下移、力量下沉的法治工作机制，改善基层基础设施和装备条件。三是努力掌握预防化解社会矛盾主动权，提升预防、化解社会矛盾的水平，建立健全矛盾纠纷排查调处机制，依法妥善解决基层社会的苗头性、倾向性问题。四是推进法治干部下基层活动，积极引导、推荐优秀法治干部到基层挂职、任职或驻地服务，建立便民化法律援助服务体系，扩大法律援助范围，提高法律援助质量。

要通过责任倒查倒逼政府行政规范，做到违法必究。要严格按照《中共中央关于全面推进依法治国若干重大问题的决定》《廉洁自律准则》《纪律处分条例》要求，对决策严重失误或者依法应该及时作出决策但久拖不决造成重大损失、恶劣影响的，严格追究行政首长、负有责任的其他领导和相关责任人员的法律责任。要严格落实规范行政行为的法律法规，保证权力在法治轨道上运行。

要努力提升司法行政参与社会治理的能力水平。在突出重点人群的同时，要利用新媒体开展法制宣传教育，提高公众参与社会治理和依法表达诉求、依法维护合法权益的意识。要下大力气推进法律服务中心（站、室）建设，创新推进"一村（社区）一法律顾问"工作，开展针对"一带一路"建设的法律服务、针对企业的"法律体检"，构架立体式、多层次的法律服务体系，为各阶层、各类社会组织提供身边的法律服务。

三、道德约束

中国作为具有几千年文化传统的礼仪之邦,重视和发挥道德的感化力量,实施"以德治国",是长期以来中国整合社会的基本思想方法。社会治理现代化是制度现代化与人的现代化相结合,现代化的社会治理固然需要制度的保障,但社会治理问题的根本解决最终还需人的自我道德约束。伴随着社会治理实践的推进,道德作为一种非强制性的柔性约束,始终渗透于社会治理实践的始终,参与到社会治理的各个方面,逐渐内化为社会治理体系中不可或缺的构成性因素,在社会治理的实践中发挥着不可或缺的重要作用。研究道德与社会治理的关系,探讨道德约束对于社会治理机制的形成乃至国家治理现代化的实现都具有重要的意义。

(一) 道德治理的内涵解读

在社会生活中,人的德行是社会生活整体有机化的前提。一个有着普遍德行的社会,是一个健全的社会;反之,没有德行的社会,就是一个恶的社会。对于恶的社会,无论有着什么样的惩罚机制,都不能从根本上禁绝恶行的发生。因而,在人类社会的每一个历史阶段,激励人的德行,都是成功的社会治理的标志。[1]

道德治理的内涵阐释主要有以下三种:其一,工具性解释。即用"道德"进行治理,把道德作为社会控制、建立社会秩序的工具。道德治理的内容包括社会制度道德建设和国民道德建设两个方面。有学者认为,道德治理是指统治阶级利用国

---

[1] 张康之:《论社会治理活动中的道德行为选择》,载于《河北学刊》2004年第4期。

家权力发挥道德作用维护社会秩序的一种治理社会的活动。①其二，义理性解释。道德治理就是在道德价值取向上纠正偏颇，在重视道德的规范形式的同时，强调道德的内在精神，把道德原则作为社会治理的价值依据。有学者认为道德治理的关键在于"治心"，最终而求"放心"。②此类观点从价值层面对道德治理进行了初步界定。其三，工具与义理并重性解释。有人认为道德治理"作为与威权相对的治理"，包括两个维度的含义："首先是'governance of morality'，即道德发挥作用的方式、途径和力量；其次是'moral governance'，即具有道德性质和倾向的治理。"③

依据道德治理的主体不同，道德调控理论包括三种倾向：一是"国家中心论"，强调国家和政府在道德调控中的作用，带有强制性，调控效果显著。这种理解把道德调控视为重要的社会治理途径，以涂尔干的"国家中心论"为代表；二是强调"社会中心论"，认为道德调控是运用各种社会力量规范人们行为的方式，以迪恩的多元主体论为代表；三是注重个体道德培育与内化，如主张通过道德调控转变社会成员的认知，使他们对规则形成共识并接受。④

道德治理是一种具有独特运行机制的国家治理方式，其实现是一个循序渐进的过程，具有显著的阶段性。道德治理既需要从社会的现实道德水平出发，又必须树立起更高的道德理想，从而为人们的行为选择提供导向，并将人们的行为不断引入一个更加

---

① 林立公：《正义：西方道德治理思想的主线》，载于《伦理学研究》2006年第2期。

② 朱贻庭：《"本""末"之辩说道德——当前道德治理必须关注的一个问题》，载于《道德与文明》2013年第2期。

③ 李建磊：《道德治理与道德文化建设——纪念〈道德与文明〉杂志创刊30周年学术研讨会会议综述》，载于《伦理学研究》2013年第1期。

④ 郭夏娟、杨麒君：《从边缘到中心：社会治理中"三位一体"的道德调控》，载于《浙江社会科学》2017年第1期。

和谐的秩序化水平。道德治理目标的层级性和道德治理手段的多样性，决定着道德治理的实现是一个循序渐进的过程，在其实现上是不可能一蹴而就的。道德治理的初级阶段应以外在道德规范的治理为主，主要从外在道德规范的角度对身处伦理关系中的个体进行调控；中级阶段应注重从外在道德规范的治理走向内在道德自觉的治理转化，从而保证道德治理的时效性与针对性；高级阶段应侧重培植内部调节机制，真正使治理主体具有自觉意识和内在约束，使道德治理从社会主体的内在道德自觉走向外在道德行为，促进主体的全面发展与日臻完善。①

概言之，道德治理就是指社会多元主体运用其道德的影响力量对诸多领域当中出现的社会问题进行柔性治理的过程。它具有肯定与否定的双重价值取向，即向下对"恶"的治理与向上对"善"的引领。但是，道德作为调整人与人、人与社会、人与自然、人与自身的手段与方式之一，其本身就是一种柔性的治理方式，通过约束、激励、评价、引领等功能，维持社会秩序、实现社会稳定的功能。只是道德治理相对于道德对社会关系调整力度而言，是一种弱化的强制性治理方式。

（二）道德治理的历史变革

中华人民共和国成立以来，围绕中国共产党执政以来"建立什么样的社会"以及"怎样进行社会治理"展开道德建设，在团结人民、凝聚力量和保障社会稳定等方面发挥了极其重要的作用。由此可见，每个时期与阶段道德手段的选择、道德建设重点的选择，都是以当时所处的道德状况为基础的，也是对当时所面临的道德突出问题的回应。随着国家发展战略和经济社会发展的变化，不同的历史时期我国道德治理的目标、任务不同，采取的方式与手段不同，大致可以分为三个阶段：

---

① 王乐：《试论道德治理的三个阶段》，载于《伦理学研究》2016年第5期。

1. 社会管控时期（1949~1978年）。

基于中国工业化基础十分薄弱，资金、技术、人才十分匮乏的现实，选择了强大的政府主导型的计划经济体制和优先发展重工业的赶超战略。这一发展战略要求确保国家拥有强大的资源动员和配置能力，利用有限的资源推进现代化建设，因而迅速创建了国家全面管控的社会治理体制。中华人民共和国成立后，以社会主义革命和阶级斗争为主要手段、以消灭私有制及其附属的意识形态为目标，建立起以公有制经济为基础、以集体主义为核心、以共产主义为目标的社会主义价值体系，在全党范围内要求党员干部"全心全意为人民服务""毫不利己，专门利人"，出现了"雷锋精神""焦裕禄精神""铁人王进喜精神"等共产主义道德模范精神。此阶段的道德建设是思想政治教育的重要组成部分，呈现出道德理想主义特征，道德精神与道德要求被过度拔高，处处政治挂帅，忽视人民的必要物质利益与经济发展的客观规律等。在社会主义道路的探索中，通过社会舆论导向、道德建设、思想政治教育和政治压力攻势等方式来改造人们的思想意识，不断强化和巩固社会主义意识形态主导地位，进而通过改变人们的行为来实现社会管控的目标。

2. 社会管理时期（1978~2012年）。

这一时期，从1978年改革开放到社会主义市场经济的建立，中国的社会结构、社会组织形式、社会价值理念等都已经和正在发生深刻变化，大量社会矛盾易发多发，原有的权力高度集中、政府统管一切的社会管理方式已经不能适应新的现实要求。为促进计划经济向市场经济转变，整个社会以经济建设为中心，伴随着这一转型过程，中国的社会管理也不断调整、完善，以适应快速发展的经济社会。经济体制转型和法制化建设的步伐加快，在优先发展经济的基础上推进社会全面发展，社会治理服务或配套于经济体制的市场化改革，从对社会的全面管制向社会管理的市场化转变，同时也加快了法制化进程，并且出现了结构分化和治理重心下移,推动着改革开放事业的顺利发展,放松管制带来了市场活力和社会生机。但由于未从根本上触动计划经济体制,社会管理的调整和变革是在许多方面未进行配套改革、政府主要通过行政手段管理社会经济的方式没有改变的情况下进行的,社会管理仍从属于行政体制下的社会管理。

为破解新的道德难题与挑战,开始狠抓精神文明建设。20世纪80年代初期,在全国范围内掀起的"五讲四美三热爱"群众性的道德教育活动,使我国城乡的社会风气和道德面貌有一个根本改观。在全党把工作重点转移到现代化建设上来以后,中共中央曾多次郑重指出:我们在建设高度物质文明的同时,一定要努力建设高度的社会主义精神文明。这是建设社会主义的一个战略方针。1986年9月26日,党的十二届六中全会通过了《中共中央关于社会主义精神文明建设指导方针的决议》;1996年10月,党的十四届六中全会审议并通过了《中共中央关于加强社会主义精神文明建设若干重要问题的决议》。社会主义精神文明建设的根本任务,是适应社会主义现代化建设的需要,培养有理想、有道德、有文化、有纪律的社会主义公民,提高整个中华民族的思想道德素质和科学文化素质。为此,要用共同理想动员和团结全国各族人民,要树立和发扬社会主义的道德风尚,要加强社会主义民主、法制、纪律的教育,要普及和提高教育科学文化。[①]

进入21世纪,道德建设注重加强个体道德修养,以"公民道德建设"为主要内容。2001年颁布实施《公民道德建设实施纲要》,提出道德建设的根本任务是培养"四有"公民;2002年党的十六大报告又提出"要建立与社会主义市场经济相适应、与社会主义法律规范相协调、与中华民族传统美德相承接的社会主义思想道德体系",大力构建社会主义核心价值体系,兴起了新的道德建设高潮。

---

① 中共中央文献研究室编:《十二大以来重要文献选编(下)》,人民出版社1988年版,第1273~1278页。

3. 社会治理时期（2012年~）。

党的十八大开启了全党全国各族人民为全面建成小康社会、实现中华民族伟大复兴的中国梦而团结奋斗的新征程。党的十八大报告在提出扎实推进公民道德建设工程的同时，强调"深入开展道德领域突出问题专项教育和治理，加强政务诚信、商务诚信、社会诚信和司法诚信建设"，① 再次把道德治理问题提到了全社会面前。从传统的重视命令式、运动式、动员式的道德治理方式向法治型、互动式、规范化的道德治理制度的方式转变，显著提高社会治理的制度化、规范化和程序化水平。

十八届三中全会提出"创新社会治理体制"的要求，用"社会治理"取代了以前"社会管理"的提法，更加强调以人为本、维护权利，是共治与自治的结合、法治与德治的并用。在社会治理多元主体的确立和发展中，道德是其中不可或缺的基础性要素。党的十八届四中全会指出，国家和社会治理需要法律和道德共同发挥作用。要大力弘扬社会主义核心价值观，弘扬中华传统美德，培育社会公德、职业道德、家庭美德、个人品德，既重视发挥法律的规范作用，又重视发挥道德的教化作用，以法治体现理念、强化法律对道德建设的促进作用，以道德滋养法治精神、强化道德对法治文化的支撑作用，实现法律和道德相辅相成、法治和德治相得益彰，既有道德约束又有法律规范。

习近平指出，实现中国梦必须弘扬中国精神，必须围绕经济建设这个中心，紧紧扭住中华民族伟大复兴这个主题，坚持巩固壮大主流思想舆论，弘扬主旋律，传播正能量，激发全社会团结奋进的强大力量。② 这就把思想道德建设与中国梦紧紧联系起

---

① 胡锦涛：《坚定不移沿着中国特色社会主义道路前进 为全面建成小康社会而奋斗——在中国共产党第十八次全国代表大会上的报告》，人民出版社2012年版，第32页。

② 中共中央文献研究室《中国特色社会主义文化发展道路》课题组：《振奋起全民族为"精气神"——十八大以来中央关于思想文化建设的新思想》，人民网，2015年8月24日。

来，道德建设有了更高的支点，赋予了新的使命。2006年，十六届六中全会明确了建设社会主义核心价值体系的任务。党的十八大在此基础上提炼、概括出24个字的社会主义核心价值观。2014年，中央发布《关于培育和践行社会主义核心价值观的意见》，把社会主义核心价值观落实到国家发展实践和社会治理中，通过教育引导、舆论宣传、文化熏陶、实践养成、制度保障等，使社会主义核心价值观内化为人们的精神追求，外化为人们的自觉行动。加强社会主义思想道德建设，为中国梦凝聚起坚实的道德基础。习近平指出，我们要坚持马克思主义道德观、坚持社会主义道德观，"引导人们向往和追求讲道德、尊道德、守道德的生活，形成向上的力量、向善的力量。只要中华民族一代接着一代追求美好崇高的道德境界，我们的民族就永远充满希望"。① 习近平在中共中央政治局第十三次集体学习时强调，培育和弘扬社会主义核心价值观必须立足中华优秀传统文化。十八大以来，中央高度重视对中华优秀传统文化的挖掘和阐发，对中华优秀传统文化的创造性转化、创新性发展，成为涵养社会主义核心价值观的重要源泉，与时俱进地服务于实现中国梦的伟大实践。

习近平指出，要持续深化社会主义思想道德建设，弘扬中华传统美德，弘扬时代新风，用社会主义核心价值观凝魂聚力，更好构筑中国精神、中国价值、中国力量，为中国特色社会主义事业提供源源不断的精神动力和道德滋养。②

习近平指出，每个时代都有每个时代的精神，每个时代都有每个时代的思想道德要求。③ 党的十八大以来，以习近平同志为核心的党中央在继承和弘扬中国共产党思想道德建设、精神文明

---

① 习近平：《汇聚起全面深化改革的强大正能量》，载于《人民日报》2013年11月29日。
② 《习近平对全国道德模范表彰活动作出重要批示》，载于《人民日报》2015年10月14日。
③ 习近平：《在文艺工作座谈会上的讲话》，新华网，http://news.xinhuanet.com/politics/2015-10/14/c_1116825558.htm。

建设基本内容和经验的基础上，根据时代发展的新要求，对支撑中国特色社会主义发展的"大德"进行了整体构建。党的十八大以来，以习近平同志为核心的党中央在抓经济建设、法制建设的同时，十分重视意识形态建设和思想道德建设，以理想信念和社会主义核心价值观构建国家的"大德"，以基本道德规范来设立道德建设的"底线"，以道德楷模来树立道德建设的"标杆"，以仪式活动营造道德建设"环境"，以修养和践行来奠定道德建设的"根基"，构成了关于道德治理基本思想和方法。①

（三）快速转型中的道德治理

根据经济社会发展巨大变迁的客观实际，我国高度重视道德治理创新，在不断调整道德在社会治理中的运行机制和调整道德治理的方式方法等方面取得了重要进展，发挥着不可替代的重要作用。

1. 协同多元治理主体。

社会治理既是对全社会的治理，也是全社会共同参与的治理。党政主导、多元协同，是中国社会治理的最大优势和最大特色。多元主体要参与到社会治理实践中，必须获得民众的认可并具有一定的权威性。而这种权威性的获得，应当主要来自公众的道德评判而不是党政机构的行政强制。当今中国，需要参与道德治理的多元主体既保持相对的自主性和独立性，又能够通力合作，形成一种和谐有序、自律自治的制度化治理机制，灵活采用多种方式发挥道德的柔性制约和激励作用。处理好这个多元化系统中各个组成要素之间的合作互动关系，兼顾到社会多元主体的不同利益诉求，都需要通过道德的提升来强化对主体行为的引导与规范，凝聚社会主体的共识，推动社会治理的良好运行和有序开展。但从现状来看，这种良好的道德治理结构尚未形成，而在

---

① 佘双好：《从"大德"构建和"大环境"营造展开道德治理——习近平关于道德治理的思想探析》，载于《决策咨询》2016年第5期。

道德建设中社会自治功能则相对不足。

2. 促进社会制度运行。

社会治理是国家治理的重要组成部分,当前促进社会治理各项制度的良性运行也已经成为推进国家治理体系和治理能力现代化的重要内容。制度不仅包括正式的成文法规法律,还包括诸多非正式约束,即制度"由非正式约束(道德约束力、禁忌、习惯、传统和行为准则)和正式的法规(宪法、法令、产权)所组成。"① 道德作为一种柔性约束构筑出社会治理的重要根基,又与各类成文制度相互配合,保障着社会治理的良好运行。道德以非正式的软性约束和柔性规范形式内隐于社会治理制度之中,依靠人的道德良知与行为自觉而产生的强大的内驱力和约束力,有效引导和规范人们的外在行为,自觉追求社会治理的实践目标;同时,依靠社会舆论与道德评价影响到社会生活的各个层面,引导、约束、规范人们的行为,发挥出它独有的社会治理功能。道德推动制度的变革和创新,与其他成文制度形成互补,共同推进社会治理实践。没有蕴含内在道德的法律制度,"不仅仅会导致一套糟糕的法律体系;它所导致的将是一种不能被恰当地称为一套法律体系的东西"。② 道德观念和道德内容随着社会的发展不断更新、调整、完善,而成文制度则具有相对的稳定性。当前,应当紧紧围绕五大发展理念以促进公平正义、增进人民福祉,引导和支持不同方面的群众通过制定完善市民公约、乡规民约、行业规章、团体规章,进行自我约束、自我管理,规范成员行为,发挥多种社会规范的积极作用,为国家治理体系和治理能力现代化提供全面的制度性保障。

3. 规范引导社会行为。

在社会转型期,中国社会的道德现状与道德问题尤为引人注

---

① [美]道格拉斯·C. 诺斯著,李飞译:《论制度》,载于《经济社会体制比较》1991 年第 6 期。
② [美]富勒著,郑戈译:《法律的道德性》,商务印书馆 2005 年版,第 47 页。

目,呈现"感动与疼痛并存,谴责与反思交织,忧虑与希望同在"的图景①。新时期的民生诉求在全面升级,市场经济条件下人们的价值理念发生深刻变化,与这种变化相适应的社会道德和诚信体系建设却滞后于变化。另外,约束、监督追求个人利益的行为规范却没有建立完善;适应这种复杂性的社会治理和监督监控技术却没有得到符合需求的提高。道德不仅以其普遍适用性的特征渗透到社会生活的各个方面,对人的思想和行为产生重要的影响作用,制约着社会治理的范围和效果;而且,道德在规范社会成员实际行为的同时,能够凝聚社会共识,为社会治理创设良好的价值环境和社会氛围。道德理念、道德准则、道德规范不仅直接规范和制约着人的社会行为,而且在此基础上参与整个社会秩序的建构,保持合理的社会状态,从而为社会治理提供可依托的生长点。在推进国家治理体系和治理能力现代化的进程中,社会治理中多元主体的存在,使各种利益诉求激烈碰撞,也使社会关系的脆弱性不断加大,使得社会运行充满了风险。道德作为社会调控不可缺少的一种有效手段,通过主体的道德自觉和自律,提升个体和社会的道德水平,从正面对人进行引导和规范,增强各个治理主体之间的和谐、合作,消除不确定性隐患,化解社会风险,稳定社会结构,从而保障社会治理实践的顺利进行。

(四)创新道德治理的路径

1. 加强教育,传承创新。

国无德不兴,人无德不立,道德是社会关系的基石,是人际和谐的基础。在走向国家治理现代化的进程中,要树立与当前政治、经济、社会、文化发展水平相适应的价值理念和目标体系,

---

① 秋石:《认清道德主流坚定道德信心——再论正确认识我国社会现阶段道德状况》,载于《求是》2012年第4期。

兼顾工具理性与价值理性的制度系统。一是加强对中国梦的宣传和阐释，紧紧扭住中华民族伟大复兴这个主题，弘扬中国精神，不断赋予中国精神新的内涵，坚持巩固壮大主流思想舆论，弘扬主旋律，传播正能量，激发全社会团结奋进的强大力量。这就把思想文化建设与中国梦紧紧联系起来，为现阶段的道德建设提供了基本遵循。二是加强全社会的思想道德建设，要大力弘扬社会主义核心价值观，培育社会公德、职业道德、家庭美德、个人品德，引导人们向往和追求讲道德、尊道德、守道德的生活，将道德建设贯穿社会治理的各领域和整个过程。三是树好典型，提升道德水平的目标，以评促德，通过榜样示范和道德激励，充分发挥各方面英模人物的榜样作用，激励人民群众崇德向善，鼓励全社会积善成德。四是弘扬中华传统美德，对先人传承下来价值理念和道德规范，要坚持古为今用、推陈出新，有扬弃地予以继承，有鉴别地加以对待。五是重视家庭建设，注重家庭、注重家教、注重家风，紧密结合培育和弘扬社会主义核心价值观，发扬光大中华民族传统家庭美德。

2. 完善规范，强化管理。

邓小平同志在1992年南方谈话中指出："恐怕再有三十年的时间，我们才会在各方面形成一整套更加成熟、更加定型的制度。在这个制度下的方针、政策，也将更加定型化。"[①] 党的十八届三中全会特别强调制度建设，推进社会治理现代化，最根本的在于制度的改革和创新。当前道德领域的一些矛盾和问题，与我国社会整体转型期，道德领域的制度和规范相对滞后不无关系。道德规范体系集道德意识、观念、评价于一体，它作为一个系统性的整体产生的影响散布于社会多方面、全过程。现代社会纷繁复杂，社会治理规则体系也不是单一、同质的，而是由不同类别、不同层级、不同方面的内容构成，加强道德规范体系建

---

① 《邓小平文选（第三卷）》，人民出版社1994年版，第372页。

设，必须适应社会主义市场经济，与此同时，还要融合改革开放的道德新观念。道德体系要符合社会主义本质要求，具有社会批判和时代精神特点的改革创新精神，吸收借鉴国内外优秀文化的道德理念。社会规范构成的集合体，除国家法律法规外，市民公约、乡规民约、行业规章、团体章程等多种形式的社会规范，对其效力所及的组织和成员个人具有重要的规范、指引和约束作用。因此，在社会治理创新中应更加重视运用其他社会规范，以规立德，在居民充分酝酿讨论的基础上修订完善村规民约、居民公约，使每一个居民都成为公约的执行者和监督者。

3. 共建共享，协同实践。

多元社会主体合作共治，是社会治理走向现代化的重要标志。加强社会治理中的道德约束和激励，必须从中国的国情出发，既不能走把治理权力都集中到政府、政府包管一切社会事务的老路，也不可能走一些西方国家倡导的完全依赖民间组织发育社会的道路。伴随着市场经济体制的逐步完善、社会结构的多样化变迁、人民权利意识的日益增强以及信息通信技术的快速发展，积蓄已久的市场和社会能量得以释放，也进一步为全民共建共享奠定了基础、提供了动力与可能。

社会治理体制改革，需要合理界定政府—社会—个人之间的职能。政府与社会之间有各自的权限，在政府权力不及的地方，就有了社会参与的机会。通过参与，社会成员才能得到进一步的道德实践，提高道德水准。只有这样，个体的独立道德才有发展的空间。道德在独自的空间内发挥调控功能，既能强化行政伦理建设，又能塑造社会道德体系。政府从传统的控制地位转换成平等的参与者，对源自民间的道德创新进行引导与推动；社会主要是指社会组织和民间道德协会，在新型道德调控模式中处于中心地位，成为道德调控的核心力量；而个体则是道德调控的具体参与者和实践者，他们既是道德调控的主体，也是被调控的对象与客体，更是道德内化的重要单位。浙江德清县自 1997 年开始以民间道德设奖为引导所进行的道德调控尝试,成为融合各种社会价值达成治理目标的有效途径,为善治目标的实现发挥了重要作用。[①] 立足于中华传统美德,适应变化了的社会发展实际,探索适合当代人心理和行为习惯的道德治理方式。通过沟通、协商、表达等机制,协调平衡不同利益主体间的关系,发挥不同道德治理主体的作用,强调法治精神和公共精神,强调在全社会发挥正能量及道德约束。

4. 法德并举,协调统一。

法律是成文的道德,道德是内心的法律,两者在功能上相互支持,实施中相互配合,内容上相互吸收。提升社会治理能力不是法律的独角戏,而是需要道德的支持与配合,只有德法并举,协调统一,才能有效促进和提升社会治理能力,德法并举是实现社会治理水平现代化的根本途径。有效的道德治理依赖于有序的法律治理,真正有效的社会治理活动必定是既合法有序又合理有德的完整的社会治理,而不是单一法律或道德的治理方式。

道德治理是人类社会道德理想的实现过程,法治社会中道德的力量是实现良好社会秩序的前提条件,同时也是促进良好社会秩序自然形成的重要措施。要坚持依法治国和以德治国相结合,把法治建设和道德建设紧密结合起来,把他律和自律紧密结合起来,不断提高国家治理体系和治理能力的现代化水平,实现社会治理事后惩处与事先预防的统一,宏观调控与微观规制的统一,低成本与高效率的统一,他律性与自律性的统一,现实性与前瞻性的统一,社会整体环境净化与个体道德境界提升的统一。

[①] 郭夏娟、杨麒君:《从边缘到中心:社会治理中"三位一体"的道德调控》,载于《浙江社会科学》2017年第1期。

四、科技支持

（一）科技发展与社会治理进步

工程科技创新驱动着历史车轮飞速旋转，为人类文明进步提供了不竭动力源泉，推动人类从蒙昧走向文明、从游牧文明走向农业文明、工业文明，走向信息化时代。从社会发展史看，人类经历了农业革命、工业革命，正在经历信息革命；农业革命增强了人类生存能力，使人类从采食捕猎走向栽种畜养，从野蛮时代走向文明社会。工业革命拓展了人类体力，以机器取代了人力，以大规模工厂化生产取代了个体工场手工生产。而信息革命则增强了人类脑力，带来生产力又一次质的飞跃，对国际政治、经济、文化、社会、生态、军事等领域发展产生了深刻影响。[①] 我国在欧洲发生工业革命、世界发生深刻变革的时期，丧失了与世界同进步的历史机遇；在今天信息革命时期，我国正处在互联网快速发展的历史进程之中，正处在"信息化和经济全球化相互促进"这个大潮之中。习近平指出，"这是中华民族的一个重要历史机遇，我们必须牢牢抓住。"

互联网作为20世纪最伟大的发明之一，已经融入社会生活方方面面，深刻改变了人们的生产和生活方式。随着移动互联网、物联网及大数据、云计算、人工智能的发展，人类生活所经历的一切都在转变。互联网是一个新兴领域，也可能是实现国家超越式发展的捷径。互联网对很多领域的创新发展起到很强带动作用，给各行各业创新带来历史机遇。同时，互联网发展对国家

[①] 习近平：《在网络安全和信息化工作座谈会上的讲话》，载于《人民日报》2016年4月26日。

主权、安全、发展利益提出了新的挑战,互联网也已成为我们党长期执政所要面对的"最大变量"。如果我们过不了互联网这一关,就过不了长期执政这一关。

这样一个从未在人类历史上发生过的快速发展的时代,既为我们增强社会治理前瞻性、精准性、高效性,解决社会治理难题,提供了前所未有的重要机遇,也给社会治理带来新的挑战。[①] 机遇需要紧紧抓住,挑战需要认真应对,要不断提高把握发展机遇、应对风险挑战的能力,让"历史机遇"成为历史动力,让"最大变量"释放"最大正能量"。

(二) 科技发展与我国社会治理的变革

习近平指出,要更加注重联动融合、开放共治,更加注重民主法治、科技创新,提高社会治理社会化、法治化、智能化、专业化水平,提高预测预警预防各类风险能力。要完善社会治安综合治理体制机制,加快建设立体化、信息化社会治安防控体系。党的十八大以来,坚持科技引领、信息支撑,积极运用互联网、物联网和大数据、云计算等现代科技手段,不少地方实现了社会治理的信息化、精细化、立体化和智能化,为百姓安全罩上了一层高科技保护网,大大提升了国家社会治理的精细化、现代化水平。

1. 社会治理信息化。

加快信息化基础性制度建设,极大地提高社会治理的预见性、精准性、高效性,为充分运用现代科技改进社会治理手段奠定基石。习近平指出,我们提出推进国家治理体系和治理能力现代化,信息是国家治理的重要依据,要发挥其在这个进程中的重要作用。近年来,统筹发展电子政务,构建一体化在线服务平台,分级分类推进新型智慧城市建设,打通信息壁垒,构建全国

---

① 孟建柱:《深入推进社会治理创新 进一步增强人民群众安全感》,载于《长安》2016年第11期。

信息资源共享体系。有关部门就建立公民身份号码、组织机构代码、不动产登记、网络实名等制度出台一系列规定，建设国家投诉中心、基础综合服务管理平台，为加强社会治理基础性工作发挥了重要作用。目前，我国公民身份号码的准确性、唯一性目标基本实现。要加快国家人口信息管理系统升级改造，深入推进居民身份证换发、异地办理和指纹信息登记工作，建立户口和身份证信息联网查询比对制度，逐步实现跨部门、跨地区信息整合和共享，确保基础信息全面、准确。① 2014年4月，国家信访局印发《关于推进信访工作信息化建设的意见》，明确提出了依托互联网建设纵向到底、横向到边的全国网上信访信息系统；2015年，全面实现信访工作信息化，全部实现信访业务网上流转，网上信访正逐渐成为群众信访的主渠道。2015年4月，中共中央办公厅、国务院办公厅印发《关于加强社会治安防控体系建设的意见》，在信息网络防控网建设方面要求，建立以公民身份号码为唯一代码、统一共享的国家人口基础信息库，建立健全相关方面的实名登记制度。2015年后中央政府出台了《促进大数据发展行动纲要》《积极推进"互联网＋"行动的指导意见》《关于加快推进"互联网＋政务服务"工作的指导意见》《政务信息资源共享管理暂行办法》等系列文件，针对加快政府数据开放共享、借助互联网技术完善政务服务等作出了部署和要求，加速了相应领域创新变革的步伐。根据国务院《促进大数据发展行动纲要》的要求，到2018年，中央层面将实现数据统一共享交换平台的全覆盖。"十三五"规划纲要具体要求，建立国家人口基础信息库，加强人口管理、实名登记、信用体系、危机预警干预等制度建设；健全城乡社区综合服务管理平台，促进公共服务、便民利民服务、志愿服务有机衔接，实现一站式服务。实现城市社

---

① 孟建柱：《深入推进社会治理创新 进一步增强人民群众安全感》，载于《长安》2016年第11期。

区综合服务设施全覆盖,推进农村社区综合服务设施建设。

2. 社会治理精细化。

精细化管理是通过规则的系统化和具体化,运用程序化、标准化和数据化的手段,使组织管理各单元精确、高效、协作和持续运行的管理方式。目前,精细化管理已运用到公共管理领域,并向社会治理范畴深度拓展。党的十八届五中全会提出,加强和创新社会治理,推进社会治理精细化,构建全民共建共享的社会治理格局。互联网搭建起一个平等交流的技术平台,网络社会互联互通的特征也为精细化治理带来契机。网络信息平台的共享互通提升了公共管理和服务的可及性与便捷性,不同治理主体的相对优势会突显出来,信息技术则提升了社会治理的准确性和细节性,推动加快向精细化社会治理转型。

网格化的探索实践是社会治理精细化的重要体现。党的十八届三中全会明确指出:"以网格化管理、社会化服务为方向,健全基层综合服务管理平台,及时反映和协调人民群众各方面各层次利益诉求"。北京从2004年在全国率先推出城市管理网格化模式,到率先向社会服务管理网格化和社会治安网格化扩展,再到率先推进城市管理网、社会服务管理网、社会治安网"三网"融合。2015年8月,北京市又出台网格化"1+3"文件,明确提出"三步走"目标,到2018年完成重点监控区域信息采集全覆盖,实现网格常态化、精细化、制度化管理。在网格化的基础上,贵阳市探索用好以区块链、"身份链"等为代表的"治理科技",通过在政府治理、社会治理等方面的场景应用,实现精准治理、精准服务。

标准化是社会治理和公共服务精细化的关键,有了标准才能使管理者和服务提供者的工作明确化、精准化。实施社会治理标准化,要以制定具体职能管理标准、构建政府职能标准化体系为基础,建立涵盖标准体系、支撑平台与评价机制的公共服务标准化框架,推进政府管理和服务标准化的工作规划。早在1988年

12月就制定了《中华人民共和国标准化法》,2001年成立了国家标准化管理委员会,强化标准化工作的统一管理。2015年3月,国务院制定和颁布了《深化标准化工作改革方案》,提出了今后一个时期深化标准化工作改革的总体要求和一系列重要举措。截至目前,中国的国家标准、行业标准和地方标准总数达到10万项,覆盖一二三产业和社会事业各领域的标准体系基本形成。标准化在保障产品质量安全、促进经济发展和社会进步、规范提高管理服务水平、服务公共外交和对外经贸合作交流等方面发挥了越来越重要的作用。[①] 2016年11月通过的《网络安全法》要求以标准体系为指导,推动网络安全防护体系建设,通过强制性国家标准加强核心领域的网络安全保障,以国家标准、行业标准为引导,加强网络空间治理,将网络安全标准化工作置于前所未有的高度。

3. 社会治理立体化。

党的十八大报告明确提出:"深化平安建设,完善立体化社会治安防控体系"。习近平指出,"随着互联网特别是移动互联网发展,社会治理模式正在从单向管理转向双向互动,从线下转向线上线下融合,从单纯的政府监管向更加注重社会协同治理转变"。这"三个转向",对社会治理立体化提出了新要求。社会治理立体化是适应复杂多变的社会治安形势,提高社会治安综合治理科学化水平的迫切需要。

当前公共安全事件易发多发,维护公共安全任务繁重。近年来,政法综治战线统筹整合信息资源和网络平台,在大数据、云计算、"互联网+"等现代信息技术的支撑下,将现代信息手段与传统有效做法紧密结合起来,相关部门齐抓共管、社会力量积极参与,推进打防管控一体化、网上网下一体化,形成有机衔

---

① 魏礼群:《加快推进标准化 推升治理现代化水平》,载于《中国标准化(海外版)》2016年第1期。

接、有效运行的立体化体制机制。2009年,公安部提出构建"六张网、四机制"的治安防控体系,治安防控体系开始从城市拓展到乡村。2015年,中共中央办公厅和国务院办公厅印发了《关于加强社会治安防控体系建设的意见》,要求创新立体化社会治安防控体系建设,全面推进平安中国建设,社会治安防控体系进入国家与社会共建阶段。社会治安防控体系的主体经历了由地方公安机关到国家公安机关,进一步提升到中央政府,再发展到政府主导、社会力量广泛参与的良性互动阶段。2015年11月,公安部联合中共中央宣传部、工业和信息化部、中国人民银行等22个部门组织开展打击治理电信网络新型违法犯罪专项行动,追根溯源,全链条侦查打击,运用信息化、立体化的防控手段对电信网络新型违法犯罪实施有效治理。

4. 社会治理智能化。

习近平指出,要更加注重科技创新,提高社会治理智能化水平。社会治理智能化要站在时代潮头,把大数据等现代科技手段与社会治理深度融合起来,为社会治理插上腾飞的翅膀。

把科技革命与机制变革融合起来,将会迸发巨大的创造力。大数据作为国家战略,正日益成为推动国家治理体系和治理能力现代化的核心驱动力。各地探索把大数据、云计算等应用与社会治理创新深度融合起来,推进职能优化、机制变革,提升社会治理智能化水平。贵州省依托全省统一的"云上贵州"平台,对社会治理数据进行高度整合共享;利用云计算开展从无到有的数据挖掘、从点到面的研判分析,打破地区、部门、警种界限,促进条块深度融合;把大数据与社区治理结合起来,打造生态绿色、智慧管理的新型"云社区",提升居民生活品质。上海市"十二五"规划把"智慧城市"作为最重要的目标,利用信息通用技术来感知、分析和整合,并智能地应用于交通安全、城市服务、民生等现代信息服务领域。"智慧城市"是一个城市文明程度和竞争力的名片,更是社会治理模式转型的名片。广东公安构建起以人脸动态识别为核心技术的"视频云+大数据"平台，特定环境下人脸动态识别准确率达70%以上，并创建深夜出入等专业研判模型，智能发现可疑人员，提高了公安机关信息获取和发现能力。湖北武汉则集合社会治安综合治理网格化系统平台与公安云大数据库等各方面海量信息源，初步实现83类500亿条数据的串联分析、智慧应用。

（三）科技与风险社会

从科技革命看，随着移动互联网、物联网及大数据、云计算、人工智能的发展，人类生活所经历的一切都在转变。这样一个快速发展的时代，从未在人类历史上发生过。这既为我们增强社会治理前瞻性、精准性、高效性，解决社会治理难题，提供了重要机遇，也给社会治理带来新的挑战。①

1. 科技进步带来的风险挑战加大。

工业时代的奥秘是分工，流水线的诞生极大地提升了生产效率；互联网时代的奥秘则是融合，信息互通、资源共享、方法叠加，互联网正在全方位地改变着人们生活的方方面面，既给人们的生产、生活带来了莫大的好处，同时也带来了诸多风险和伤害。科学技术的突飞猛进，使当前社会处于信息化和网络化复杂交织的图景之中，与我国经济转轨、社会转型的背景相叠加，经济社会呈现出加速变迁的趋势，各类矛盾风险交织叠加，各类风险跨界性、关联性增强，社会矛盾复杂程度加深，公共安全风险增多，短期矛盾和长期矛盾叠加、结构性因素和周期性因素并存、传统安全和非传统安全威胁相互交织，我国经济社会发展遇到了许多前所未有的新情况新问题，已经进入风险社会。信息化发展涉及的领域愈广泛、愈深入，信息安全问题就愈多样、愈复

---

① 孟建柱：《深入推进社会治理创新 进一步增强人民群众安全感——学习贯彻习近平总书记关于加强和创新社会治理重要指示》，载于《长安》2016年第11期。

杂。当前,面临的最现实安全威胁主要来自网络空间,网络安全的复杂性、影响力远远超过传统安全。当前中国网络犯罪已占犯罪总数的三分之一,并以每年 30% 以上速度增长。在社会生活全球化和信息传播网络化的情况下,发达的互联网则成了放大器。当今社会的一个突出特点是人口流动的范围和速度不断加大,跨国跨境流动更加便捷,信息化的本质已经突破了原有的国家、地域界限,如跨国经济案件、刑事案件、恐怖主义和传染性疾病等成为世界性问题。

近几年,网络信息安全事件频频发生,给政府、企业和个人造成很大影响。网络安全和信息化是相辅相成的。习近平指出,一定要认识到,古往今来,很多技术都是"双刃剑",一方面可以造福社会、造福人民,另一方面也可以被一些人用来损害社会公共利益和民众利益。从世界范围看,网络安全威胁和风险日益突出,并日益向政治、经济、文化、社会、生态、国防等领域传导渗透。特别是国家关键信息基础设施面临较大风险隐患,网络安全防控能力薄弱,难以有效应对国家级、有组织的高强度网络攻击。①

2. 社会治理创新的迟滞。

治理理念的迟滞。提升社会治理现代化水平,需要尊重事实、推崇理性、强调精确、注重细节为主要特征的"数据文化"。我国传统文化中推崇直觉、感性思维,习惯于对事物进行模糊的归纳,严谨、理性、体系化的实证研究不够。这种思维方式容易导致粗枝大叶、大而化之。②

资源共享的不畅。摆在我们面前的各类风险跨界性、关联性增强,必须综合施策、协调配合。尽管各级政府积极借助新技术

---

① 习近平:《在网络安全和信息化工作座谈会上的讲话》,载于《人民日报》2016 年 4 月 26 日。

② 孟建柱:《加强和创新社会治理》,载于《人民日报》2015 年 11 月 17 日。

改进其治理方式，由于长期行政体制的条块分割，仍然存在政府各部门之间职责不清、责权不明，政出多门的情况，各类政务新媒体平台低水平重复投入、网格化泛化、标准不统一、运营维护不佳、数据安全难以保障等问题，大多数信息资源均处于相互封闭、各自独立的"信息孤岛"状态，很难互联互通和资源共享，许多社会治理举措和社会服务得不到有效落实。此外，也不能过多地强调技术，认为所有问题都可以通过技术监督手段来实现，而忽略了管理主体在社会治理中所应有的作用。

核心技术的差距。20多年来，我国互联网发展取得的显著成就中，大数据、云计算等技术运用到社会治理，并取得一定的成效。从总体上看，我国科技创新基础还不牢，自主创新特别是原创力还不强。同世界先进水平相比，在很多方面还有不小差距，其中最大的差距在核心技术上，核心技术受制于人是我们最大的隐患。要实现社会治理的现代化，保障互联网安全、国家安全，就必须突破核心技术这个难题，争取在某些领域、某些方面实现"弯道超车"。

（四）充分发挥科技支撑的有效途径

为了更好地适应社会形势、适应科技革命大趋势，既善于运用现代科技最新成果破解难题，又善于防范应对其带来的风险挑战，把社会治理提高到新水平，还应对社会治理工作加以进一步的调整与优化。

1. 攻克核心技术，推动社会治理跨越式发展。

随着现代技术的迅速发展和广泛应用，我国经济社会生活将发生深刻变化，社会治理的对象、内容、理念和方法等也将发生根本性的变化。当前，我国科技创新已步入以跟踪为主转向跟踪和并跑、领跑并存的新阶段，新一轮科技革命和产业变革正在孕育兴起，党的十八届五中全会、"十三五"规划纲要都对实施网络强国战略、"互联网＋"行动计划、大数据战略等做了部署。

要坚持问题导向，从国情出发确定跟进和突破策略，有所为有所不为，集中力量抢占制高点，攻克高端通用芯片、集成电路装备、宽带移动通信等关键核心技术，争取在量子通信、智能制造和机器人、脑科学等领域能有重大突破，创新区块链、"身份链"等为代表的"治理科技"。科技创新的目的是为了更好地服务于民，要充分利用新技术革命成果提高我国社会治理水平，促进我国社会治理变革的顺利实现。坚持用未来的眼光、创新的思维，进一步找准科技手段服务社会治理创新的切入点，把科技创新与社会治理创新深度融合起来，推进社会治理职能优化、机制变革，提升社会治理的层次和水平。着力推动科技创新和社会治理深度融合发展，以信息化推进社会治理体系和治理能力现代化，更好用信息化手段感知社会态势、畅通沟通渠道、辅助科学决策、保障社会安全、解决社会问题，推动社会治理变革，实现我国社会治理的跨越式发展。

2. 深度整合，加强信息基础设施建设。

工业时代的奥秘是分工，那么互联网时代的奥秘则是融合，是信息互通、资源共享。在信息化时代，经济全球化、区域一体化、社会信息化，各类风险跨界性、关联性增强，必然要求深度整合分散的信息资源，加强信息基础设施建设。一是加强信息基础设施建设，强化信息资源深度整合，依托政府数据建立统一共享交换平台，健全区域联动、部门协作、条块互补的机制，促进条块深度融合，构建全国信息资源共享体系。二是优化整合相对分散的社会资源，引导企业、行业协会、科研机构、社会组织等主动采集并开放数据，实现治理资源由"单一分散"向"多元整合"转变。三是更加注重设施联通、信息互通、资源共享、程序对接，线上线下一体互动、相辅相成，增强社会治理系统性、整体性、协同性。

3. 联动融合，开放共治，增强治理合力。

社会治理从根本上来说是维护人民群众的利益，如果没有人民群众的参与,社会治理变革就无法真正实现。互联网大数据的应用,将助推"政府独奏"式的治理转变为各方协作的"社会合唱",逐步实现多元主体共建共治社会治理新模式。首先,要建立健全联动融合的工作制度机制,设立统一的领导或协调机构,搭建好工作平台,统筹各方资源,搭建专业力量与志愿者、民间组织等公益力量共同组成的"扁平化、开放式"管理服务团队,构建网络状、实时化、多维度的协同治理新格局,形成社会治理工作合力。其次,统筹发展电子政务,构建一体化在线服务管理平台,分级分类推进新型智慧城市建设,更好地服务人民、解决问题。最后,充分利用新技术革命成果来扩大人民群众参与社会治理的途径和方式,推行网络民主、电子民主等,优化治理结构,挖掘和动员新的治理资源,搭建基层社区多元参与民主协商的制度框架,实现公共服务与民生诉求无缝对接、民情民意直接上传,切实解决联系服务群众的"最后一公里"问题。

五、融合创新

中国梦的实现需要一代又一代中国共产党人带领人民接续奋斗,新形势下的社会治理更是一项复杂的系统工程,不仅要有坚定立场、正确方向,而且更要有科学方法。党的十八大以来,党和国家事业之所以能够开新局、谱新篇,根本就在于以习近平同志为核心的党中央坚持辩证思维,坚持实践创新和理论创新,不断丰富和发展马克思主义方法论,全面推进社会治理方式的系统化科学化。

(一)创新理念,置于全局中提升治理水平

推进国家治理体系和治理能力现代化是一个复杂系统工程,绝不能单兵突进,必须统筹规划部署,协调推进。努力建设更高

水平的平安中国，要自觉地置于经济社会发展全局中来谋划，放到"五位一体"总布局中来推进，做到经济社会发展到哪个阶段，社会治理就提升到哪个水平；适时调整社会治理考核的内容，做到影响平安中国的问题出现在哪里，社会治理就延伸到哪里。

社会治理理念来源于社会治理实践，又指导实践，引领社会治理方式方法向前发展。一是大局理念，不断深化对党和国家工作大局的认识，不断调整社会治理工作大局，坚持服从服务大局，当前要围绕推进国家治理体系和治理能力现代化，在具体工作中找准服务大局的结合点和着力点，创新社会治理工作机制方法，化解社会矛盾，推进和谐社会建设。二是群众理念，社会治理工作本质上是党的群众工作，要始终坚持以人为本、执政为民，把群众工作理念贯穿于社会治理工作全过程，提高新形势下做好群众工作的能力，积极探索用群众工作理念和方法做好社会治理工作的新途径新办法。三是法治理念，运用法治思维做好社会治理工作，深入研究推进社会治理工作法治化建设问题。四是科学的理念，推动社会治理科学化和现代化，通过建立健全既体现科学理念、科学精神，又具有科学规划、科学规则、科学运作的治理体系，并充分利用现代科学技术进行治理。五是树立以人为本理念，做到治理与服务相结合，在治理中体现服务，在服务中强化治理，通过改善对社会、企业和基层的服务，推动服务治理方式从"治理型"向"服务型"转变。总之，要以"创新、协调、绿色、开放、共享"的新发展理念引领社会治理创新，提升全民共建、共享、共治的能力和水平，更好地服务于社会与经济协调发展、城乡区域协调发展、物质文明和精神文明协调发展，全面提升社会治理能力和水平。

（二）开放共治，增强社会治理的合力

在经济全球化、区域一体化、社会信息化背景下，各类风险

跨界性、关联性增强。因此，部门、地区、组织之间需要协调配合、开放共治。各地区各有关部门要建立健全工作制度机制，必须摒弃本位主义，统筹各方资源，注重设施联通、信息互通、力量统筹、资源共享，注重程序对接、工作联动、地区协作、条块互补，增强社会治理系统性、整体性、协同性，形成社会治理工作合力。

完善社会治理主体和职能，形成一元主导、多方参与的合作共治格局。坚持党政主导，依法行政，大量的社会性事务和服务性功能交由社会组织和社会大众来承担。积极发挥各种社会力量的作用，加快事业单位的分类改革，引导和强调企业承担社会责任，注重发挥人民团体和行业协会在社会治理和公共服务方面的重要作用，发展壮大承接政府购买社会服务的社会组织。推动加强城乡社区群众自治组织建设，健全以群众自治组织为主体、社会各方广泛参与的新型社区治理体系，把城乡社区建设成社会治理的基础平台。

（三）多措并举，推进社会治理科学化

社会治理现代化和科学化的实现要更加注重综合运用、创新融合，更加注重民主法治、科技创新，提高社会治理社会化、法治化、智能化、专业化水平。第一，要切实发展社会主义民主，扩大公民理性合法有序的政治参与，不断完善网络民意收集机制、协商互动机制，努力凝聚社会共识，提高社会治理的社会化、法治化水平。第二，必须加快社会治理领域立法，适时修改和完善相关法律法规，形成科学完备的社会治理法律体系，进一步健全社会治理的法律法规，更加注重运用法治方式，推动把利益诉求纳入法治化轨道，提高社会治理效能。第三，要注重科技创新在社会治理中的运用，发挥网络技术、大数据分析等新技术在社会治理中的作用，打破基于权力所形成的各种利益固化的体制壁垒，统筹网络资源，统一标准，开放共享，提高社会治理智

能化水平，提高预测预警预防各类社会风险的能力。第四，更加注重基础性制度建设，健全信用管理制度，建立健全信任机制和责任机制、强化评估监督机制、完善信息交流机制，构建透明运作型的社会治理模式，为建设诚信社会、提高社会治理整体水平提供支撑。

（四）系统总结经验，加强顶层设计

目前中国的改革和发展进入到深水区，形势错综复杂，困难层出不穷，问题盘根错节，需要以更宽的视野、更大的智慧、更精的技能来治国理政，驾驭复杂局势、处理复杂问题。十八大以来，党中央重视学好、用好马克思主义基本原理[①]，坚持运用辩证思维，坚持顶层设计和具体实践相结合，通过精准研判实际，把握发展新趋势，不断推进社会治理的科学化和现代化。习近平强调要不断增强辩证思维能力，提高驾驭复杂局面、处理复杂问题的本领。加强辩证思维、战略思维、底线思维，不断提高解决我国改革发展基本问题的本领。发挥中央顶层设计和地方具体实践相结合的优势，要通过深入调查，系统总结地方经验并加以提炼，完善社会治理创新的顶层设计，建立起适合我国国情的社会治理方式方法。

治理理论是一个舶来品，要在中国发挥作用，需要将其中国化，建立起适合我国国情的社会治理方式。我国各地情况千差万别，改革过程中被实践证明的一项成功做法，就是注重总结地方经验。十八届三中全会《中共中央关于全面深化改革若干重大问题的决定》指出，"坚定走中国特色社会主义道路"，要一切从实际出发，"总结国内成功做法，借鉴国外有益经验，勇于推进

[①] 十八届中央政治局第十一次、二十次、二十八次集体学习分别以历史唯物主义基本原理和方法论、辩证唯物主义基本原理和方法论及马克思主义政治经济学基本原理和方法论为主题。

理论和实践创新"。总结社会治理的经验要以现实为基础,特别是要以实践经验为基础,不是从头再来,不是"另起炉灶",不是搞"两张皮"。用好传统手段,作为东方经验,应充分发挥诉讼调解与大调解机制的优势,充分发挥调解这一具有中国特色的纠纷解决制度的独特作用,依法妥善化解矛盾纠纷。

第三章

人民团体参与社会治理

工会、共青团、妇联等群团组织是党和政府联系人民群众的桥梁和纽带，是推进国家治理体系和治理能力现代化的重要力量。2015年2月，中共中央印发了《关于加强和改进党的群团工作的意见》，明确"群团组织特别是人民团体是广大群众依法、有序、广泛参与管理国家事务和社会事务、管理经济和文化事业的重要渠道"，并提出了群团组织参与创新社会治理的重大历史任务。新形势下，群团组织充分发挥其资源优势，积极参与社会治理创新，对于巩固党的执政基础，激发社会发展活力，维护社会公平正义，提高社会治理水平具有重大意义。

一、人民团体概述

中国特色社会主义群团发展道路是中国共产党开展群众工作、推进党的事业的伟大创造，是中国特色社会主义道路的重要组成部分。中国共产党领导的群团组织在革命、建设、改革各个历史时期为实现党在各个时期的历史任务作出了重大贡献。新形势下，实现"两个一百年"奋斗目标和中华民族伟大复兴的中国梦，更加需要做好党的群众工作，发挥好群团组织的重要作用，更好地凝聚团结奋进、攻坚克难的强大力量。

(一) 人民团体的产生与发展

1. 人民团体的产生。

20世纪初叶，由孙中山等民主革命先驱领导的辛亥革命推翻了清政府的专制统治，中国社会发生了一系列前所未有的变化，特别是产生了以知识分子等为代表的新社会力量，出现了大量结社活动。到了"五四"时期，随着新文化运动的蓬勃发展，新兴社团的组建更是如火如荼，在这种背景下，"人民团体"一词出现了。南京国民政府时期，为了规范社会团体的发展，先后制定了一系列的法规，如《人民团体组织方案》（1929年6月）、《修正人民团体组织方案》（1930年7月）、《民众团体组织方案》（1932年8月）等。根据南京国民政府制定的人民团体管理法规，"人民团体"被分为职业团体和社会团体两大类。

在中国共产党领导的解放区，则较多地使用革命团体、群众团体、民众团体等词汇来指代社会团体。抗日战争以前，中国共产党对社会团体的称谓多用"革命团体"和"群众团体"，"革命团体"一词体现着一种政治取向，而"群众团体"则是广泛代表性的反映。1942年，陕甘宁边区政府制定了《陕甘宁边区民众团体组织纲要》《陕甘宁边区民众团体登记办法》，赋予民众团体法律地位。1945年抗战胜利后，"人民团体"也开始在中国共产党领导人的讲话和中共的各种重要文献中频繁使用。

2. 人民团体的发展。

1949年9月21日～30日，中国共产党及各民主党派、人民团体和无党派民主人士等46个单位的600多名代表参加了中国人民政治协商会议第一届全体会议，代行全国人民代表大会职权，会议通过了具有临时宪法性质的《中国人民政治协商会议共同纲领》。通过参加政治协商会议，中国的社会团体也发生了变化，部分团体完成了从普通的社会团体向人民团体的转变。1950年9月，中央人民政府政务院通过的《社会团体登记暂行办法》

对社团按照活动范围和功能进行了分类，主要包括人民群众团体、社会公益团体、文艺工作团体、学术研究团体、宗教团体以及其他符合人民政府法律组成的团体。其中，人民群众团体指广泛从事群众性社会活动的社会团体，如工会、农民协会、工商业联合会、民主妇女联合会、民主青年联合会、学生联合会等。根据《社会团体登记暂行办法》，这些人民团体被赋予特殊的政治地位，其派代表参加政治协商会议，可以不进行社会团体登记。"由于它们具有广泛的群众性，从中央到基层都有自己的组织，是党联系工青妇群众的主要桥梁，历史上一贯是党在一个方面的助手，因而把它们的中央领导机构，当作相当于党和政府的部一级单位对待"。因此，从"人民团体"形成的历史渊源来看，当前所使用的"人民团体"应指具有一定政治任务的、会员数量巨大、在社会上具有广泛代表性的特定团体，而不能仅以是否免于社团登记、享有政府拨款作为主要判断标准。①

（二）人民团体的性质与特点

1. 人民团体的性质。

人民团体是指由中国共产党领导的，按照其各自特征组成的从事特定社会活动的全国性群众组织，是在我国特定历史、文化、政治条件下形成的特殊的组织形态，具有鲜明的政治性、先进性、群众性。

人民团体作为我国特有的一种社会团体，是由中国共产党指导组建或经国务院授权的政府部门批准设立，由国家拨付行政事业经费，自觉接受中国共产党领导，发挥桥梁纽带作用，依法依章程开展工作的群众组织。1989年10月25日，国务院发布《社会团体登记管理条例》，首次权威界定了"社会团体"范围，内涵上接近于"人民团体"。《社会团体登记管理条例》规定了

---

① 龚维斌：《中国特色社会主义社会治理体制》，经济管理出版社2016年版。

三类团体不属于该条例规定登记的范围：一是参加中国人民政治协商会议的人民团体，二是由国务院机构编制机关核定，并经国务院批准免予登记的团体；三是机关、团体、企业事业单位内部经本单位批准成立、在本单位内部活动的团体。2000年12月，国务院民政部下发了《关于对部分团体免于社团登记有关问题的通知》，就不登记和可以免于登记的社团给出明确范围：参加中国人民政治协商会议的人民团体不进行社团登记。参加中国人民政治协商会议的人民团体有8家：中华全国总工会、中国共产主义青年团、中华全国妇女联合会、中国科学技术协会、中华全国归国华侨联合会、中华全国台湾同胞联谊会、中华全国青年联合会、中华全国工商业联合会。经国务院批准可以免予登记的社会团体有14家：中国文学艺术界联合会、中国作家协会、中华全国新闻工作者协会、中国人民对外友好协会、中国人民外交学会、中国国际贸易促进会、中国残疾人联合会、宋庆龄基金会、中国法学会、中国红十字总会、中国职工思想政治工作研究会、欧美同学会、黄埔军校同学会、中华职业教育社。

  上述22个群众团体都是在中国共产党的领导下，有比较严格规范的章程和组织体系，分别代表我国各个层面、各个领域、各个阶层、各条战线、各个群体的人民群众，基本涵盖了不同类型、不同性质、不同领域的组织结构。总的来看，"人民团体"有狭义和广义之分，狭义上特指参加中国人民政治协商会议的8家社会团体；广义上专指不登记和可以免于登记的社会团体，及其他一些主要任务、机构编制和领导职数由机构编制部门直接确定的社会团体。①

  2. 人民团体的特点。

  中国共产党领导的人民团体，既不同于西方国家的非政府组织或"第三部门"，也不是我国普通的社会团体，具有非常典型

---

① 龚维斌：《中国特色社会主义社会治理体制》，经济管理出版社2016年版。

的"官民二重性",既是人民群众自己利益的代表组织,也是党和政府联系人民群众的桥梁和纽带,其基本特征是自觉接受党的领导、团结服务所联系群众、依法依章程开展工作相统一。

(1) 具有鲜明的政治性。人民团体是在我国特定的政治、历史条件下形成的具有中国特色的社会团体,自觉服从党的领导,贯彻党的意志和主张,发挥统战功能,代表一定的社会群体的利益,参与国家政治活动,同时它又不同于政党。人民团体虽然不是传统意义上的国家行政机构,但一般意义上,群团组织具有极为显著的国家属性,是党和政府的工作手臂,承担了大量的社会管理事务。1993年《国家公务员暂行条例》颁布之后,工、青、妇等群团组织被纳入行政编制。在国家层面上,除中国红十字会总会、中国思想政治工作研究会、中国计生协会是事业编制,其余群团组织都参照《公务员法》管理,日常经费由国家财政专门拨付,其领导人由党委组织部门统一考核任命。正是由于其国家属性,群团组织在很长一段时间内具有很强的行政化倾向。

(2) 具有天然的社会性。我国的人民团体是由党和政府直接领导的,同时又是人民群众利益的代表,从人民团体的工作性质和内容来看,其本身就是组织动员和联系服务的群众工作。工、青、妇等人民团体分别联系着不同界别的群众,代表着不同界别群众的利益,是反映不同领域人民群众意见、建议和呼声的群众性团体,具有非营利性、公益性、志愿性、群众性等特征,这些特征与在民政部门登记的普通社会团体的基本特征是相同的,体现了其较强的社会属性。同时,人民团体围绕广大群众最关心、最直接、最现实的利益问题,开展创业就业、扶贫救济、养老助残等社会服务和公益活动。

(3) 依法依章程履行职能。虽然我国的人民团体不在《社会团体登记管理条例》登记管理的范围内,但一般都有自己的章程,并在国家法律框架内开展活动,坚持按照依法依章程独立自主地开展工作、履行各自的职能任务。各人民团体的章程明确规定了该团体的性质、职能、目标、任务、组织原则以及会员的各项权利和义务，章程对于人民团体和会员具有较强的约束力。

（4）具有完善的组织体系。我国人民团体由于其独特的性质和地位，其具有点多、面广、线长、人多的特点。人民团体作为党联系群众的桥梁和纽带，贴近群众，代表群众，服务群众，具有其他任何社会组织所不能及的最广泛的群众基础。人民团体有成熟的工作网络和组织体系，基层组织遍布全国城乡机关、街道社区、企业、学校等各个领域。2012年底，我国八大群团组织的基层组织数量约有668.3万个，远远超过在民政部门登记的社会组织的总量，已形成"纵向到底、横向到边"的组织网络。

（5）具有良好传统和广泛影响。不同的历史时期，在党的领导下，各人民团体始终坚持围绕中心、服务大局，服务群众、服务社会，主动作为、积极履职，创造性地开展了一系列富有特色和实效的活动。同时，各人民团体拥有数量众多的会员，分别联系着不同群体、不同领域中的广大群众，代表、维护和服务群体利益，与其他社团组织相比具有较强的社会公信力和影响力，具有"一呼百应"的功能。

（三）人民团体的功能与地位[①]

1. 人民团体的功能。

对于党和政府来说，人民团体主要有四项功能。第一，人民群众参政议政的渠道。党十分重视人民群众团体在国家政治、社会生活中的作用，将其作为广大群众有组织、有纪律、有领导地参政议政的民主渠道，从而使人民群众团体能够代表广大群众参与国家政治、社会生活，发挥在国家和社会事务中民主参与、民

[①] 龚维斌：《中国特色社会主义社会治理体制》，经济管理出版社2016年版。

主监督的作用。第二，群众运动的重要组织者和领导者。党十分重视人民群众团体在革命的群众运动中的作用，总是把人民群众团体推到群众运动的第一线，直接担负起组织者和领导者的作用。第三，我国社会主义政权的重要社会支柱。党重视人民群众团体在国家政权稳定和发展中的作用。把它当作国家政权可靠的社会基础、支持力量和维护者。第四，革命和建设的重要力量。

2. 人民团体的地位。

（1）历史地位。人民团体是党建立统一战线、建立人民政权的联合对象。人民团体顺应我国历史发展潮流，应运而生。从1948年8月开始，各种全国性人民团体相继建立起来。这些人民团体的成立，把社会各界群众进一步组织起来，是召开新的政治协商会议的重要组织准备之一。中华人民共和国成立以后，各人民团体都分别建立和健全了机构，制定和完善了章程，扩展了各级组织，围绕党和国家的中心任务和工作大局，根据自己的特点开展各项工作和活动，充分发挥其在社会主义改造和社会主义现代化建设中的作用。

（2）政治法律地位。人民团体是国家政治体制的重要组成部分，是国家政权的重要社会支柱。人民团体是爱国统一战线的重要组成部分，是社会主义政治体系的有机构成。人民团体是建设社会主义民主政治的重要社会力量和坚强支柱，特别是参加中国人民政治协商会议的各人民团体。政协是我国民主党派、人民团体和各界代表人物参政议政的重要组织形式。作为政协参加单位的各人民团体，宪法赋予了其政治协商、民主监督和参政议政的权利和义务，可以代表特定社会群体在管理国家和社会事务中发挥民主参与和民主监督的作用。

（四）人民团体面临的发展困境

改革开放以来，工、青、妇等群团组织发挥自身独特优势，在组织动员群众、教育引导群众、联系服务群众、维护群众合法权益等方面发挥了重要作用。近年来,面对新的形势和任务,群团工作呈现出新的特点和规律,既面临发展的新挑战,也面临改革新机遇。第一,官办色彩浓,群众性弱。群团组织大多是在党和政府直接领导下成立的组织,并承担着某些国家行政职能,在政治地位、组织、制度、人事、经费等方面都有保障,这在一定程度上造成了其"行政化"特点,弱化了其民间性、社会性的特点。特别是工、青、妇等群众团体的机构设置、人员配备、机构经费、活动主要方式等,实质上都是党政机构的一部分。在利益表达上,偏重于国家利益、社会利益、总体利益,而维护和代表组织所属群众的具体利益显得不够有力、不够经常、不够深入。[1] 第二,覆盖面萎缩,凝聚力下降。群团组织的吸引力和凝聚力不强、工作有效覆盖面不够,是长期困扰群团发展的两大难题,尤其基层组织"空壳化""空转"现象比较严重。[2] 群团组织普遍仍存在"官本位"的思想,动力不强,远离"地气"进取精神和创新意识不强,导致其吸引力和凝聚力不够,尤其是在非公有制经济组织、社会组织和各类新兴群体中的影响力亟待增强。改革开放后社会组织快速发展,为公众表达意见、参与社会公共事务提供了舞台,在一定程度上部分地替代了工、青、妇等人民团体的桥梁和纽带功能,给人民团体的发展带来了严峻的挑战和外部竞争。第三,基层基础薄弱,能力素质不足。"缺人、缺钱、缺物"是基层群团组织普遍存在的问题,人少事多的矛盾比较突出。部分党政领导干部思想认识不高,对群团组织的地位、职能、任务及所发挥的作用等问题认识不足,对群团工作研究不够深入、缺乏有效指导,工作支持乏力,往往是"中心工作先行,群团工作让道"。在实际工作中普遍存在群团组织设置不

---

[1] 施雪华:《政治科学原理》,中山大学出版社 2001 年版,第 372 页。
[2] 胡献忠:《改革开放以来群团组织研究综述》,载于《中共云南省委党校学报》2015 年第 5 期。

合理、有被弱化边缘化倾向等问题,群团工作一度成为"弱势群体"。群团组织干部队伍建设与新时期群团工作的要求存在差距,有的干部对群团工作缺乏研究,工作方式简单化;有的往往身兼数职,对自身认识不到位,忙于应付、存在畏难情绪。

"得众则得国,失众则失国。"群团工作是保持党同人民群众血肉联系、了解社情民意、协调各方利益的重要桥梁和纽带,因此,加快推进群团组织改革创新势在必行。2015年2月,中共中央印发的《关于加强和改进党的群团工作的意见》明确要求"各级党委要推动群团组织勇于改革创新,通过创造性工作增强发展活力、赢得群众信任",并对发挥群团组织作用、推动群团组织改革创新提出了明确举措。2015年11月,中央全面深化改革领导小组第18次会议审议通过了《全国总工会改革试点方案》《上海市群团改革试点方案》《重庆市群团改革试点方案》等,明确要求"试点部门和地方要加强统筹协调,针对突出问题,对症下药,标本兼治,积极创造可复制可推广的经验"。2016年,群团改革进一步深化,共青团中央、全国妇联在改革方案中提出,增强代表大会、全委会、常委会的代表性,提高基层和一线干部、普通群众的比例。与此同时,团中央、妇联开始精减机关的行政编制,打造专职、挂职、兼职相结合的机关干部队伍,创新基层设置,充实基层力量,着力解决群团组织机关化、娱乐化等不良倾向以及脱离群众的问题。

二、共青团组织参与社会治理

党的十八届三中全会提出,要创新社会治理,改进社会治理方式,激发社会组织活力,积极参与社会治理创新,为共青团工作提出了更高的要求,也带来了更大的发展机遇。站在新的历史起点,共青团组织主动适应形势转型发展,加强社会治理创新,改进社会治理方式,不断增强吸引力和凝聚力、扩大工作有效覆盖面。

(一) 共青团组织的发展与现状

1. 共青团组织的发展进程。

中国共产主义青年团是中国共产党领导的先进青年的群众组织,是广大青年在实践中学习中国特色社会主义和共产主义的学校,是中国共产党联系青年群众的桥梁和纽带,是中华人民共和国的重要社会支柱之一,也是中国共产党的助手和后备军。青年团自诞生以来,在中国共产党的领导下,不断发展壮大,团结和带领全国各族青年,在建立新中国,确立和巩固社会主义制度,加强社会主义经济、政治、文化、社会、生态建设的进程中发挥了生力军和突击队作用。

中国共产党建党前夕,各地共产主义者为了教育和广泛团结广大青年,更好地实行社会改造和宣传社会主义,1920年8月首先在上海组织了社会主义青年团。随后,各地也创建了社会主义青年团的早期组织。1922年5月召开了中国社会主义青年团第一次全国代表大会,成立了全国统一的组织。1925年1月,中国社会主义青年团的第三次全国代表大会决定将中国社会主义青年团改名为中国共产主义青年团。1927年5月,共青团召开第四次全国代表大会,进一步明确共青团的性质是"无产阶级青年的革命组织"。1935年11月,中国共产党决定将中国共青团组织改造成为民族解放性质的抗日救国的青年团体。抗日战争胜利后,为适应新形势和新任务的需要,1946年10月提议建立民主青年团。中华人民共和国成立前夕,中国共产党提出建立中国新民主主义青年团的决议。1949年4月,中国新民主主义青年团正式成立。1957年5月,中国新民主主义青年团召开第三次全国代表大会,决定把团的名称改为中国共产主义青年团。"文化大革命"期间,共青团的工作被迫处于停顿状态。改革开放以来，共青团在中国共产党的领导下，根据党的工作重心的转移，紧密围绕改革开放和经济建设开展共青团和青年工作，为推进社会主义现代化建设作出了重要贡献，促进了年轻一代的成长。

2. 现阶段共青团的性质与基本任务。

（1）共青团组织的性质。共青团组织是把党和青年群众联系起来的桥梁纽带，肩负着联系青年群众、巩固和扩大党执政的青年群众基础的政治责任。共青团履行着"组织、引导、服务青年和维护青年合法权益"的职责，协助党和政府管理青年事务，为党和政府输送先进人才、建言献策，履行人民团体参与政治协商的权利，始终与党保持密切关系。共青团组织接受党的领导，经费来源于政府的财政拨款，主要领导人由上级党委直接任命，具有显著的官办特征，我国没有专门设置管理青年事务的部门，共青团组织代表党委和政府统筹青年事务的管理，协调政府相关部门和社会组织共同参与提供服务，兼有准政府组织特性。同时，共青团也是广大青年组织起来自主活动的群众团体，与青年群众保持着密切联系，有着广泛的群众基础，工作内容和工作方式也都具有很强的群众性，因此具有很强的社会属性。两者相辅相成。

（2）现阶段的基本任务。《中国共产主义青年团章程》规定，现阶段的基本任务是：高举中国特色社会主义伟大旗帜，坚定不移地贯彻党在社会主义初级阶段的基本路线，以经济建设为中心，坚持四项基本原则，坚持改革开放，用社会主义核心价值体系教育青年，在建设中国特色社会主义的伟大实践中，造就有理想、有道德、有文化、有纪律的接班人，不断巩固和扩大党执政的青年群众基础，努力为党输送新鲜血液，为国家培养青年建设人才，团结带领广大青年，自力更生，艰苦创业，积极推动社会主义经济建设、政治建设、文化建设、社会建设、生态文明建设，为全面建设小康社会、加快推进社会主义现代化、实现中华民族伟大复兴的中国梦贡献智慧和力量。

（二）共青团组织参与社会治理的重要意义

共青团组织作为人民团体，先进的青年群众组织，是党巩固执政地位的青年群众基础，是党和政府联系服务青年群众的桥梁和纽带，具有显著的先进性和群众性，在我国各青年社会组织和广大青年中发挥着核心作用。

1. 有利于巩固和扩大党的执政基础。

夯实党和政府的青年群众基础是共青团工作的重要任务。共青团组织网络健全，社会联系广泛，覆盖乡镇、农村、机关、学校、私营企业、青年企业家协会、青年科技工作者协会等各界青年，联系和凝聚着众多的青年群众，维系着党的青年群众基础。共青团组织参与社会治理，既是共青团组织适应时代发展的迫切要求，也是共青团作为党的助手和后备军扩大和巩固党的群众基础，有效履行职能的必然选择，是共青团服务和谐社会、服务青年的重要内容。在新形势下，共青团参与社会治理创新，保持共青团组织对青年的吸引力和影响力，能够把青年群众凝聚在共青团组织的周围，对于夯实党的青年根基，提高共青团在青年群体中的地位有着重要的意义。

2. 有利于激发社会发展活力。

最大限度激发社会活力是新时期党对社会治理的总体要求。青年盛则国家盛，青年主体的素质高低、管理好坏，与社会发展活力密切相关。共青团组织参与社会治理，不仅仅是时代发展需要，同时也是维护社会稳定、激发社会发展活力的必然所在。随着经济社会快速转型，广大青年群众在升学、就业、结婚、住房、医疗等方面存在诸多压力，共青团组织在参与社会治理中，在联系管理青年群众的同时，更多地满足青年群众各方面的利益需求，为青年成才、发展提供优质的服务，已成为维护社会稳定的重要途径。近年来各地共青团组织努力探索社会治理方式方法，调动广大青年参与社会治理的积极性，开展了"青年创业行动""青年小额贷款""大学生就业创业行动"等活动，为满足青年的社会需求提供了可靠的保障，提升了共青团在服务青年领域的社会地位，增强了凝聚力和向心力，有效激发了社会活力。

3. 建设和谐社会的重要内容。

构建社会主义和谐社会是我国处于体制转轨、社会转型这一历史变革时期社会发展的必然要求。共青团组织积极参与社会治理，充分履行联系青年、社会调解、维护稳定等独特的社会职能，从青年社会组织管理、社区功能建设、青少年利益表达和矛盾调处、青少年心理服务、青少年人才培养角度转变工作观念，创新管理理念，找准自身定位，积极构建青年社会化服务体系，更好承接政府转移出的青年事务，不断强化自身服务青年的水平，更好地促进和谐社会建设。如在加强预防青少年违法犯罪工作和未成年人保护方面，各地共青团组织纷纷探索建立预防青少年违法犯罪专项组织和未成年人保护委员会，共青团西安市委将预防和未成年人保护工作经费纳入本级财政预算，通过政府购买社会服务等方式，为每个"青春驿站"配备两名以上的专职工作人员或兼职工作人员，配备专业工作力量。同时，建立本级重点青少年群体信息动态摸排机制，加强对重点青少年群体教育、帮扶、矫治和管理工作。

4. 推动共青团自身发展的迫切需要。

动员、组织广大青年参与创新社会治理，是共青团强化社会职能、推进团的组织和工作创新，提高工作科学化水平和做好青年群众工作的必然要求。现阶段，随着社会利益主体不断分化和多元，新时期青年群体特征日益复杂多样，社会需求呈现多样化和个性化的特点，青年跨地域、跨行业流动活跃频繁，新兴青年群体大量涌现，大量青年聚集在新经济组织、新社会组织中。面对新青年、新组织、新媒体、新挑战、新特点、新问题和新机遇，共青团组织将自身置于变革的时代坐标中，把握青年工作的特点和规律，及时调整和优化组织结构，共青团北京市委等群团组织积极优化内部机构设置，探索建立社会工作部，拓展和强化社会职能，在社会治理体系创新中巩固自身地位，进一步增强组织生命力和竞争力。

（三）共青团组织参与社会治理的主要任务

新时期，共青团组织积极适应社会快速变迁，有效参与社会治理创新，努力承接政府青年工作事务，更好地服务青年群众，促进自身发展，提高团组织的吸引力和影响力，在完善社会治理体制机制，推进社会治理体系和能力现代化进程中发挥了不可替代的作用。

1. 维护青少年合法权益。

维护青少年合法权益是共青团参与社会治理创新的重要任务和有效抓手。共青团组织作为党领导下的群团组织，有效拓展青少年利益诉求表达渠道，不断完善青少年权益保障机制，及时关注社会闲散青少年、农村留守儿童、流浪未成年人、服刑在教人员未成年子女等特殊青少年群体的现实需求，发挥家庭、学校、社会组织和社区的作用，切实代表和维护好青少年的合法权益，确保广大青少年成为促进社会治理的积极力量。团中央、地方共青团组织普遍开设"共青团权益工作网"，深入开展维权工程，通过法律维护青少年合法权益，充分发挥团组织表达青年利益呼声主要渠道的作用，更好地代表和维护青少年合法权益。北京、天津、重庆、安徽、辽宁、浙江等省市开展未成年人保护试点工作，重庆市渝中区依托"渝中区青春健康基地"开设了社区市民学校"移动课堂"，通过未成年人主题教育活动等载体，整合基地优势专业力量，实施了"成长护航"等教育培训项目，加强青少年身心健康教育，同时广泛开展了"维权直通车"项目，零距离为青少年提供法律帮扶。

2. 扶助青少年弱势群体。

青少年弱势群体的存在，不仅对青少年自身成长发展产生巨大影响，还会影响社会和谐稳定。新时期，如何帮助青少年弱势群体解决实际问题，促使他们健康成长，对共青团工作提出了新的挑战。为此，各地共青团纷纷从解决青少年群体最关心、最直接、最现实的问题入手，把服务青少年和服务社会结合起来，积极开展志愿服务，发展公益事业，切实促进社会公平和正义。如，通过各种方式途径帮助下岗失业青年实现再就业、农村贫困青年脱贫致富、进城务工青年技能培训、残疾青年帮扶等工作。通过结对帮扶、勤工助学等方式，加大济困助学力度，同时引导青年积极参与贫困地区教育事业，深化希望工程、扶贫支教等活动，有效促进了青少年的教育公平。另外，加快推进青年志愿服务事业，广泛开展社区服务、扶贫开发、公共卫生、法律援助等志愿服务，努力帮助弱势群体解决实际困难，让青少年弱势群体充分感到全社会的关爱。

3. 预防青少年违法犯罪。

改革开放以来，青少年参与违法犯罪的案件数量不断攀升，引起全社会广泛关注。预防青少年犯罪是社会治安综合治理的一项重要内容，也是促进青少年健康成长的重要措施。共青团通过发挥自身优势，通过抓好青少年的理想信念和道德法制教育工作、优化青少年成长环境、实施社区预防计划、构建违法犯罪基层防控体系、开展青年志愿者行动等有效措施，广泛动员广大团员青年，加强对青少年违法犯罪问题的研究，总结预防青少年违法犯罪的经验和做法，努力掌握新形势下预防青少年违法犯罪工作的特点和规律，更好地支持和预防青少年违法犯罪工作，切实维护社会稳定，为服务改革发展稳定大局作出积极努力。

4. 做好青年外事管理工作。

青年外事工作是我国总体外交的重要组成部分，是民间外交的重要工作领域，是对外开放的重要推动力量，同时也是我国政府委托给共青团组织的重要工作。青年外事工作要"服务党政外交、服务经济建设、服务青年工作"，充分发挥桥梁和纽带作用，广泛挖掘资源，服务国内经济建设，通过各种渠道加强与各国青年在经济领域的对话与交流，推动中外青年之间的合作。青年外事工作能促进中国青年积极参与世界青年事务，配合共青团重点工作，加大对外宣传力度，进一步塑造中国青年和青年组织的良好形象，扩大中国青年组织的国际影响。①

（四）共青团组织参与社会治理的机制

1. 以新媒体为主要载体，搭建互动式的青年公共服务平台。

互联网已日益成为青少年获取信息、学习就业、生活娱乐、交流沟通等不可或缺的工具，是青少年交流聚集、联络和组织动员的重要途径和载体。互联网是一把"双刃剑"，如不正确引导和规范，互联网会产生一些过激、虚假言论，被不法分子利用，对社会稳定具有不容忽视的负面效应。因此，如何应对互联网对现实社会的冲击，如何发挥互联网在整合青年意见、反映青年呼声、表达青年诉求方面的突出作用，如何加强青年舆情分析及提升青少年服务的信息化水平，已成为共青团组织在纷繁复杂的社会治理过程中面临的新任务。

2. 以社区建设为依托，构建青年农民工融入社会的支持体系。

青年农民工也称为新生代农民工，具有"三高一低"的特征，即受教育程度高、职业期望高、物质生活享受要求高、工作耐受力低。他们接受新事物能力强，渴望城市文明，其民主意识、平等意识、维权意识以及自我价值意识都在持续强化。但是青年农民工融入城市依然困难重重，仍属于弱势群体，而城市社区将是青年农民工融入城市的社会化组织载体和有效途径。因此，要尽快搭建有助于青年农民工实现经济生活融入、社会日常

---

① 吴庆：《论共青团在构建和谐社会中的作用》，载于《山东省团校学报》2008年第1期。

生活融入、社会心理层面融入的城市社区融入支持体系。

3. 以驻外团组织为纽带,完善非公企业团组织覆盖模式。

2011年8月召开的全国驻外团组织建设工作推进会强调,为实现"两个全体青年"目标,要加强驻外团组织建设,做好青年农民工的组织化梳理,使驻外团组织成为共青团联系服务青年农民工、参与加强和创新社会治理的重要组织载体。通过建立流入地与流出地团组织合作共管的机制,对青年农民工这一共青团组织覆盖非常薄弱的庞大青年群体,通过大力加强非公有制企业团建工作,以及充分利用乡情这个重要社会机理建立驻外团组织,以实现广泛、有效的组织覆盖和工作覆盖。

4. 以青年领袖培育为抓手,推进青年公共事务管理专业人才队伍建设。

所谓青年领袖,是指在各个领域中勇于承担责任、创造了属于自己的事业、对整个社会发展产生了积极影响的青年俊杰。不管是由中华全国青年联合会作为代表"官方"认定标准评出的"全国十大杰出青年",还是由《南方人物周刊》评选出的民间精英,他们都对青年发展有重要影响甚至会产生示范效应。在新形势下,共青团组织应从"两个全体青年"的要求出发,拓宽用才理念,创新激励机制,最大限度地发挥组织凝聚力,培育并发掘青年领袖,为青年精英尤其是民间青年领袖的发展提供资源平台。

5. 以青年自组织为平台,构筑社会公共服务长效管理体系。

所谓青年自组织,是指青年自发成立、自主发展、自行运作和自我治理,具备一定规模、拥有组织章程和组织框架的青年非政府组织。近年来国内青年自组织在青少年权益保障、加强青年与社会的沟通、失业和职业培训、残疾人和弱势群体救助、发展性教育等社会治理领域发挥了重要作用,并积极引导青年参与扶贫、帮困、维权、文化、环保等社会公益事业,实现了对政府服务职能的有益补充。与传统组织相比,以相同兴趣爱好或相同特点为纽带的青年人自发组成的自组织更具活力、更有特点、更具凝聚力。

(五) 社区青年汇——共青团参与社会治理的探索与实践

社区青年汇是共青团北京市委参与社会治理创新的一项积极探索和有效实践。2011年，共青团北京市委通过"青年在哪里"调研发现，非京籍6~35岁常住青少年约448.78万人，占全市常住青少年人数的近50%，且呈现不断增长趋势。为加强对流动青少年的服务力度，北京市决定由共青团以依托社区青年汇开展活动为切入点，服务青年流动人口。为此，团市委立足建设复合型组织体系，提升共青团组织的有效覆盖，增强吸引力和凝聚力，按北京青少年人口分布密度，2013年底已在全市分批建立了500家社区青年汇，初步形成一个覆盖全市、嵌入基层行政体系、提供青少年服务的基层网络。

1. 贴近青年需求，增强青年群体社会融入。

北京市社区青年汇针对青年需求，重点开展学习培训、志愿公益、参观实践、创业就业、普法维权、运动健康、婚恋交友、文艺娱乐等八类活动。以"新青年学堂"为代表的学习培训活动，邀请大学生志愿者为有意愿参加成人高考培训的外来青年提供免费文化课程培训；以"新青年城市体验营"为代表的参观实践活动，组织青少年到特警、消防基地，到牛奶、汽车等企业，到各类博物馆参观学习体验，提升青少年的社区融入感。

2. 打造服务体系，延伸青年工作新战线。

立足共青团复合型组织体系建设，社区青年汇逐步成为共青团组织联系青少年的又一重要战线。以"生活空间"为载体，社区青年汇探索建立了社区内的青年活动阵地，在以"工作场所"为主要依托的团的传统组织体系外，有效扩大了团组织的覆盖和团的活动影响，延伸了团的工作手臂，扩大了团的服务领域。以"兴趣爱好和公益服务"为载体，社区青年汇探索建立在社区内的青年社会组织阵地,在京的1 300多家青年社会组织,在社区青年汇平台上申请购买社会组织服务项目、积极承办政府青少年事务,协助街乡团组织教育引导青少年、服务重点青少年群体。

3. 探索"共青团+社工"模式,为青少年提供社会服务。

发挥共青团组织网络优势,与社会工作机构的专业化特点相结合,逐步形成既活力无限、又长期可持续的青少年社会工作局面。社区青年汇以"共青团+社工"为核心的工作模式,形成了专业青少年社会工作者队伍与共青团组织的优势互补,展现出了活力强劲的局面。团市委积极探索运用社会工作的专业方法,使社工成为团组织更加专业化、更具稳定性地提供青少年服务的重要力量,从促进青少年职业发展、身心健康、社会融入、建立家庭等方面,帮助青少年进行社会层面的心理疏导、行为矫治和个人与环境适应等。

4. 发展综合性社工网络,培育专业社工机构。

社区青年汇搭建了全市综合性的青少年社工网络,青年社工每周7天在基层社区开展服务工作,这是共青团资助、管理、培育的一支重要社会工作力量。青年汇社工队伍,既从事专业的社区、小组、个案工作,同时也成为区域化团建的重要节点,支持各级团组织、专业社工机构、志愿服务组织在社区开展活动。同时,团市委积极推动更具专业性的专项青少年社工机构的发展,在涉诉未成年人保护中的侦查讯问、审查批捕、诉中考察、庭前调查等阶段开展社工的初期干预,在心理辅导、法律援助、扶残助困、志愿服务、社会参与等方面提供专业服务。

三、工会组织参与社会治理

工会组织作为国家政权的重要社会支柱,是党和政府联系职工群众的桥梁和纽带，新时期工会组织积极主动参与社会治理，突出工会代表职工、服务职工这个基本点，在平衡各方利益、调和劳资关系、维护职工权益、开展困难职工帮扶等方面具有自身特有的作用和优势，发挥着重要作用。

（一）工会组织的发展与现状

1. 工会组织的历史演变。

中国工会是中国共产党领导的职工自愿结合的工人阶级群众组织，是党和政府联系工人阶级群众的桥梁和纽带，是广大职工利益的代表者和维护者。

中国工会始终与中国人民的革命斗争紧密结合在一起，工会组织是在中国共产党的直接组织和领导下产生的，并在党的领导下得到蓬勃发展。1921年8月在上海成立的中国劳动组合书记部（中国工会秘书处），是中国共产党早期公开领导工会运动的领导机关。1922年5月在广州召开第一次全国劳动大会，中国共产党决定筹备全国性工会组织。1925年5月召开第二次全国劳动大会，正式成立中华全国总工会，通过了《中华全国总工会章程》。新中国成立后，工人阶级登上政治舞台，工会组织成为维护国家政权的重要社会支柱，开创了中国工人阶级和劳动人民当家作主的新纪元，从而实现了历史上的第一次历史性转变。1950年6月，中央人民政府颁布首部《中华人民共和国工会法》。1953年5月工会七大召开，第一次在章程里明确了工会是"自愿结合的工人阶级的群众组织"，制定了"以生产为中心，生产、生活、教育三位一体"的工作方针。这一时期，工会组织带领工人阶级在巩固人民政权和恢复国民经济的运动中，占据不可忽视的重要地位。"文化大革命"期间，各级工会组织遭受到巨大的组织冲击，处于瘫痪状态。

1978年10月召开的工会九大成为中国工会开始第二次历史性转变的新起点，邓小平同志在大会上指出，中国工人阶级和工会运动新的历史任务是推动改革,建设"四化",进行新的长征;工会必须成为"工人信得过的、能替工人说话和办事的组织"。1983年10月工会第十次全国代表大会召开,大会通过了新的工会工作方针,为工会积极参与改革、开创工会工作新局面作了重要的准备。此后,中国工会围绕着更好地发挥工会在改革中的作用和工会自身改革这两个方面,开展了一系列带有开创性的工作。1993年10月中国工会第十二次全国代表大会召开,强调工会要在维护全国人民总体利益的同时,更好地表达和维护职工群众的具体利益,全面履行好工会的各项职能。

进入21世纪,中国共产党明确提出了全面建设小康社会的奋斗目标。中国工会在团结动员广大职工在全面建设小康社会中发挥主力军作用,努力开创新世纪新阶段工会工作新局面中作出了许多贡献。工会十四大后,全国总工会新一届领导提出了"组织起来,切实维权"的工作方针,明确了新世纪新阶段工会工作的基本任务、工作重点和主要途径,提出了在构建和谐社会、协调劳动关系过程中对工会组织和工会干部的新要求。

2. 工会组织的性质与职能。

(1) 工会组织的性质。《中华人民共和国工会法》第二条规定:"工会是职工自愿结合的工人阶级的群众组织""中华全国总工会及其各工会组织代表职工的利益,依法维护职工的合法权益"。第四条规定:"工会必须遵守和维护宪法,以宪法为根本的活动准则,以经济建设为中心,坚持社会主义道路、坚持人民民主专政、坚持中国共产党的领导、坚持马克思列宁主义毛泽东思想邓小平理论,坚持改革开放,依照工会章程独立自主地开展工作"。中国工会具有政治性和群众性相统一的特征,政治性体现在工会是真正的工人阶级组织,并以工人阶级作为自己的阶级基础,中国工会自觉接受中国共产党的领导,是历史的选择,时代的选择,也是职工群众的选择,是中国工会的一个优良传统,更是中国工会最鲜明的特色。工会组织鲜明的群众性特征表明,中国工会生命力和活力的源泉来自广大职工群众,"工会必须密切联系职工,听取和反映职工的意见和要求,关心职工的生活,帮助职工解决困难,全心全意为职工服务。"

(2) 工会组织的职能。马克思曾讲过,"争取和保护工人阶级的利益,是工会产生和活动的宗旨"。《中华人民共和国工会法》和《中国工会章程》对工会组织的职能都做了明确规定,可以概括为四大职能,即维护职能、建设职能、参与职能和教育职能。一是维护职能。维护职工合法权益是工会的基本职责,这是我国工会最重要最基本的职能,也是工会存在的基础。中国工会在发展社会主义市场经济的过程中,在维护职工政治权利的同时,把维护职工群众的劳动权利和物质文化利益,参与协调劳动关系,调节社会矛盾作为一项重要工作,努力促进经济发展和社会的长期稳定。二是建设职能。工会组织动员和组织职工群众积极参加经济建设,努力完成生产任务和工作任务。同时,积极配合党委和政府,开展各种形式的活动,引导职工主动为祖国建设、社会繁荣,为企业改革和促进企业发展献计出力。三是参与职能。工会组织依照法律规定通过职工代表大会或者其他形式,组织职工参与本单位的民主决策、民主管理和民主监督。代表和组织职工参与国家和社会事务管理,参与企业、事业和机关的民主管理,建立协商制度,保障职工的合法权益,调动职工的积极性。四是教育职能。教育职工不断提高思想道德素质和科学文化素质,建设有理想、有道德、有文化、有纪律的职工队伍。

(二) 工会组织参与社会治理的重要意义

工会组织是中国共产党领导下的具有广泛影响力、号召力的群团组织,组织覆盖广泛,涵盖党政机关、企事业单位,涉及各个行业。工会组织参与社会治理具有极大优势,在反映职工群众利益诉求、维护职工合法权益,帮扶救助困难职工和弱势群体、协调劳资关系、化解社会矛盾等方面发挥着重要作用。

1. 工会组织参与社会治理具有独特优势。

工会作为党领导的工人阶级的群众组织，具有组织体系健全、联系群众广泛、熟悉基层情况、了解群众意愿等特点，参与社会治理创新是工会工作的优势和特色所在，深厚的群众基础和完善的组织网络是工会参与社会治理的显著优势。2013年6月底，中国工会会员总数达到2.8亿人，农民工会员总数为1.09亿人；全国基层工会组织总数275.3万个，覆盖基层单位637.8万家。作为世界上最大的工会组织，中国工会组织基本形成了纵向到底、横向到边的组织网络，广大基层工会组织处在构建和谐劳动关系、基层社会治理的第一线，这些都为工会组织参与社会治理提供了良好的基础。

2. 工会组织参与社会治理是职工群众的热切期盼。

社会治理的根本出发点和落脚点是解决好群众最关心、最直接、最现实的利益问题，而维护广大职工群众合法权益是工会组织的基本职责。随着全面深化改革的不断深入，社会利益格局的逐步调整，职工利益诉求呈现多元化，对工会代表其表达诉求、维护其合法权益的期望值越来越高。工会组织协助党和政府主动地维护职工群众劳动就业、收入分配、社会保障、劳动安全卫生等合法权益，推动政府各部门切实解决职工群众特别是困难职工的切身利益问题，多谋职工之利，多解职工之忧，有利于实现社会治理中公共利益最大化的价值取向。同时，工会代表并组织引导职工有序参与社会治理，是维护好、实现好、发展好广大职工群众根本利益的迫切需要。

3. 工会组织参与社会治理有利于构建和谐劳动关系。

构建和谐的劳动关系，是加强和创新社会治理，维护社会秩序、促进社会和谐的重要内容。工会组织在党和政府的支持下参与社会治理，促进劳动关系和谐稳定，最大限度增加和谐因素、最大限度减少不和谐因素，是实现社会治理目标的强有力保障。当前，我国处于社会矛盾的凸显期，社会转型带来社会不稳定因素在增多,尤其是劳动关系的矛盾日益凸显,并呈现出群体性、多发性、社会性的趋势,增加了社会管理的成本,削弱了党和政府的权威性和公信力,迫切需要完善职工的权益维护机制,充分发挥工会组织的桥梁纽带作用,引导和支持职工群众有序表达诉求。工会参与社会治理围绕构建和谐劳动关系中的根本性、机制性问题,突出重点、有的放矢,发挥好协同作用,切实促进企业发展、维护职工权益,促进劳动关系和谐稳定。

4. 工会组织参与社会治理是社会治理体制创新的内在要求。

创新社会治理体制要求从传统的单一主体管理向现代多元主体治理转型,并逐步形成"党委领导、政府主导、社会协同、公众参与"的社会治理体制,因此,构建多元共治、共建共享社会治理新格局,是现阶段我国社会治理体制改革创新的必然选择。工会作为党领导的工人阶级的群众组织,是党和政府联系职工群众的桥梁和纽带,具有显著的政治优势、组织优势和群众优势。工会组织积极参与社会治理和公共事务,协同党委和政府做好新形势下职工群众工作,是中国特色社会主义社会治理体系构架的重要组成部分,体现了我们党的政治优势、社会主义的制度优势,有利于更好地发挥在加强和创新社会治理中的重要协同作用。

(三) 工会组织参与社会治理的主要任务

1. 积极参与社会政策制定。

社会政策能否有效促进社会治理,取决于社会政策是否公正合理,是否代表多数社会公众的利益,是否赢得多数社会公众的认同。工会是职工群众利益的代表者和维护者,代表职工参与社会政策制定是工会义不容辞的社会责任。工会组织要深入基层、深入职工群众调查研究,准确把握职工意愿和利益诉求,为党委、政府制定社会政策建言献策,使社会政策的制定更加科学,更能体现职工群众的根本利益和长远利益,更能获得社会成员的普遍认同与积极拥护。工会组织通过参与社会政策制定，体现职工群众对社会政策的参与权，扩大社会政策的透明度，提高社会政策的有效性，通过工会组织优势反映职工的利益诉求，准确表达职工意愿，为党委、政府实施宏观调控、制定社会政策提供有价值的信息和建议主张，确保政策法规的科学性及决策的正确性。

2. 主动协调社会利益关系。

协调社会成员的利益关系是社会治理的重要任务。随着改革的逐步深化和社会主义市场经济的不断发展，国家、企业、劳动者个人之间的利益关系进一步明晰，逐步形成、分化为不同的利益群体，不同利益群体之间的利益失衡诱发了大量劳动关系矛盾。发展和谐劳动关系，既是工会维权工作的主线，也是工会参与社会治理的重要手段。工会组织参与社会治理，就要大力发展和谐劳动关系，积极参与社会利益的协调，保持职工群体与其他社会阶层群体的利益平衡，推进社会各方利益均衡发展，完善职工群众利益协调、诉求表达、矛盾调处、权益保障机制，切实维护职工群众的合法权益。

3. 不断强化社会服务功能。

职工群众既是社会建设的参与者，也是社会建设的受益者。强化工会社会服务功能，更好更有效地服务职工群众、服务社会是工会参与社会治理的重要任务。工会组织协同党委和政府管理社会公共事务，推动涉及职工切身利益的各项民生政策落实，促进就业再就业，加强职业教育培训，推进收入分配制度改革和工资集体协商，推动建立企业工资正常增长、支付保障机制，更好地满足职工群众在教育、劳动就业、医药卫生、社会保障、住房等方面的多样化需求。尤其是近年来农民工成为我国职工队伍的新生力量，2016 年末，我国农民工总量达到 2.82 亿人，扩大工会对农民工的有效覆盖和为农民工提供优质服务，特别在劳动就业、工资报酬、社会保障、安全生产、困难帮扶等方面推广普惠化服务，成为各级工会强化社会服务的重要内容。

4. 切实履行社会监督责任。

工会作为职工群众利益的代表者和维护者，既是社会治理的参与者，也是监督者。工会组织要切实履行社会监督责任，一方面通过职工代表开展群众监督，发动和组织职工广泛参与社会监督，参与社会政策的制定，督促社会治理政策的执行。另一方面发挥组织体制健全、联系职工广泛、熟悉基层情况、了解职工意愿等优势，通过工会维权热线、劳动保护法律监督检查员等途径和渠道，督促社会治理政策的落实。同时充分发挥动员职工参与社会政策监督中有效发挥组织者的作用，把职工个体资源和能量聚集起来，将职工零散的呼声和要求转化为团体的诉求，在政府决策、立法听证中代表职工群众的集体意愿提出建议和主张。

5. 提高职工主体参与意识。

加强和创新社会管理的一个重要内容，是要培育和增强社会公众的公民意识，以主人翁的姿态积极、有序、平等地参与社会和政治事务，做到自主、自律、自治，为建设民主法治社会奠定实践基础。工会组织发挥"职工学校"作用，最大限度地把职工群众组织到工会中来，动员广大职工以更加主动积极的姿态参与民主管理，同时引导督促企业负责人树立管理互动、成果共享的经营理念，以开放的心态对待职工的民主参与，共同塑造企业以职工为本、职工以企业为家的文化环境，为构建和谐劳动关系打下坚实的基础。

（四）工会组织参与社会治理的途径

工会组织参与社会治理，以协调劳动关系和服务职工为切入点，将协调劳动关系与协调社会利益关系相结合，服务职工与服务社会相结合，发挥自身优势，积极探索新途径新办法，不断提高参与社会治理、做好新时期职工群众工作的科学化水平。

1. 强化参与社会治理创新的理念。

理念是行动的向导，工会组织应立足优势、找准定位、主动参与、强化理念、凝聚共识，在社会治理创新工作中发挥协同作用，主动展现作为。工会组织牢固树立以职工为本、服务为先的理念，不断改进工作方式、创新工作手段，提升工会工作水平。新时期，各级工会始终把职工群众满意不满意作为工会参与社会治理的出发点和落脚点，把为职工群众服务作为实现职工的社会权益，推动社会治理创新的基础性、经常性、根本性工作，着眼于为职工群众谋利益，工会干部要积极、主动、俯下身子为职工排忧解难，让职工群众真正感受到工会是"职工之家"，工会干部是最可信赖的"娘家人"。

2. 加强参与社会治理创新的制度保障。

只有建立健全科学合理、体系完备并具有可操作性的各项制度，才能保证各级工会有序参与社会管理与创新工作，才能保证工会在社会管理与创新工作中有作为、有地位。完善工会参与机制，明确工会社会管理工作的职责职能和权限，搭建工会有效参与社会管理及创新的平台，探索建立工会社会管理工作的考核评价体系。完善联席会议制度，进一步强化工会同党政部门的工作协作，形成联动机制，确保工会参与社会管理及创新不缺位、不错位。

3. 健全参与社会治理创新的运行机制。

工会组织参与社会治理创新，重点是要健全各项机制，善于借势借力，整合社会资源，努力形成"党政主导、行政支持、工会运作、共同参与"的社会化工会工作格局。健全利益协调机制，充分发挥维护职工合法权益联席会议作用，加强沟通协商，有效解决劳动关系运行中的突出问题。完善诉求表达机制，为职工提供充分表达利益诉求的平台，引导职工以理性、合法的形式表达利益诉求。创新矛盾调处机制，深入推广基层工会法律顾问制度、法律援助异地协作制度、社会化法律援助机制等经验，发展工会法律援助工作者和志愿者队伍，引导职工用法律手段维护自身权益，提高法律援助实效。

4. 主动依法维护职工群众合法权益。

各级工会参与社会治理创新,积极从政策决策的源头上为职工说话办事,强化工会系统人大代表、政协委员的参政议政作用,广泛联系社会各界,推动健全劳动立法执法体系。建立健全以职工代表大会为基本形式的民主管理,推行厂务公开,保障职工的知情权、参与权、表达权和监督权。依法实行劳动合同制度和集体合同制度,加快加强劳动标准体系建设,推进工资集体协商,统筹解决广大职工最关心、最直接、最现实的工资报酬、社会保障与公共服务等切身利益问题。

5. 积极为职工群众办实事解难题。

为广大职工及其家庭提供多元服务是今后一段时期工会工作的重点。加强职工就业服务工作,积极开展小额贷款工作,促进创业带动就业再就业。协助非公经济组织从业人员、灵活就业人员、农民工等参加社会保险,推动建立基本养老金正常调整机制。加强农民工特别是新生代农民工工作,切实维护其各项权益。推动落实劳务派遣工的同工同酬、民主管理、福利待遇等合法权益,督促有关部门严格规范劳务分包行为。同时,保障和维护女职工、残疾职工等特殊职工群体的特殊权益。如全国总工会启动实施女职工"关爱行动",面向全国31个省市开展,确定每年3月为"关爱行动"月。

6. 努力提升职工队伍整体素质。

引导广大职工群众发扬工人阶级识大体、顾大局的优良传统,加强工会舆论宣传阵地建设和职工文化体育阵地建设,推广先进企业文化和职工文化,开展一些职工喜闻乐见、丰富多彩、富有创意的文化活动来吸引职工、组织职工、凝聚职工,不断满足职工群众的精神文化需求。积极顺应媒体发展新趋势,充分利用微博、微信、App等新媒体新平台,广泛开展职工理想信念教育活动,进一步培育和践行社会主义核心价值观。实施职工素质提升工程,完善职工成长成才机制。例如,广东省总工会从

2013年起开展了"千万职工大培训行动",每年至少投入1 000万元,2015年广东省各级工会投入资金超过1.2亿元,同时,开通广东职工教育网,创新职工教育培训模式和丰富的服务内容,促进了职工学习权、发展权和精神文化权益的落实。

(五) 工会源头参与治理劳资纠纷的"龙岗探索"

深圳市龙岗辖区企业众多,职工队伍规模庞大,劳资纠纷易发多发,劳资矛盾成为影响社会和谐稳定的主要因素之一。2016年底,龙岗辖区有近40万家商事主体、近400万实管人口、逾九成是以劳务工为主的外来人口。与此同时,企业工会组织地位尴尬,主体地位不独立,基础薄弱,人力物力缺乏,履职能力不足,工会工作面临新挑战,工会依法维护职工合法权益任重道远。

1. 做好源头治理的顶层设计。

近年来,龙岗区工会组织主动探索新时期市场经济条件下工会工作的基本规律和有效路径,从率先成立"一站式"职工综合服务大厅,制定进一步加强企业工会规范化民主选举的意见,到成立服务职工社会组织联合会;从2008年部署进一步发挥工会在构建和谐劳动关系中作用的实施意见、2010年龙岗区委制定关于加快转变经济发展方式努力构建和谐劳动关系的实施办法,到2014年龙岗区委制定关于加强和改进工会工作"1+6"文件,龙岗区在发挥工会"枢纽型"社会组织作用、引导职工依法表达诉求、源头参与治理劳资纠纷新机制等方面走出了一条新路。

2. 树立源头参与治理新思维。

龙岗区紧紧抓住源头治理的"牛鼻子",树立法治新思维、探索欠薪举报等维权新机制,壮大职业化工会副主席等新力量,整合枢纽型工会组织和社工等新资源,打造各级党委部门共同参与新格局,让维权靠前、更靠前,让服务职工近点、更近点。目前,龙岗区委已经出台《龙岗区关于加强和改进工会工作的意见》及《龙岗区关于工会组织参与劳资纠纷预警与处置的工作方案》等6个配套实施方案,对工会组织参与劳资纠纷预警与处置、推进企业工资集体协商、推进企业民主建会、民主管理、提升职工素质、发挥"枢纽型"社会组织作用6个方面做了细化和明确,从引导职工依法表达诉求、源头参与治理劳资纠纷新机制等方面着力推动服务型、创新型、维权型工会的建设。

3. 探索源头参与治理新机制。

针对近年来劳资双方利益博弈日趋剧烈,劳资纠纷高位运行等突出问题,龙岗区通过欠薪举报、律师入企等措施,不断畅通渠道,实现职工维权机制,实行职工工资支付月报告制度,将劳资矛盾化解在萌芽状态;建立区总工会微信平台,开通微信、网络投诉举报功能,筹建12351职工服务热线,逐步形成网络、微信、QQ群、主席信箱及12351"五位一体"的劳动关系信息报告体系;推动基层探索创新,龙岗区坂田街道制定了针对工会组织的《工会信息员隐患排查奖励办法》,龙城街道嶂背社区工会成立了推进源头治理劳资纠纷促进会等。

4. 壮大源头参与治理新力量。

龙岗区有200多万人的职工队伍,但区、街、社区工会干部严重不足,难以满足龙岗产业升级、构建和谐劳动关系的需求。为此,一方面,龙岗区加大工会组建力度,工会组织在区、街道基础上,向社区、企业延伸,形成区、街道、社区、企业四级"立体式"工会组织。另一方面,加快实施基层工会干部社会化改革,采用专业化、制度化、社会化、契约化、职业化"五化"运行模式,面向社会招聘专职工会干部,派驻到覆盖职工5 000人以上的社区担任社会化副主席,改变了社区、企业等基层工会"无人干、不会干、不愿干"的被动局面。与此同时,龙岗区不断加强职业化工会副主席素质提升,深入厂区排查劳资隐患、推进集体协商、维护工人合法权益,积极及时介入劳资矛盾的协调,成为工会服务职工的"新生力量"。

5. 整合源头参与治理新资源。

面对有限的资源,工会如何发挥"枢纽型"社会组织作用,凝聚一大批服务职工类社会组织、整合社会资源服务好广大职工?2013年8月8日,深圳首家区级枢纽型社会组织——龙岗区服务职工社会组织联合会正式揭牌成立。该联合会下设职工心理关爱、职工帮扶、法律维权、创业就业、"枢纽型"社会组织孵化等工作室,拥有职工创意、学习、休闲、交友、情绪宣泄等多种功能。联合会通过发挥桥梁和纽带作用,把社会上有用的资源整合起来,有效实现了"资源对接",目前已联系和聚集了34家服务职工类社会组织,培育、孵化了15家社会组织,并成立了全市第一家社区级源头治理劳资纠纷推进会。另外,龙岗区还摸索出"工会+社工"的工伤探视模式,即工会干部和专职社工联合开展探视,整合专业社工资源为职工服务。

四、妇联组织参与社会治理

全国妇联作为重要的人民团体,是党和政府联系妇女群众的桥梁和纽带,新时期妇联组织加快推进自身能力建设,发挥妇联组织优势,主动参与社会治理,是在推进国家治理体系和治理能力现代化的大背景下妇联组织面临的新课题。

(一)妇联组织的发展现状

1. 妇联组织的历史演变。

在五四运动反封建斗争中,各种形式的妇女运动培养了一大批高素质的妇女社会活动家,在中国妇女解放、争取男女平等方面发挥了显著的作用,为妇女组织的产生奠定了历史性基础。1922年7月,中国共产党第二次全国代表大会决定,在中共中央设妇女部。之后，妇女工作委员会、妇女部、妇女生活改善委员会等多种形式的妇女组织相继成立。1949年3月24日，中国妇女第一次全国代表大会召开，中华全国民主妇女联合会正式成立，从此，中国有了全国性的妇女运动领导机构。妇联组织的成立，是根据党建立新中国的需要而确定的，其目的是为了给新中国奠定广泛的妇女群众基础。全国妇联原名为"中华全国民主妇女联合会"，于1957年第三次全国代表大会时更名为"中华人民共和国妇女联合会"，之后一直沿用此名。1978年9月，中国妇女第四次全国代表大会召开，标志着妇联组织开始重建，并正式定名为"中华全国妇女联合会"。无论从历史渊源、领导组成、产生的依据和方式来看，妇联组织都自始至终与中国共产党紧密相连，在党的领导下，围绕党的中心任务，发挥着党联系妇女的桥梁和纽带作用。

伴随社会主义市场经济体制的建立和国家利益格局的重新调整，特别是当部分妇女的权益在改革中受损，她们迫切希望通过组织的力量来维护自身的合法权益。1988年，中国妇女第六届全国代表大会召开，提出了妇联组织"代表和维护妇女利益，促进男女平等"的基本职能。20世纪90年代，随着妇女主体意识的增强和组织化程度的不断提高，各种妇女组织如雨后春笋般地涌现，妇联工作的对象、任务、范围不断扩大。跨入21世纪后，妇联组织的职能定位面临更多的变化与挑战，各新兴妇女组织不断涌现，不同妇女群体的需求更加多样化、复杂化，党的执政方式、领导方式的深入变革，政府由全能型政府向有限责任政府的转变，使妇联组织的功能面临着进一步的调整与适应。

2. 妇联组织的性质与职能。

（1）妇联组织的性质。妇女联合会是全国各族各界妇女在中国共产党领导下，为争取进一步解放而联合起来的社会群众团体，是党和政府联系妇女群众的桥梁和纽带。全国妇联章程明确提出妇联是"国家政权的社会支柱"，是国家治理的重要力量，是推进国家治理能力和治理体系现代化的重要主体，要起到协助政府维护社会稳定、修复社会关系、保持社会秩序的功能。妇联组织在党的领导下以团结和联合全国各民族、各阶层妇女，积极参与国家各项事业为手段，以争取、保护妇女（儿童）的权益和地位，实现妇女（儿童）发展和男女平等为根本宗旨和任务。妇联具有广泛的群众性和特殊的代表性，不仅是以国家政权的重要社会支柱的角色而存在，而且还最大限度地发挥着党、政府和妇女群体三者间沟通纽带的功能。自成立以来，妇联就把推动妇女解放与发展，发挥好妇女群体的代言人的角色，带领妇女为争取男女平等而努力奋斗作为组织生存的信念和理应履行的基本职能，严格遵循《中华人民共和国宪法》、法律以及《中华全国妇女联合会章程》的规定独立地开展妇女工作。

（2）妇联组织的职能。改革开放以来，随着我国妇联组织性质的变化，妇联组织的功能也发生了根本性变化，社会主义市场经济为我国妇女组织的功能转化提供了动力，妇女组织也越来越多地发挥了社会性、群众性功能。一是代表职能，代表妇女参与社会事务的民主管理和民主监督，围绕妇女就业、土地权益、政治参与、妇女权益维护等问题，深入调查研究，参与妇女政策讨论，为党和政府的决策提供科学依据。这是妇联组织最基本的职能。二是参与职能，妇联组织积极动员组织妇女群众参与经济社会建设，积极促进经济发展和社会进步。三是教育职能，妇联组织以提高妇女整体素质为主要内容和奋斗目标，开展内容丰富、形式多样的教育活动，提高妇女的思想文化素质。四是服务职能，妇联组织坚持维护妇女儿童权益，积极开展服务活动，推动和促进全社会为妇女儿童办好事。五是联谊职能，妇联组织积极与各民主党派、工商联妇女的统战联谊，与港、澳、台及海外侨胞妇女的联谊，增进同世界各国妇女和妇女组织的了解和友谊。

(二) 妇联组织参与社会治理的重要意义

妇女联合会作为我国各族各界妇女的群众组织，是党和政府联系服务广大妇女群众的纽带和桥梁，也是党和政府开展妇女群众工作的主要渠道和重要帮手，妇联积极参与社会治理，代表和维护妇女儿童权益，对于促进妇女儿童事业发展，加强和谐社会的建设具有重要的现实意义。

1. 有利于妇联组织更好地围绕中心服务大局。

妇联组织在政府与妇女群众之间发挥沟通协调的作用，与妇女群众形成了天然的联系，面对新形势下党和政府进一步加强社会治理和加强群众工作的现实要求，妇联组织有责任也有能力参与到社会治理创新体系的构建中，畅通妇女群众反映社情民意的渠道，结合妇女需求积极承接政府转移职能，把为妇女办好事、办实事落到实处。因此，妇联组织参与社会治理，不仅有利于加强和改进党的群众工作，而且有助于促进妇女广泛参与民主政治，为社会稳定发展作出新贡献。

2. 有利于积极推动妇女事业新发展。

促进妇女发展，不断推动妇女事业进步是妇联组织的历史使命。面对当前的中国国情，积极参与社会治理是推动妇女事业顺应时代发展的重要举措。各级妇联组织在参与社会治理的实践中，通过党政资源、社会资源、发挥组织网络优势等方式，代表妇女群众更加有效地表达利益诉求，整合社会资源，帮扶弱势妇女群体，成为公益事业的有益补充，使妇女群众得到平等发展机会、分享发展成果，对于深入贯彻落实男女平等基本国策，提高妇女群众的政治和社会地位，推动妇联组织改革创新，实现妇女事业新发展意义重大。

3. 有利于推动妇联组织实现转型发展。

计划经济体制时代，妇联组织长期以来处于自我封闭的内部循环状态，思维方式传统僵化，工作方式机关化、行政化倾向严重。随着市场经济改革的不断深化,在社会转型时期,妇联组织努力改变传统的思维方式和工作方式,主动创新自身的工作内容和工作方式,服务内容由开展活动为主转向参与社会治理、提供公共服务为主,在社会发展、政府职能转变的同时,始终保持与其发展同步,主动实现自身的发展进步。

4. 有利于促进社会和谐稳定。

新形势下,充分发挥妇联组织协调多元主体之间的利益、促进社会公平、维护社会稳定的作用,既是保持社会长治久安、实现全面建成小康社会目标的现实要求,也是加强党的执政能力建设、构建社会主义和谐社会的必然选择。同时,构建和谐社会也为妇联组织工作提供了理论依据和广阔的工作平台,使妇联组织的发展机遇与挑战并存。

(三) 妇联组织参与社会治理的主要任务

妇联组织积极参与社会治理创新,具有特殊的政治优势、组织优势、工作优势和协调优势,履行代表和维护妇女权益、促进男女平等、加强社会服务、提升妇女能力素质等重要职能,在服务大局、服务基层、服务妇女中承担着重要任务。

1. 切实维护妇女儿童权益。

妇联组织作为代表妇女群体利益的群团组织,必须始终站在妇女群众的立场上,强化妇女群众工作和社会工作。首先,代表妇女权益,提高源头维权水平。新时期,妇联组织积极配合、主动参与涉及妇女儿童利益法规政策的制定,最大限度地将维护妇女权益的思路转化为政策和立法,不断加强维护妇女儿童权益的法治保障。其次,及时反映妇女新需求,拓展妇女权益保障的新领域,了解基层妇女群众的多样化需求,不断提高妇联工作的实效性。同时,积极探索妇女维权新形式,大力培育妇女维权法律服务、互助合作社等社会公益机构,挖掘女性自身保护和互助潜能。最后,各级妇联组织要当好妇女群众的代言人,弥补政府在公共服务中的不足，充分发挥服务、沟通、协调、监督等作用，维护她们的合法利益，推动妇女儿童事业的全面发展。如，辽宁盘锦市妇联以"12338"妇女维权公益服务热线为基础，整合司法资源，将妇女维权热线与法律援助中心"12348"进行对接，形成法律咨询、纠纷调解、心理疏导、亲子教育、婚恋指导"五位一体"的公益服务。

2. 开展弱势群体帮扶行动。

从关注民生问题入手，积极协助党委、政府解决事关妇女儿童的民生问题，是妇联组织参与社会治理和公共服务的出发点和落脚点。利用政府鼓励扶持政策，通过多种途径促进妇女创业、就业。大力开展弱势群体帮扶活动，近年来全国妇联广泛开展的"母亲水窖工程"、关爱留守流动儿童大行动、"春蕾助学"行动、"特困母亲救助项目"、消除婴幼儿贫血行动等都是妇联组织关注民生，开展对弱势妇女帮扶的体现。如，"春蕾计划"是1989年中国儿童少年基金会发起并组织实施的一项救助贫困地区失学女童重返校园的社会公益事业，目前已资助女童345万人次，捐建春蕾学校1 489所。

3. 培育妇女群众参与意识。

妇联组织承担着凝聚、引领、服务女性社会组织的责任，各级妇联通过构建妇女工作的社会支持系统，搭建各界妇女、女性社会组织平等参与社会公共事务的沟通联系平台，让那些有代表性和影响力的女性群体共同参与到妇女工作中来，推动各种类型、各种层次妇女组织之间的融合。发挥各类妇女社会组织的作用，注重发挥巾帼志愿者、社工的主动性，增强她们对妇联工作的认可，促进妇女群众的参与意识和志愿精神，形成互惠双赢的合作模式和共同参与社会治理的合力。如，北京市东城区妇联多举措推动"两新"妇女组织建设，并将妇联组织延伸到楼门院，成立了以兴趣专长、公益服务、文体活动等为纽带的各类功能性妇女小组592个，形成了交道口街道"老街坊合作社"、前门街道"阳光互助银行"、永外街道"爱心传递树"等多个品牌。

4. 拓展公共服务空间。

更好地满足妇女儿童最关心的切身利益是妇联工作的重要内容。近年来,各级妇联积极参与社会服务,持续增加妇女儿童群体的公益服务项目,抓住政府职能转变的机遇,发挥自身优势,积极承接政府让渡出来的服务空间,主动承担政府部门转移出来的与妇女儿童有关的服务项目,有效发挥参与公共服务的优势职能,拓展资源筹集渠道。积极探索项目化、品牌化的运作模式,通过开展就业技能培训、家政服务、妇女职业培训等打造品牌化的公共服务产品,完善科学化管理机制,建立项目承接和资金保障机制,争取政府或社会定期投入,持续开展项目实施,实现互惠双赢。吉林省妇联于2013年启动实施"吉林网姐"电子商务培训项目,旨在为有电子商务创业意愿的妇女群众提供免费培训,目前,仅在"吉林网姐"电子商务项目培训基地——吉林省女子职业教育指导中心,就已免费培训"吉林网姐"8 166名,孵化网店4 399家。

(四)妇联组织参与社会治理的路径

新时期,妇联组织积极拓展参与社会治理的空间和领域,运用社会化、市场化、项目化手段,主动承接政府转移职能,有效探索参与社会治理、切实代表和维护妇女儿童利益的新路子,在参与社会治理创新中不断提升服务广大妇女的能力和水平。

1. 找准妇联组织参与社会治理的定位。

更好地代表和维护妇女利益是妇联组织参与社会治理和公共服务的出发点和落脚点,必须始终做好与妇女儿童切身利益相关的社会性、公益性、事务性的服务工作。妇联作为群团组织,参与社会治理,有着两层定位:一是纽带地位。妇联组织要充分发挥党和政府联系妇女群众的纽带和中介作用,发挥妇联组织在社会协调、社会沟通中的中介作用,同时还要在积极组织、促进广大妇女参与民主管理、民主监督过程中，发挥妇女群众在民主政治生活中的"半边天"作用，推动男女平等和谐发展。二是服务地位。妇联组织要积极承接从政府职能中转移出来的部分服务于妇女儿童的职能，积极协助党委政府解决事关妇女儿童的民生问题，着力解决妇女群众切身利益问题，服务妇女、凝聚人心、促进稳定。

2. 整合和调动各类社会资源。

参与社会协同，处理好妇联与政府职能部门、妇联与其他社群组织的管理，实现分工合作、共同治理，完成社会治理和公共服务的重任，是妇联组织发挥工作优势、服务妇女儿童的重要途径。一是依托党政资源。妇联是党委和政府领导下的群团组织，拥有优越的政治资源，这是妇联组织的优势，要善于借助他们的力量，为妇女群众服务。二是利用妇联资源。妇联组织在工作中与社会各阶层妇女建立了互相信任、互相依靠的鱼水关系，动员好、组织好、利用好这一宝贵的资源库，吸引他们加入妇联工作中来，形成参与社会治理和公共服务的合力。三是调动社会资源。面对新兴妇联组织的崛起，妇联组织需要思考如何凝聚和整合各类新兴妇女组织的力量，将广大妇女群众团结在自己的周围，在纵向组织体系基础上，加强对横向网络的工作指导，努力发展成为妇联工作的有效力量。比如，2014年7月，北京市东城区13名社区退休老年妇女自发成立起社区社会组织"暖心帮帮团"，带领志愿者、社区居民为社区里有需要的老年空巢妇女、失独老人、孤寡老人提供精神慰藉、陪看病等日常照料志愿服务，这些社会组织不仅延伸了妇联工作手臂，化解了工作重心向下与基层组织力量不足的矛盾，还为妇联组织在参与社会治理中找准了自己的定位。

3. 提高妇联组织服务效能。

妇联组织参与社会治理，最重要的是做好服务，提高实效，充分满足妇女儿童的现实需求。一是提升服务成效。切实代表和维护妇女儿童的合法权益,努力改善妇女儿童生存发展环境,汇聚力量为妇女儿童办实事、办好事、解难事,推进妇联工作创新发展。二是拓展服务领域。加大源头参与力度,促进政府在制定和实施法律法规、公共政策与发展规划时充分考虑妇女群众的利益。形成社会化运作模式,以服务妇女儿童民生和发展的实事项目为载体,推进政府购买公共服务工作,不断提高妇联工作群众化、社会化、专业化的水平。三是扩大服务覆盖。通过创新组织机构设置、构建广泛联系的网络、支持妇女组织的发展,培养妇女组织的自主性、扩大覆盖面和参与度,增强妇联组织的社会自治功能。

4. 加强妇联人才队伍建设。

妇联组织干部职工素质的高低直接关系到妇联参与社会治理的实效,重视广大妇联干部教育培训,培养和造就一支能顺应时代潮流、把握时代规律、具有较高素质的干部职工队伍,以适应社会治理和公共服务的需要。一是增强妇联干部参与社会治理的意识,提升参与社会治理项目的设计能力、社会动员能力和组织实施能力。二是有针对性地开展教育和培训,把加强职业道德和提高职业能力相结合,加大对妇联干部全方位的专业培训,组织学习现代社会管理和公共服务的理念和方法,通过各种专业化的培训网络,不断提高妇联组织的专业化社会服务水平,更好地把社会工作的理念、方法和手段广泛运用到妇女儿童工作中来,更好地发挥妇联组织为妇女儿童提供服务的能力。

(五)上海浦东打造"枢纽型"妇联组织的探索与实践

创新社会治理、加强基层建设,让基层充满活力,根本在于社会参与、群众支持,必须有一大批活跃的社会组织,让其来承担社会事务。近年来,上海浦东区妇联积极探索群团工作社会化运作机制,以"枢纽型"组织为定位,以妇女儿童和家庭需求为导向,以服务项目合作为载体,凝聚社会力量,拓展服务功能、畅通诉求渠道，特别是在女性社会组织孵化、培育、引导、扶持方面进行了有益探索和实践。

1. 注重社会组织的培育孵化。

自2007年始，浦东新区妇联将自身打造成"枢纽型"妇联组织，以妇女儿童和家庭需求为导向，以服务项目合作为载体，推动服务妇女儿童家庭的社会组织发育壮大并与之合作，同时吸引和凝聚了专业社工、巾帼志愿者、专家学者等人才，形成为妇女儿童家庭服务的合力，实现线上线下服务超过220万人次。为吸引、服务张江园区近17万名女性人才，浦东新区妇联开创了浦东第一个设在开发区里的"妇女之家"——"张江O2O丽人之家"。近两年，"张江O2O丽人之家"举办了"有型有素讲堂""妈妈有约"亲子联谊、"健康有约"健身养生、"交友面面观"单身交友和"丽人公益行"五大板块活动，通过线上线下双轨平台运作，线下组织活动50多场、服务超过16 000余人次，以服务凝聚引领白领女性。与此同时，区妇联注重抓"领头雁"，有意识地发现、凝聚、培养一批热心公益、能力出众、在妇女群体中有影响的带头人，通过开展女性社团领袖联谊，建立"社会组织领袖沙龙"，定期召开社团领袖头脑风暴研讨会、疑难案例分析会、信息发布会等，实现与妇女代表、妇联执委、女性社团、社会组织之间的良好沟通。

2. 建立项目化运作模式。

浦东新区妇联孵化培育的社会组织大多因需求而生，因项目而兴，需求来自基层一线。从女性社会组织破土而出到成长成熟，区妇联不仅提供了"土壤"，而且还提供了"养料"。自2007年区妇联开始探索项目化管理，主要经历了两个发展阶段：第一阶段，从2007年到2011年，侧重内部的项目化运作。项目负责人由区妇联机关同志担任，2008年拓展到基层妇联组织，发动妇联执委、妇女代表参与项目承接，2009年尝试由注册在区妇联的女性社会组织参与申报和承接妇女工作项目，妇女工作运作机制的项目化定位逐渐明确,一大批"不在编"的妇女工作者开始崭露头角。第二阶段,从2011年至今,将项目化运作由体制内转向体制外。从2011年起,每年10月面向全社会发起"浦东新区妇女儿童家庭公益服务项目"征集活动,广泛开展社会需求调查和社会力量动员,区妇联的角色从"项目经理"向"项目督导"转变。在此过程中,区妇联一方面委托浦东公益促进会为女性社会组织提供一站式的指导服务,通过活动监测、阶段评估、个别咨询、课程辅导等,帮助项目团队落地社区,小到文案整理、计划执行、活动实施,大到资源整合、团队运作、愿景规划,引导社会组织实现自身良性可持续发展;另一方面从妇女、儿童和家庭的实际需求出发,在项目设计中凸显性别视角和"妇"字特性,使社会组织的成长与妇联的功能设定、服务对象的需求、项目预期的社会效益相契合。

3. 打造特色服务品牌项目。

浦东新区妇联按照项目化的思路孕育社会组织,指导每个女性社会组织依据自身资源优势、社会需求设计、开发项目,逐步形成特色工作品牌,待这些社会组织生根发芽后,逐步引导其走向专业化、社会化。针对新形势下妇女群体和妇女需求多元化、多样化、小众化的特点,浦东新区妇联有意识地凝聚众多专业化的社会组织,为妇女儿童和家庭提供"以多对多"的服务,功能涵盖法律服务、反家暴、亲子教育、特殊家庭关爱、社区家长学校、素质能力提升、中医保健、重症康复、心理健康、退休"三八红旗手"关爱、特殊群体关爱和青年交友等方方面面。目前,浦东新区妇联累计已有206个项目落地社区,打造了"幸福家庭·心灵驿站""知心大嫂""帼农品牌""女性幸福力学堂"等一系列覆盖广、品质优、落地好、点赞多的妇联品牌。

4. 项目化运作向基层妇联推动。

为了深化和拓展妇女儿童家庭服务项目化运作,浦东新区妇联把项目化运作机制由区妇联向基层妇联推动作为改革的关键环节，将社会组织的触角和影响逐渐向街镇和村居延伸、扎根、辐射。在这个过程中，浦东新区对两级妇联干部开展了项目督导培训，妇联组织实现从项目执行者到项目督导者的华丽转身。此外，上海市浦东新区妇联十分注重投入保障，不断健全区级和街镇两级妇联向社会力量购买服务的机制，通过政府购买服务，把费用纳入预算，实行契约式管理，并引入第三方评估。据统计，2017年，浦东新区妇联计划支出总经费的87.5%，投入区项目27个和街镇项目36个，全部在街镇"家中心"和居村"妇女之家"开展，覆盖单亲家庭、低收入家庭、白领女性、农村女性、独居女性老人、智障妇女儿童、失独家庭、失能老年女性、近视肥胖儿童、在校学生家长等各类群体。

第四章

社会组织参与社会治理

多元主体、民主协商、依法办事、以人为本是社会治理的基本特点。① 在社会治理中,社会组织是重要多元主体之一,与政府、市场组织、社会成员等共同参与社会事务,为实现社会的良性运转、公共利益最大化而努力。其中,社会组织在动员社会资源、提供多样化和个性化的公共产品和社会服务、参与社会事务管理等方面发挥了举足轻重的作用。改革开放40年来,中国社会组织的发展经历了四个阶段:以学术性社会团体为主流的勃兴期(1978~1991年)、整体停滞的低谷期(1992~2001年)②、以民办非企业、协会商会和其他新型社会组织为主流的稳定发展期(2002~2012年)、社会组织的全面增速发展期(2013年~)。在社会急剧变迁的过程中,在不断出现的机遇与挑战中,社会组织在数量、覆盖领域、作用发挥等方面均实现了长足发展,在社会治理领域作出重要贡献。

---

① 龚维斌:《社会治理是社会管理的升级版》,载于《理论视野》2014年第1期。
② 王名等:《社会组织与社会治理》,社会科学文献出版社2014年版,第4页。

一、社会组织的界定、类型及其现状

(一) 社会组织的界定

1. "社会组织"的提出。

社会组织是党的十六届六中全会提出的新概念,是对国际上非政府组织、非营利组织、第三部门或独立部门、免税组织、民间组织、志愿组织、自治组织、中介组织等称谓的统领和改造(下文将以"社会组织"统称此类组织)。"社会组织"的提出意在表明它在功能和属性上的社会性特征。[①] 与政府组织中的科层制关系和经济组织中的物质利益关系相区别,社会组织的根本特征是社会性,体现了人与人之间的关系。在社会组织中,"公民通过享有并行使结社权,结成各种各样的团体,通过组织起来,实现共同的目标并在此基础上实现社会利益的最大化"。[②] 另外,不同于其他称谓对某一方面特性的强调,如"民间组织"中隐含的官民意识、"非营利组织"对经营内涵的重视,"社会组织"是更具全面性、包涵性与灵活性的概念,较全面地涵盖了此类组织的社会性、非营利性、非政府性、独立性、志愿性、公益性等特性。

2. 范畴界定。

社会组织范畴的界定有广义、狭义之分。按照莱斯特·M.萨拉蒙(Lester M. Salamon)教授的观点,社会组织是具有组织性、非官方性、非利润分配性、自治性、志愿性等基本特征,包

[①] 龚维斌:《社会管理与社会建设》,国家行政学院出版社2011年版,第64页。

[②] 张海军:《社会组织概念的提出及其重要意义》,载于《中国社会组织》2012年12期。

括在政府机制之外的；那些不以从事商业为主，也不把利润在董事会成员或"所有者"之间分配的；那些自我管理以及人们可以自由加入或者志愿参与的组织。① 广义的社会组织分别具有上述定义中的部分特征，主要包括社会团体（以下简称"社团"）、民办非企业单位（以下简称"民非"）、基金会、中介机构、人民团体、事业单位、社会企业、居民和村民委员会组织等。

狭义的社会组织是本章更为关注的研究对象。以党的十六届六中全会对"社会组织"的范围列举为基础，结合社会组织发展的现实状况，本章认为，狭义的社会组织主要包括社团、民非、基金会、中介机构②，以及各类基层自治组织，如城乡社区基层组织、其他未登记组织等。

（二）社会组织的类型

社会组织的分类一直是引发广泛讨论的问题，目前尚未形成统一的国际或国内标准。"非营利组织国际分类体系"（ICNPO）是最早的社会组织专门分类体系，由萨拉蒙和安海尔的研究小组于 1996 年提出，该体系依据社会组织的活动领域和范围、活动方式、活动对象或受益者进行类别划分，形成文化和娱乐、教育与研究、卫生、社会服务等十二大类社会组织，并进一步细分为二十七小类。③ 另外，美国慈善统计协会制定的"国家免税组织分类标准"（NTEE）根据活动性质将其分为教育、健康、精神保健等二十五大类。④

---

① ［美］莱斯特·M. 萨拉蒙、S. 沃加斯·索可洛斯基等著，陈一梅等译：《全球公民社会非营利部门国际指数》，北京大学出版社 2007 年版，第 2 页。

② 中共第十六届委员会第六次大会，《关于构建社会主义和谐社会若干重大问题的决定》。

③ L Salamon, The International Classification of Nonprofit Organizations: ICNPO – Revision 1, 1996, Soviet Phys. – Cryst. (English Transl.), 2015, 8 (1): 14 – 25.

④ Julian Wolpert, Applying the National Taxonomy of Exempt Entities: geographical profiles, VOLUNTAS: International Journal of Voluntary and Nonprofit Organizations, Kluwer Academic Publisher.

我国政府部门和学者也提出了多种分类方法。根据组织性质和目的，政府将纳入管理的社会组织分为社团、民办非企业、基金会三大类；按照活动领域，民政部于2006年底提出新的社会组织年度检查工作的分类体系，将社团和民非的类别由九个增加到十四个，包括科技与研究、生态环境、教育、卫生、社会服务、文化、体育、法律、工商业服务、宗教、农业及农村发展、职业及从业人员、国际及涉外组织以及其他；以行政化程度和是否在民政部门登记注册为标准，有学者将社会组织分为注册社团和民非、未注册民非、八大人民团体、其他准政府社团、"草根"社团；[1] 从法律地位入手，可分为法人团体与非法人团体；从活动宗旨入手，可分为公益性团体与互益性团体；从行政管理需要入手，可分为群众团体或人民团体、自治团体、行业团体、学术团体、社区团体、其他各类民间组织、公益性基金会；按照政府性与营利性的强弱，可分为政府性强和非营利性强的社会组织（类似"准政府部门"）、政府性强和营利性强的社会组织（主要指经营性事业单位）、非政府性强和营利性强的社会组织（主要指民办非企业组织）、非政府性强和非营利性强的社会组织（主要指多元化的"草根"维权组织）[2]；对广义的社会组织进行分类，可分为人民团体、免登记组织、村委会和居委会、非政府组织（NGO）、事业单位、未登记组织，其中NGO又进一步分为互益性组织（经济性互益组织、社会性互益组织）、公益性组织（会员制公益组织、非会员制公益组织）[3]。

---

[1] 何建宇、王绍光：《中国式的社团革命——对社团全景图的定量描述》，选自高丙中、袁瑞军主编：《中国公民社会发展蓝皮书》，北京大学出版社2008年版。

[2] 康晓光、卢宪英、韩恒：《改革时代的国家与社会关系：行政吸纳社会》，选自王石主编：《中国民间组织30年——走向公民社会》，社会科学文献出版社2008年版。

[3] 程玥、马庆钰：《关于非政府组织分类方法的分析》，载于《政治学研究》2008年第3期。

(三) 社会组织的发展现状

1. 社会组织发展的政策促进。

社会组织的迅速发展离不开政府的政策支持。自 20 世纪末期开始，社会组织的发展逐步被纳入国家战略部署。党的十五大明确提出，要"培育和加强社会中介组织"。十六届四中全会进一步对社会组织的功能发挥提出要求，"发挥社团、行业组织和社会中介组织提供服务、反映诉求、规范行为的作用，形成社会管理和社会服务的合力"。十六届六中全会首次提出"社会组织"的概念，对健全社会组织、增强服务社会功能进行了系统阐述。"十二五"规划提出加强社会组织建设，坚持培育发展和管理监督并重，推动社会组织健康有序发展，发挥其提供服务、反映诉求、规范行为的作用。

党的十八大将社会组织的建设纳入社会管理体系的构建之中，"要围绕构建中国特色社会主义社会管理体系""加快形成政社分开、权责明确、依法自治的现代社会组织体制"。十八届三中全会首次将社会组织的发展与创新社会治理有机结合起来，提出"创新社会治理""要改进社会治理方式，激发社会组织活力"，鼓励社会组织以其特有的方式参与社会治理领域，标志着政府不再是社会治理的唯一主体。十八届四中全会进一步加强社会组织的法制建设，要求"加强社会组织立法"，积极发挥社会组织在立法协商、普法和守法、推进法治社会建设等方面的作用。

同时，我国政府近年来还相继出台一系列促进、规范社会组织发展的法律法规和具体制度。2013 年 9 月，国务院颁布《关于政府向社会力量购买服务的指导意见》，建立健全政府向社会力量购买服务机制。2014 年 11 月，国务院出台《关于促进慈善事业健康发展的指导意见》，进一步完善对慈善组织的管理监督，激发慈善组织活力，促进其有序发展。2015 年 5 月，民政部出台《关于探索建立社会组织第三方评估机制的指导意见》,明确了建立社会组织第三方评估的总体思路、基本原则、政策措施和组织领导,促进社会组织综合监管体系的完善。7月,中共中央办公厅和国务院办公厅印发《行业协会商会与行政机关脱钩总体方案》,提出在机构、人事、职能、财务、党建和外事五方面实现权力机关与社会组织的"脱钩"。2016年4月,十二届全国人大常委会第二十次会议表决通过《中华人民共和国境外非政府组织境内活动管理法》,这是我国第一部针对境外非政府组织的立法,为境外非政府组织在我国境内开展活动提供行为规范,填补了秩序空白。7月,中宣部、中央文明办、民政部等8部门联合印发《关于支持和发展志愿服务组织的意见》,在引导和鼓励志愿服务组织依法登记、组织内部治理、经费管理等方面作出规定,为志愿服务组织的发展奠定了政策基础。8月,《关于改革社会组织管理制度 促进社会组织健康有序发展的意见》出台,在完善社会组织发展政策、依法做好社会组织登记审查、严格管理和监督、加强社会组织自身建设等方面提出具体要求。

2016年9月,我国正式施行《慈善法》,这是一部慈善制度建设的基础性、综合性法律,对慈善活动、慈善组织、慈善募捐、慈善信托等重大问题作出明确规定。其中,有关慈善组织的直接登记、税收优惠、公募资格的放开等多项规定,为社会组织突破双重管理体制、享受慈善税收优惠提供法律依据,为促进社会组织发挥公益慈善功能提供新的动力。同时,为配套《慈善法》的正式施行,相继发布了《慈善组织认定办法》《慈善组织公开募捐管理办法》《关于慈善组织开展慈善活动年度支出和管理费用的规定》《公开募捐平台服务管理办法》。另外,《社会团体登记管理条例》《基金会管理条例》《民办非企业单位登记管理暂行条例》等文件正在修订中。

地方社会组织治理创新也在快速发展中,多个省市出台推进社会组织登记制度改革的政策文件,开展或试行社会组织直接登记,进一步下延非公募基金会和异地商会的登记权限等。

2. 我国社会组织的数量和结构。

从 2002 年开始,我国社会组织步入稳定发展期,社会组织数量由 2002 年的 24.4 万个[1]增加到 2012 年的 49.8 万个,如表 4-1 所示。2013 年,随着国家全面深化改革的开始,社会组织进入增速发展期,2013 年社会组织数量达到 54.7 万个,与上年相比增长 9.6%。2013~2016 年,社会组织数量继续攀升,年均增长率约为 8.8%。截至 2016 年底,我国在民政部门登记注册的社会组织达 69.9 万个[2],日益成为重要的社会力量和社会治理主体。

表 4-1　　　　　2006~2016 年中国社会组织的数量变化

指标	2006 年	2007 年	2008 年	2009 年	2010 年	2011 年	2012 年	2013 年	2014 年	2015 年	2016 年
社会组织总数(万个)	35.4	38.7	41.3	43	44.5	46.1	49.8	54.7	60.6	66.2	69.9
社会团体(万个)	19.2	21.2	23	23.9	24.5	25.5	27.1	28.9	31	32.9	33.5
基金会(个)	1 144	1 340	1 597	1 843	2 200	2 614	3 029	3 549	4 117	4 784	5 523
民办非企业(万个)	16.1	17.4	18.2	19	19.8	20.4	22.5	25.5	29.2	32.9	35.9

近年来,我国各类社会组织分布结构基本稳定。根据国家民政部发布的《2015 年社会服务统计公报》,在社会团体类别中,社会组织数量居前三位的分别是:农业及农村发展类 6.2 万个、

---

[1] 王名:《社会组织概论》,中国社会出版社 2010 年版,第 87 页。
[2] 本部分数据均来源于民政部历年来《社会服务发展统计公报》,http://www.mca.gov.cn/article/sj/。

社会服务类 4.8 万个、工商服务业类 3.7 万个。接着分别是文化类、体育类、职业及从业组织类、科技研究类等。在民办非企业单位类别中，社会组织数量居前三位的分别是：教育类 18.3 万个，卫生类 2.4 万个，社会服务类 4.9 万个。延续学者们在 2008 年、2013 年所做的社会组织分布结构研究①，将 2015 年社团和民非的数据进行相加计算，社会组织的分布情况如下：教育类为 19.3 万个（29.3%），社会服务类为 9.7 万个（14.7%），农业及农村发展类为 6.2 万个（9.4%），文化类 5 万个（7.6%）。工商服务类 4 万个（6%），体育类 3.7 万个（5.6%），卫生类 3.4 万个（5.2%），科技与研究类 3.3 万个（5%）。职业及从业组织、生态环境、法律、宗教、国际及其他涉外组织均不足 5%。与 2008 年和 2013 年的统计数据相比，我国社会组织的分布领域依然相对集中，不同类别的社会组织持续稳定发展，所占比例并没有太大变化。

与此同时，社会组织依然面临着数量偏少、结构不平衡的问题。在数量上，2016 年我国每万人拥有社会组织约 5.1 个，与发达国家还有较大差距。在结构上，我国公益类、服务类的社会组织偏少。公益类社会组织是面向社会大众、满足社会利益需求，而互益类社会组织主要满足组织内部需求。国际经验认为，合理的社会组织结构中需有 2/3 以上的公益类组织。目前我国的公益类组织约占总体数量的一半。另外，根据近年来民政部《社会服务统计公报》中的数据，与教育类社会组织相比，社会服务类的社会组织所占比例相对较少。在街道和社区层面，社会组织也更多集中于教育培训、生活服务、文体活动等领域。公益慈善类、城乡社区服务类社会组织的发展还有很大的发展空间。

---

① 葛道顺：《中国社会组织发展：从社会主体到国家意识》，载于《江苏社会科学》2011 年第 3 期；龚维斌、龚春明：《中国特色社会主义社会治理体制》，经济管理出版社 2016 年版，第 172~173 页。

3. 社会组织发展的基本情况。

我国已初步形成了遍布城乡，涉及国民经济各个行业、社会生活各个领域，门类齐全、层级多元、覆盖广泛、功能较强的社会组织体系①，在发展公益慈善和社会福利事业、提供公共服务、增强国际交流与合作等多个方面发挥着越来越重要的作用。

支持公益慈善事业。社会组织动员社会资源的能力不断增强，截至2015年底，我国各类社会组织接收捐款610.3亿元，其中公募基金会和非公募基金会共接收社会各界捐赠439.3亿元。社会组织活跃于扶贫济困、扶老、助残、救灾、助学服务等领域，通过捐助资金、项目引导等多种方式积极投身于公益慈善事业。

发展社会福利事业。社会组织成为养老、精神卫生、儿童、残疾人、社会救助等社会服务的重要提供者与参与者。以提供住宿的社会服务为例，2015年我国提供住宿的社会服务机构共有3.1万个，床位393.2万张，收留抚养231.6万人。其中社会组织有1.2万个，约占总量的38.7%。

提供公共服务。社会组织作为治理主体之一，承接了政府转移出的部分公共服务职能，尤其在社区管理与公共服务中发挥重要作用。近年来，政府通过购买公共服务等方式，大力扶持社区社会组织发展，为社区居民提供文化教育、协调社区关系、弱势群体帮扶等服务。

增强国际交流与合作。我国社会组织在国际上的影响力与日俱增。以灾害治理领域的社会组织为例。近年来，中国扶贫基金会、爱德基金会陆续在菲律宾、美国、海地开展和参与灾害援助等国际项目。2013年，蓝天救援队、999救援队代表中国红十字国际救援队参加菲律宾台风重灾的救援。在2015年"4·25尼

---

① 赵伯艳：《社会组织在推进社会和谐发展中的作用研究》，载于《理论与现代化》2012年第3期。

泊尔地震"中,我国7家基金会成员机构和20多家民间救援队等机构参与救援行动,并全过程参与紧急救援、过渡安置、灾后重建。

二、社会组织在社会治理中的作用

(一) 社会组织参与社会治理的必要性

在我国,社会治理是指在执政党领导下,由政府组织主导,吸纳社会组织等多方面治理主体参与,对社会公共事务进行的治理活动,是"以实现和维护群众权利为核心,发挥多元治理主体的作用,针对国家治理中的社会问题,完善社会福利、保障改善民生,化解社会矛盾,促进社会公平,推动社会有序和谐发展的过程"。[1]

社会组织参与社会治理,有效地弥补了政府以刚性制度、行政系统为治理载体的不足。社会组织具有数量多、类型广、灵活度高、人性化强等优点,能够像毛细血管一样为社会成员——尤其是弱势群体提供个性、多元和人性化的服务。[2]

社会组织是社会治理的重要主体,承担着部分管理和服务社会成员、提供公共服务职能,在实现自我管理和约束的同时,也是政府的重要监督者。同时,社会组织把孤立分散的社会个体联合起来,形成介于国家与个体之间的社会中间地带,通过自主制定组织规则,对内部的动员和管理,以及组织成员间和组织间的交流、合作与协商,培养社会成员的独立观念、自主意识、责任

---

[1] 姜晓萍:《国家治理现代化进程中的社会治理体制创新》,载于《中国行政管理》2014年第1期。
[2] 赵小平、陶传进:《社区治理:模式转变中的困境与出路》,社会科学文献出版社2012年版,第11页。

意识，以自我创造、自我管理、自我服务的方式形成公共利益表达、维护社会稳定、提供社会服务的重要平台。

现代社会治理既需要自上而下的行政管理，也需要社会组织以及其他社会自治力量的自我管理，两者的有机结合使社会治理既有秩序也充满活力，既有面向社会整体的共性服务，也有针对特定群体的个性服务。

（二）社会组织参与社会治理中的主要作用

1. 动员社会资源。

社会治理是当前我国面临的重大课题，既需要社会各界的积极参与，也需要长期、大量的资金投入。政府是社会治理重要的责任主体，其行政、财政支持是主要的人力财力来源。与此同时，破解我国社会转型中纷繁复杂的问题，仅依靠政府的投入是不够的，还需要社会资源的支持。社会组织拥有较强的社会资源动员能力，通过广泛地聚集资金资源、人力资源，投入到社会公共服务、社区管理等社会治理领域。尤其是基金会具有以捐赠为基础形成的公益财产信托性，通过公开募款、资金运作和公益支持，可以有效整合大量社会资源，并将其投入到社会公益事业中。

自汶川地震以来，我国政府、社会组织接收社会捐赠款物总量激增，其中2008年筹款金额达到历史最高水平，共计筹款764亿元，约为2007年的5.7倍，其中民政部门498.8亿元，各类在民政部门登记的社会组织77.3亿元。值得关注的是，自2010年起，社会组织接收捐款的数量大幅提升，社会组织筹款数量开始大幅度超过政府部门，成为接受公益事业捐赠的重要主体，具体数据见表4-2。[①]

[①] 本部分数据均来源于民政部历年来《社会服务发展统计公报》，http://www.mca.gov.cn/article/sj/。

表4-2　　2010~2015年中国民政部门和社会组织
接受社会捐赠款物数量变化　　　单位：亿元

指　标	2010年	2011年	2012年	2013年	2014年	2015年
民政部门接受社会捐赠款物	193.7	101.4	108	107.6	79.6	44.2
社会组织接受社会捐赠款物	417	393.6	470.8	458.8	524.9	610.3
总　额	601.7	495	578.8	566.4	604.4	654.5

在人力资源方面，志愿者热情空前高涨。我国志愿服务制度化建设取得实质性发展。截至2015年底，我国已实现31个省区市志愿服务组织区域全覆盖，覆盖志愿者超过1亿人。[①] 以"志愿云"技术为支撑，中国志愿服务联合会推动建立了全国志愿服务信息系统，目前共有26个省区市和71个地级市（区）顺利接入系统，实名注册志愿者超过2 825万人。[②]

以芦山地震中的社会资源动员为例。芦山地震发生后，社会组织迅速开始行动，整合各方资源，为灾害治理提供支持。首先，在灾害发生的第一时间，社会组织积极参与救援并倡议募捐，将所筹集的善款用于灾害紧急救援、过度安置、恢复重建等各阶段。比如，壹基金在芦山地震发生后半小时迅速反应，启动响应机制，紧急进行人员搜救转移、物资分发，呼吁社会各界捐款捐物。截至2017年3月底，壹基金接收芦山地震捐赠款项共计3.9亿元，并将善款用于紧急救援及物资援助、学校和社区减灾等灾后重建项目，目前累计使用资金约2.6亿元，占全部捐赠资金的67.94%。共设立56个芦山地震支出项目，包括援建8所抗震减灾学校、20所学校避灾运动场、14所乡村幼儿园，支持

---

① 王凯：《中国志愿服务组织实现全覆盖　志愿者数量过亿》，人民网：http://ccn.people.com.cn/n1/2015/1218/c366510 - 27947063.html，2015年12月18日。

② 《中国志愿服务联合会2016年工作总结》，中国志愿服务联合会官网：http://www.cvf.org.cn/show/6292.html，2017年1月24日。

农户修建了358套钢结构抗震农房，援建12个社区减灾中心并开展农村社区志愿者救援队应急培训和演练项目等，为灾区人民恢复生产生活、提高灾害应对能力作出贡献①。

同时，灾害中的社会组织及时进行自我组织和动员，倡导成立社会组织网络平台，发挥信息共享、组织协调等功能，引导广大志愿者、各类社会组织有序参与救灾。2013年4月20日芦山地震当天，多个社会组织联合成立"成都公益组织4·20联合救援行动"，截至4月28日，共有68家成员伙伴机构加入其中。除此之外，还有由中国红十字总会、南都公益基金会等机构倡导成立的"4·20中国社会组织灾害应对平台"，以及由中国青少年发展基金会、中国扶贫基金会等多家基金会联合发起成立的"基金会救灾协调会"等平台。社会组织网络平台在动员民间救援队伍及志愿者参与救灾的同时，也为其提供后勤支持、技能培训、项目支撑，协调民间救援力量，避免无序救灾。

2. 提供社会服务。

社会组织参与社会服务是政府转变职能、推进政社合作、培育新型社会治理主体的重要内容。目前，我国正面临着公共服务供给不足、公共服务需求多元化等困境，政府不可能对社会事务实行全面直接管理，部分社会性、公益性公共服务职能需向其他社会主体转移，缓解公共服务的供需矛盾，形成多元参与的格局。同时，社会组织具有非营利性、志愿性等特点，有利于在社会服务领域发挥独特优势，比如进一步激发公民参与和协作、增进社会信任、培养公共精神和社会责任等。

我国社会组织承担越来越多的社会服务责任，参与社会服务的方式也逐渐多样化。

以社区社会组织为载体提供基层社会服务。近年来，我国社

---

① 《"壹基金"芦山地震四周年报告》，壹基金官方网站：http://www.onefoundation.cn/Uploads/201704/58f5c16b6dd99.pdf。

区社会组织发展迅速，覆盖养老、医疗、教育、权益保护等多个社区公益服务领域，尤其是在帮扶弱势群体和发展公益性社会服务方面，发挥着政府与市场所难以取代的积极作用，成为社区治理的重要力量。其中，杭州市社区社会组织在2010年底就超过7 000多个，大部分社区均拥有10个以上社区社会组织，涌现出上城区"在水一方"互助会、下城区文晖街道"和事佬"协会、萧山区爱心社区卫生服务中心、余杭区"星火"居家养老服务中心等一批可圈可点的优秀社区社会组织①。

政府购买社会组织服务。为了充分调动社会组织参与社会服务的积极性，从2012年起，中央财政安排专项资金，支持社会组织参与社会服务。2017年，中央财政支持社会组织参与社会服务项目预算补助资金为1.9亿元左右，共设立480个项目，主要资助社会组织在扶老助老服务、关爱儿童服务、扶残助残服务、社会工作服务、能力建设和人员培训开展等领域开展社会服务活动和能力建设。② 目前，项目进展效果良好。以宁夏回族自治区吴忠市的同心县残疾人俱乐部为例，在中央财政项目的支持下，俱乐部通过开展残疾人康复教学、培训与创业实地指导等支持性就业活动，使残疾人的生活能力、劳动技能、社会适应能力等得到提升，为残疾人提供更多工作机会，实现"助人自助"。与此同时，许多地方政府也在积极推进购买社会组织服务。在2015年度南京市"十佳社区公益服务品牌社会组织"中，超半数是为儿童和老人提供精神关爱、物质帮扶的社会组织，并承接政府购买项目。比如鼓楼区心贴心老年人服务中心，自2003年成立以来一直采用政府出资、社会组织提供具体服务的模式运转，十多年来政府购买服务累计支付超过400万元。服务中心照

---

① 郎晓波、俞云峰：《社会组织参与公共服务：组织优势及路径选择》，载于《中共杭州市委党校学报》2011年第5期。

② 参见《2017年中央财政支持社会组织参与社会服务项目实施方案》。

顾的老人数量也由 100 名扩大 1 600 名，为老人们提供养老、医疗、学习、娱乐等综合服务，满足全方位需求。

3. 有助于预防和化解社会矛盾。

我国目前仍处于急剧的社会转型期，社会矛盾不断涌现，并日益复杂化，"政府单力化解纠纷模式"已无法满足社会需求。创新有效预防和化解社会矛盾体制成为社会治理的主要任务之一。当前，以政府部门为主、社会力量参与的社会矛盾预防和化解体系正在形成。社会组织可以容纳和调和多元化的社会诉求和价值追求，避免个体利益表达的无力、无序等弊端，缓和不同群体的矛盾冲突。一些社会组织已成为人民群众利益表达的制度性平台之一，参与到劳资、医疗、社区等领域的纠纷化解中，为不同的社会阶层和利益群体，尤其是弱势群体提供利益表达渠道和沟通反馈机制。

以劳动者权益维护的社会组织为例。在经济快速发展中，劳资矛盾进入多发期，劳资纠纷数量上升、程度加重，成为我国突出的社会矛盾之一。随着劳动者权益维护意识的提高，在部分地区出现了一些以维护劳动者权利为目标的社会组织。

"北京工友之家"。"北京工友之家"的全称是"北京工友之家文化发展中心"，位于朝阳区金盏乡皮村社区，是打工青年自己成立的社会公益团体，致力于服务打工者群体的社会、文化、教育、权益维护及其生活状况的促进与改善。2009 年 10 月，"北京工友之家工会"成立，工会将维权纳入日常工作内容，并以组织化的方式帮助工友维权。比如，工会代表工友与拖欠工资方交涉，亮明身份和态度，降低了工友的维权成本，提高了工友维权成功的概率。① 除了维护权益的服务外，工会还面向皮村范围的工友提供各类文化教育培训、日常文娱活动及权益协助服

---

① 赵伯艳：《社会组织在公共冲突治理中的作用研究》，南开大学博士论文，2012 年。

务，主要包括：工友图书馆、工友影院、工友文艺小组、工会活动日、工会大型活动、同心互惠店、打工文化艺术博物馆、社区活动中心等，为工友提供看书、学习、交往和法律援助的平台，提高打工者群体的教育和文化生活，为他们建立了丰富的社会支持网络。

"小小鸟"打工互助热线。"小小鸟"打工互助热线是一家专门为外来进城务工人员维护合法权益、提供法律服务的公益机构，服务范围覆盖北京、深圳、沈阳、上海、重庆等地，拥有27名专兼职工作人员、585名律师志愿者以及5 092名普通志愿者。在为工人提供法律咨询服务的同时，"小小鸟"打工互助热线通过调解和非诉讼的形式解决劳资纠纷，最大限度地减小企业与工人之间的矛盾，促进劳资关系和谐。截至2016年底，"小小鸟"打工互助热线共帮助打工者讨回拖欠工资与各类赔偿合计2.97亿元，直接受益者超过17万人次，间接受益者超过30万人次。①

社会组织在劳工权益维护中的作用主要体现在代表劳工利益，通过组织化、制度化的渠道与企业沟通联系，采取司法诉讼、求助媒体、民间调解等多元化方式，预防和化解了大量劳资纠纷，将矛盾消融在基层，有助于和谐劳资关系的建立。同时，社会组织通过为劳动者提供法律咨询和培训、出庭代理等方式提升劳动者的境遇，在一定程度上改变了不对等的劳资关系。

4. 推进社会自治。

社会是介于国家与私人领域之间的中间地带，是连接国家和社会成员的桥梁。社会自治是社会成员的自我管理、自我服务。通过共同参与社会事务可以激发主体意识、增强社会责任、提高治理能力。面对分散的社会成员个体，社会组织发挥着组织者的

---

① 资料来源："小小鸟"打工互助热线机构网站，http：//www. xiaoxiaoniao. org. cn/Item/Show. asp? id = 1746&m = 1。

作用,为社会成员在公益事业、基层建设等各领域参与社会事务管理提供平台,成为协同政府提升社会自治能力的重要载体。

例如,行业协会、商会组织成员单位发挥行业自律作用。安徽省17个市级保险行业协会制定10余项行规行约和服务标准,并成立自律委员会和自律检查小组,完善保险合同纠纷裁决机制,进一步促进行业公平有序竞争。

同时,社会组织在基层社会建设中也发挥着独特的自律自治作用。以广东省河源市源城区社会组织参与流动人口服务管理工作为例。为促进流动人口服务管理工作的自我组织和管理,源城区以出租屋业主协会、流动人口互助联合会为载体进行流动人口的服务管理工作。其中,出租屋业主协会将业主有序组织起来,研究探讨流动人口和出租屋服务管理的办法,协助政府部门制定租赁行业发展规划、行规行约和诚信自律守则,维护出租屋主和租住人员的合法权益、调节租赁纠纷,并提供租房信息、就业信息等服务。分散的出租屋业主通过组织平台逐渐形成了互相商量租赁价格、沟通租赁信息、协助解决各种纠纷的和睦相邻的良好局面。[①] 流动人口互助联合会主要由流动人口组成,通过开展各类活动加强流动人口之间的沟通交流,并对他们提供救助、纠纷调解、培训、就业等服务。同时,互助联合会为流动人口提供理性、健康的诉求表达渠道,将收集到的诉求和问题进行公开讨论后,向政府传递提炼后的有效政策建议,形成相对完整的社会自组织民主议程。比如针对流动人口子女放学时间与父母下班时间相差约两个小时的问题,在经过大家公开讨论后,建议在流动人口聚集社区通过义工和专业教师开办"新客家人4:30学堂",为孩子们提供看护服务。最终地方政府通过服务购买的形式满足

[①] 王巍、张文忠:《社会组织融入流动人口服务管理体制的改革尝试和规律发现——广东河源市源城区的实践》,载于《岭南学刊》2012年第6期。

了此项服务项目申请。①

三、社会组织参与社会治理的机制与挑战

(一) 社会组织参与社会治理的机制

在推进国家治理体系和能力现代化的背景下,社会组织日益在社会治理中发挥着重要作用,其参与机制也成为值得深入探讨的问题。目前,社会组织参与社会治理的制度基础、主要发展路径、引领发展方式等机制已初步形成。

1. 制度基础:改革中的法律政策环境。

近年来,我国加快出台支持社会组织参与社会治理的多项法律政策,为社会组织的发展壮大提供制度空间。

在推进社会组织登记制度改革、支持社区社会组织的发展等方面,党的十八届三中全会明确提出,重点培育和优先发展行业协会商会类、科技类、公益慈善类、城乡社区服务类社会组织,成立时直接依法申请登记。截至 2014 年 9 月,全国共有 27 个省、自治区和直辖市开展或试行了社会组织直接登记工作;2016 年出台的《关于改革社会组织管理制度促进社会组织健康有序发展的意见》指出,"稳妥推进社会组织直接登记""提供扶贫、济困、扶老、救孤、恤病、助残、救灾、助医、助学服务的公益慈善类社会组织,直接向民政部门依法申请登记""要大力培育发展社区社会组织,并明确对在城乡社区开展为民服务、养老照护、公益慈善、促进和谐、文体娱乐和农村生产技术服务等活动的社区社会组织,采取降低准入门槛的办法,支持鼓励发展"。

---

① 资料来源:《河源市源城区流动人口管理》,人民网 2014 创新社会治理专题: http://leaders.people.com.cn/n/2014/0709/c382918-25259484.html。

在政府购买社会组织服务方面，2013 年颁布的《关于政府向社会力量购买服务的指导意见》指出，教育、就业、社保、医疗卫生、住房保障、文化体育及残疾人服务等基本公共服务领域，要逐步加大政府向社会力量购买服务的力度。2016 年，在《关于支持和发展志愿服务组织的意见》中提到，积极支持志愿服务组织承接扶贫、济困、扶老、救孤、恤病、助残、救灾、助医、助学等领域的志愿服务，加大财政资金对志愿服务运营管理的支持力度。

同时，2016 年颁布的《慈善法》在慈善组织的直接登记、公募资格的放开等方面的多项规定，"给出了在社会层面推进社会治理创新很好的空间，包括在社区层面的募捐、捐赠，社区层面的慈善组织，都给出了很大的空间。"[1] 目前，上海、山东、江西、青岛等地都在探索实行社区社会组织的备案管理制度，具体由县（区、市）民政部门统一备案、由街道办事处（镇政府）作为业务指导单位并履行指导监督职责，对为民服务又暂不具备法人条件的社区社会组织进行统一管理。

2. 主要发展路径：承接政府管理部分职能。

政府自上而下的传统管理模式已难以适应社会成员多元化、多层次的社会需求，需由其他社会主体通过职能转移、政府委托或购买服务承接一部分政府管理职能。国家《"十三五"推进基本公共服务均等化规划》提出，能由政府购买服务提供的，政府不再直接承办，交由具备条件、信誉良好的社会组织、机构、事业单位和企业等承担。同时，社会组织在承接政府转移出的社会服务职能方面有独特的优势，社会组织的公益性、平等性以及贴近群众等特征，使它更容易获得认同感和归属感。

承接政府管理部分职能为社会组织的快速发展提供了契机。

---

[1] 王名：《慈善法将推进社会治理创新》，中国青年网：http://news.youth.cn/gn/201603/t20160309_7725145.htm，2016 年 3 月 9 日。

目前，我国各级政府都将社会服务型社会组织作为扶持的重点。例如，2016年上海市进一步推进社会组织参与社会治理，并将社区社会组织作为扶持培育发展的重点，主要包括社区生活服务类、社区公益慈善类、社区文体活动类、社区专业调处类等社会组织。

同时，政府购买社会组织服务作为一种重要的支持方式，在很大程度上推动了社会组织的发展。2012年12月，国家出台《关于购买社会服务的指导意见》。同时期，广东、北京等地方政府也划拨社会服务专项资金购买社会组织公共服务项目。此后，政府购买社会组织的社会服务成为各级政府的通行做法，政府与社会组织形成新的合作机制。社会组织自身的力量是有限的，需要政府力量的支持，政府购买社会服务的偏好可以激励和引导社会组织的发展方向。其中，社区服务与管理类服务是政府购买社会组织服务的重点领域之一，包括助老、助残、社会救助、外来人口管理、矛盾调解、公益服务等，引领社会组织成为社会服务产品的生产者和供给者，在社会治理领域实现充分发展。

3. 引领发展方式：发挥党组织引领作用。

近年来，社会组织党建工作取得了积极进展，在进一步夯实党执政基础的同时，也为社会组织更好地发展、参与社会治理提供了资源支持。在社会多元利益的格局下，单一主体难以解决复杂的社会问题，在党组织的引领下，党和社会组织的协同参与可更有效地面对社会治理中的种种难题。2015年，《关于加强社会组织党的建设工作的意见（试行）》明确规定了社会组织中的党组织是党在社会组织中的战斗堡垒，发挥政治核心作用，基本职责之一为引导和支持社会组织有序参与社会治理、提供公共服务、承担社会责任。

党建工作引领社会组织朝着正确的发展方向健康发展，引导社会组织强化服务功能，为政府、群众提供更优质的服务。比如，近几年广州市律师协会党委号召组织成员参与拆迁补偿纠纷的处理，共有以党员律师为主的100多名律师为3 500多户拆迁户提供了法律公益服务，依法处理28宗拆迁补偿纠纷。

在社会组织党建工作的开展下，社会组织参与基层社会治理取得积极成效。相对社会组织而言，居民群众对党组织的信任感更强、认同度更高，社会组织党建工作可以帮助社会组织迅速获得居民群众认同、打开局面。同时，在党建工作的带动下，部分社会组织党组织加入所在区域的"大党建"格局中，成为民主决策和民主协商的主体之一，全方位、多层次地参与到基层社会事务中。

（二）社会组织参与社会治理的障碍与挑战

随着我国经济社会不断发展，社会组织的发展空间进一步拓展，在创新社会治理、繁荣社会事业等方面发挥了重要作用。与此同时，社会组织参与社会治理的能力还没有得到充分发挥，还存在一些障碍与挑战。

1. 社会结构空间障碍。

改革开放以前，我国实行高度集中的计划经济体制，"全能政府"控制社会，政府是自上而下的主要社会管理主体，社会生存空间狭小。改革开放后，我国由计划经济向市场经济转轨，随着单位制、人民公社制度解体，政府一元化的社会管理体制逐步松动，社会力量开始参与事务管理。

近年来，我国进入新的历史发展阶段，政府进一步转移职能、加大简政放权力度，将一部分取消和下放的行政审批事项交由社会组织通过社会化服务方式、行业自律等方式承担，社会空间日益扩大，社会活力被激发，更多社会组织投身到社会治理领域。尽管取得前所未有的进展，但依然面临着社会发育不足、政府包揽大量社会事务等问题，政府在不堪重负的同时，也压缩了社会组织参与社会治理的空间，抑制了社会组织发展的活力。目前,由于政府与社会的界限还不够清晰,大量社会资源依然掌握在政府手中,导致部分社会组织在经费、项目、政策支持等方面具有较强的行政依附性,制约着社会组织的独立发展。

2. 制度空间障碍。

在政策法规方面,我国目前还没有一部社会组织的专门基本法律,对于社会组织的设立、地位、职能、财产属性、相关权利义务等方面缺少全面系统的规范,有关社会组织参与社会治理的法律法规建设也相对滞后。在现行法规中,关于社会组织登记注册、监督管理等方面的程序性规定多,对培育扶持、政社合作等方面的可操作性规定较少。政策法规的不完善给社会组织的发展带来一定程度的模糊性,使其参与社会治理的成效受到一定影响。

在社会组织管理中,我国依然以登记管理机关和业务主管单位双重负责的管理体制为主。尽管2013年以后国家推行管理体制改革,对行业协会商会类、科技类、公益慈善类、城乡社区服务类社会组织探索推进直接登记制度,但政策的落地成效还有待进一步观察。比如,对实行直接登记的四类社会组织范围界定较为模糊,在实际工作中社会组织是否可以直接登记,很大程度上取决于各地政府和登记主管部门的态度,具有很大的不确定性。另外,我国对直接登记范围之外的社会组织继续实施双重管理体制,业务主管单位为规避风险而对社会组织采取保守工作态度的现象依然存在,部分筹建中的社会组织很难争取到业务主管单位的支持。同时,由于在资金、人数、场所等方面的高门槛要求,数量众多的社会组织无法按照现有条件进入政府正式登记注册的范围。根据有关实证研究的调查结果显示,正式登记的社会组织数量只占社会组织实际数量的10%左右。[①] 现行制度不利于对这

---

① 王萍:《破除我国社会组织法律地位的实然与应然悖论》,载于《人民论坛》2016年第25期。

些社会组织进行规范管理和引导，也不利于社会组织队伍的发展壮大。

社会组织监管制度体系尚不健全。现有政策法规中对社会组织监管缺乏明确细致的规定，监管职能分散在登记主管部门、业务主管部门和职能主管部门，缺乏跨部门监管协同机制，并存在监管执法手段单一、信息公开不够、社会参与欠缺等问题。随着直接登记制度的推行，相应的监管体制和监管资源配置未相应建立，登记管理机构在人员数量、专业性、能力建设等方面存在不足。另外，值得关注的是，对于蓬勃发展的网络社团、微信社团等新型社会组织，还缺少相应监管规定，存在监管缺失和漏洞。

政府关于购买社会组织服务、财税优惠等支持性制度体系的建设还有待进一步加强。例如，政府购买社会组织社会服务项目的范围界定不够清晰，各地在实践中购买项目内容各不相同、随意性较大，购买社会服务目录的制定缺少制度化的社会公众参与机制。现有财税政策对社会组织支持力度较小，获得资助或优惠的社会组织覆盖面较为有限。

3. 社会组织自身能力建设不完善。

从社会组织自身建设来看，一些社会组织的发展水平有限，专业化程度不高，面临着人力资源、资金资源、项目资源等困境，对政府的依赖性较强。突出表现为在政府购买社会服务的过程中，常常遭遇"社会失灵"的困境，能承接政府转移职能的社会组织数量有限。以安徽省为例，目前有社会组织 22 356 个，仅有不到 28% 通过定向委托、项目资助等方式承接了政府转移的公共服务事项。社会组织承接政府职能转移的能力有待提升。①

---

① 赵韩：《社会组织承接政府职能转移能力亟待提升》，载于《人民政协报》2015 年 4 月 20 日第 6 版。

部分社会组织还存在着内部治理不规范的问题，如缺乏健全的组织机构、规章制度、监督约束机制等，理事会、监事会的功能发挥常常流于形式。同时，社会组织管理人员激励机制缺失，激励措施、绩效考核规定均不明确。2011年"郭美美事件"引发的社会组织公信力危机，也与社会组织自律的缺失有关。

4. 社会成员参与不足。

在社会组织参与基层社会治理的过程中，社会成员的参与较为有限。首先，社会成员的认同度不高，对社会组织的基本性质、发展理念、运作方式、组织文化等方面缺乏了解。尤其在基层社会治理中，居民群众对社会组织的理解常常等同于社区群众文化团队或准政府组织，真正意义上的正式社会组织对他们而言还是新生事物，常抱有防范或回避的心理。

同时，社会组织有效参与社会治理，还需要一大批主体性精神和自治能力较强的社会成员，这也是社会组织发展壮大的前提要素。目前，在现实生活中，社会成员距离这一要求还有较长的路要走。尽管我国已有数量可观的志愿者队伍，但在队伍建设中采用行政手段多、发挥主动性和自治性少。在部分志愿者被动参与的情况下，虽然登记注册的志愿者多，但活跃在志愿活动第一线的志愿者相对较少。如何促进社会成员的主动参与，成为现代社会的重要议题之一，"我们每一个人作为公民最需要拥有的一系列能力，这些能力能够使我们自觉服务于公共利益，从而自觉捍卫我们共同体的自由，并最终确保共同体的强大和我们自己的个人自由"①。

---

① ［英］昆廷·斯金纳：《政治自由的悖论》，选自许纪霖主编：《共和、社群与公民》，江苏人民出版社2004年版。

四、社会组织的发展和管理

由于现阶段社会组织的发展还不够成熟,受到社会空间、制度体系、政府监督管理、自身能力建设等多方因素的制约,社会组织参与社会治理的效果不甚理想。为更好地推进社会组织参与社会治理,社会组织的规范发展是基础。

我国社会组织的发展将朝着提升社会组织能力、优化制度体系、实现社会组织体制改革等方向和目标迈进:社会组织能力大幅提升,具体表现为社会组织数量增加、社会组织结构合理、专业化和职业化水平提升、慈善捐赠稳步增长等方面,真正成为社会治理中的重要主体;建立健全社会组织制度体系,包括建立完备的社会组织法律法规体系、社会组织服务管理制度、社会组织支持政策等,打造适合社会组织发展、公平有序的制度环境;形成"政社分开、权责明确、依法自治"的现代社会组织体制,政府充分向社会组织放权,确立社会组织的主体地位,明确政府、社会组织的边界和责权,实现社会组织在法律指导下的自我管理和运作。

为实现上述目标,针对我国社会组织前行道路中某些不成熟之处,今后社会组织的发展应重点从以下几个方面着手:

(一) 扩展社会组织的参与空间

长期以来,我国政府处于强势地位,社会领域自主发育程度不高,国家与社会关系不平等。要实现国家与社会良性共治,需加强政府的顶层设计,为社会组织参与社会治理留出充分的空间。

加快政府职能转变。进一步转变观念,在对社会组织进行依法管理基础上,尊重社会组织的主体地位,以开放的态度对待其发展和功能发挥。划清政府与社会的边界，可以由社会组织承担的工作、适合由社会组织提供的社会服务、社会组织通过自律能够解决的事项，转移给社会组织①。编制政府在社会领域的权力清单、社会组织承接社会服务指导目录等，明确政府和社会组织的权责范围，形成合理分工、相互支撑的科学体系。

推动政社分开。在推进行业协会商会与行政机关脱钩的基础上，逐步实现所有社会组织去行政化，在机构、人员、资产等方面与政府脱钩。探索一业多会，引入社会组织的竞争机制。

探索事业单位分类改革。事业单位在传统社会服务中处于垄断地位，以打破垄断、引入外部竞争为改革目标，为其他社会服务主体如社会组织的发展让渡空间。比如，可进行"增量改革"和"存量改革"，对新的社会服务事项不再新设事业单位，并明确社会组织参与的程序、监督机制等；在已有事业单位中逐步实行政事分开、管办分离，减少其在资质认定、职业资格认定、职称评定等方面的特权，允许社会组织等社会服务主体平等参与竞争。

（二）健全社会组织的政策法规

我国已出台《慈善法》《境外非政府组织境内活动管理法》，并正在加紧修订《社会团体登记管理条例》《基金会管理条例》《民办非企业单位登记管理暂行条例》三个社会组织相关的登记条例，为社会组织打造更为宽松有序的法规环境。比如，在《社会团体登记管理条例》（修订草案征求意见稿）中，规定四类社会团体可直接登记、只针对全国性社会团体作出"一业一会"的限制、明确社会团体自律管理、加强对社会团体信用约束等。

---

① 廖鸿、许昀：《我国社会组织参与社会治理机制研究》，载于《环境保护》2014年第23期。

同时，由于我国对社会组织的地位和性质、角色与功能、权利与义务等方面缺乏明确的规定，加强社会组织立法，尽快制定一部社会组织的基础性和纲领性法律是很有必要的事情。"涉及各个重点领域的专项法律、法规固然重要，但由于位阶不同，又由不同部门主持推进，所关注的重点不同，彼此之间很难形成有效的相互衔接和内在联系，无法构成一个完善的法律架构。"[①] 社会组织立法将有助于规范社会组织行为，明确政府、社会组织、企业之间的界限和责任，确立社会组织的产权边界、行为准则，保障社会组织及其成员的合法权益等，形成规范、统一的社会组织管理法律法规架构。

（三）创新社会组织的管理体制

降低社会组织的准入门槛。党的十八大以来，在国家政策层面，关于降低准入门槛、对部分社会组织进行直接登记的精神一直延续。然而，在具体操作层面，社会组织直接登记还面临着如何落地的问题。下一步，需加快推进社会组织直接登记的法律体系和相关配套制度的制定工作，明确直接登记的社会组织分类标准、登记范围、登记手续等，使直接登记工作有章可循。同时，可适当降低成立社会组织的资金、人数限定等审核条件，将更多社会组织纳入制度管理中。

加强监管体系建设。一是在放宽社会组织准入管理后，以往业务主管部门审核的前置管理方式不再发挥作用，需将工作重心向后移。与此同时，社会组织监督管理目标本来就在于规范社会组织行为，保护社会组织的公益财产，防止在经济、政治上滥用社会组织权力，这些可能出现的消极行为只能发生在社会组织成立以后，因而重点进行事中事后监管、关注社会组织成立后的运

[①] 余晨扬：《"社会组织法"起草工作需"快马加鞭"》，载于《法制日报》2016年8月30日。

营活动管理是关键。二是针对监管部门职能分散的问题,需探索注册登记主管部门、业务主管部门、相关职能管理部门联合监管的机制,集合民政、税务、工商、财政等多方力量。三是面对网络时代的机遇与挑战,可探索网络化的监管方式。一方面,加快社会组织信息公开的步伐,尝试建设全国社会组织系统及各类监管平台。另一方面,对网络社团、微信社团等新型社会组织的管理展开深入研究,加快相关监管法律法规的制定。四是引入社会监督的方式。随着社会组织数量的逐渐增多,仅仅依靠政府力量难以对多层次、多类型的社会组织进行全面监管。因而有必要发挥社会力量、社会舆论的作用。比如,可试行社会组织绩效、信用评价的第三方评估机制,发挥独立的专业中介机构对社会组织的管理和约束作用,让社会监督与行政监管有机结合。

完善支持体系的建设。比如,在政府购买社会组织服务方面,需尽快明确政府购买社会服务的范围和流程,研究制定"政府转移社会服务职能目录""政府购买社会服务目录"等,规范各地购买服务的内容。另外,需加大对社会组织的资金、项目资源支持,扩大政府购买服务的覆盖面,并采用竞争择优的方式,建立标准化的评审流程,确保社会组织在政府购买服务中的平等参与。

(四)加强社会组织自身建设

社会组织能力的增强有助于其真正拥有独立性和自主性,并可以提供更加规范、专业和优质的社会服务。

提升社会组织能力。社会组织能力困境既缘于外部资源的匮乏,也是组织建设薄弱的体现。首先,可通过增加政府资金投入、项目支持等方式,为社会组织提供可持续的外部资源支持。同时也要加强社会组织自身动员资源的能力,比如通过充分调研社会需求,研究政府、企业、基金会等自主主体的偏好,打造优质的服务项目和品牌,从而吸引资源的流入。其次,注重在组织实践中提升组织成员的专业能力，建立能力建设的学习培训和考评机制。加强社会组织的职业化、专业化队伍建设，引进具有专业知识、高层次的人才。同时，可充分发挥专家作用，建设稳定的科研咨询专家库，为社会组织的发展提供智力支持。

完善内部治理机制。首先，建立健全社会组织的法人治理结构，使社会组织逐步实现自治，成为独立的法人主体。切实发挥会员大会、理事会、监事会、秘书处的职能，形成决策、监督、执行机构之间的制衡机制，提升组织的独立性和自主性，完善内部监督约束机制。其次，加强激励机制建设。比如，提高社会组织的社会和政治地位，深圳、温州、安徽等省市通过增加社会组织代表在党代表、人大代表、政协委员中的比例和数量，对社会组织人才给予政治激励，提供表达组织利益诉求的渠道。

（五）培养社会成员的参与意识

提升社会成员对于社会组织的认识。一方面，社会组织需更加重视自我宣传，尤其是以新媒体为载体，对所参与的社会治理项目与取得的成效进行宣传报道，使更多人了解社会组织，对社会组织的活动、性质、功能有更为直观和感性的认知。另一方面，以加强社会组织党建为契机，借助所在区域党组织的资源力量，逐渐深入到群众中。比如，在基层社会治理中，针对社区居民对社会组织缺乏信任、难以开展工作的问题。社会组织可加强与所在区域街道、社区党组织的联系与合作，利用其行政资源和群众基础帮助自己介入社区服务之中，在为民服务中提升品牌和知名度。

在提高认识的基础上，还需培养社会成员主动参与社会事务的意识，以及自我管理、自我服务、自我监督的能力，这是实现社会组织繁荣发展更为深层的要素。下一步，需要政府为社会领域的发展让渡更多空间。长期以来，政府包揽大量社会事务的做法，使人们形成依赖政府的惯性，对自身能力和作用发挥持怀疑态度，压缩了社会成员的参与机会。因而，需进一步提升多元主体参与社会治理的理念，将政府不应承担的部分职能交还给社会。另外，需建立激励和保障机制，鼓励社会成员的主动参与，保障其基本权益。比如，对参与社会公益性活动的志愿者及其所在的组织机构给予精神嘉奖，设立工作时间参与志愿活动的请假制度，并给予相应工作补贴。

第五章

城市社区治理

改革开放以来,我国城乡关系发生了很大变化,城市化进程大大加快。2017年,我国城市化率由1978年的17.92%提升到58.52%。城市化动力来自三个方面:一是城市自身的人口增长;二是城郊农村城市化;三是大量农村人口进城务工经商、居住生活,而且以后者为主要。城市化进程加快是社会主义市场经济发展的结果,也推动了市场经济的进一步发展。在此过程中,城市经济社会结构发生了很大变化,传统的社会治理模式难以适应不断发展变化的城市形势,从20世纪80年代起,我国政府和基层群众就在不断探索新的城市治理模式。我国城市社会治理模式的变革最主要地体现在城市社区治理模式的发展变化上。

一、城市社区治理的兴起与历程

(一)城市社区的内涵

社区是一个外来词,由英文"community"翻译而来,本意是"共同体"。经过长期的演变,社区含义相对固定下来,主要包括两个方面的意思:一是"社";二是"区",是"社"和"区"的结合。社是指社会,即有一定联系的人群的集合。社区是社会的重要构成部分，是较为基础的社会。社会由个人、家庭、社区和社会组织等不同层次的要素构成。"区"是指地理空间，即一定的区域范围。因此，所谓社区是指特定区域内一群有联系的、有相同归属感和认同感、较为密切接触和互动的人们的集合。

中国城市社区一般是指城市居民委员会的管辖范围。中国城市分为直辖市、副省级城市、省会城市、地级市、县级市等多个行政层级；从地域看，有沿海发达地区的城市，也有中西部地区的城市。不同行政级别、不同地域的城市在人口规模、资源获取能力、经济发达程度上有较大差异，城市内部的社会治理要求也存在差别。城市政府管理架构主要有两种类型：一种是设区的市；另一种是不设区的市。设区的市，通常是三级政府、四级管理，即市、区、街道办事处（政府派出机构）和居民委员会。通常情况下，无论人口规模大小，县级市不设区，县级市辖若干镇，通常城关镇人口最多、经济最发达、社会事务最复杂，镇下面再设居民委员会，是两级政府、三级管理。

在计划经济时期，中国大部分城市人口工作和生活在各种单位里，单位是社会治理的主体，也是社会治理的主要载体，少数没有单位的城市居民被纳入街道办事处和居委会这种社会治理体制中。那时，中国城市基层社会治理体制的特点是单位制加街居制，以单位制为主导。在单位制和街居制下，居民来自同一个单位和居委会，同质性强、熟悉程度高，单位和街居掌握居民生产和生活的绝大部分资源，对居民的控制能力强，居民对单位和街居的认同度高，依赖性大，同一单位和居委会的人们互动性较强。以三级政府或二级政府为主导，以单位为主体，以街居为补充的城市社会治理体制适应了当时计划经济的特点和要求。

（二）城市社区服务

改革开放以后，随着单位制的解体、政府职能的转变、现代企业制度的建立和城市化的发展，城市社会治理体制发生了巨大变化。在这一急剧变迁过程中，城市社区建设开始受到人们的高度重视。中国城市社区治理起步于社区服务、社区建设和社区发展。

20世纪80年代初，民政部提出"社会福利社会办"的思想，这是对"社会福利单位办"的替代，街道和居委会的作用越来越突出。自80年代起，街道办事处承担着城市管理、社区服务、发展经济、优抚救济、社会治安、文教卫生、计划生育、司法调解、群众生活等数十项任务。居民委员会依法开展精神文明建设、社区服务、办理本居住区的公共事务和公益事业、调解民间纠纷和协助维护社会治安以及公共卫生、计划生育、优抚救济、青少年教育等工作，为全面启动社区建设奠定了基础。1984年，在福建省漳州市召开的第一次民政工作会议上，民政部进一步明确了"社会福利社会办"的指导思想，并进而提出，要使社会福利事业从单一封闭的国家包办体制转变为国家、集体、个人一起办的体制；要面向社会，多渠道、多层次、多种形式地发展社会福利事业。1985年，民政部总结推广了上海市民政部门创办的市、区、街道、居委会"四个层次一条龙"的福利服务网络化经验，使城市社会福利事业开始走向社会、深入基层。在此基础上，1986年，民政部第一次正式提出在城市开展社区服务工作的要求。1987年9月，民政部在武汉召开"全国城市社区服务工作座谈会"。这次会议总结交流了武汉、上海、北京、天津、常州等20个大中小城市开展社区服务的经验，部署在城市开展社区服务工作，探索建设具有中国特色的社会服务体系，并倡导民间互助的精神，提出以灵活多样的社会服务形式，为居民特别是有困难的人提供社会福利。

在国家政策的允许和鼓励下，全国各地城市普遍开展了社区服务活动。武汉、上海、天津、重庆、常州、益阳等许多城市社区建立了社区服务协调领导机构，形成了一套责任明确、运行有序的管理机制;制定了社区服务的发展规划,出台了相关政策法规;成立了社区服务队伍;兴建了一大批有特色的社区服务设施,形成了老年人服务、残疾人服务、优抚对象服务、少年儿童服务、特殊困难者服务和便民服务等多元化服务系列,受到了广大市民的普遍欢迎。

1989年9月,民政部在杭州召开了全国社区服务工作会议,总结推广了全国各地开展社区服务的经验,并且形成了进一步开展这项工作的一些思路。要求加强对社区服务的宏观指导,制定规划,健全法制;要上靠政府,下靠基层社会,争取社会各界的广泛参与;要以社会效益为目的,经济效益为手段,走"服务养服务"的道路。1989年12月,全国人大通过了《中华人民共和国城市居民委员会组织法》,明确规定"居民委员会应该开展便民利民的社区服务活动",为社区服务向基层社区延伸和普及提供了有力的法律保障。一些地方的市、区政府还把社区服务列入政府工作规划或目标管理体系中,推动社区服务有序规范发展。截至1993年底,全国已有80%以上的城市街道开展了社区服务工作,城市社区服务设施达到11.2万个,其中老年人服务设施2.4万个,残疾人服务设施0.9万个,优抚对象服务设施1.6万个,综合性服务中心及其他便民利民服务设施达6.3万个。①

(三) 城市社区建设

社区服务的广泛开展和不断深化,带动了多项社区工作的发展,人们也逐步接受了这个概念和这一实践。很多不属于社区服务的事项也被纳入了这一概念范畴,例如,社区治安、社区文化等,导致社区服务"名不符实"。1991年,学术理论界和政府部门借鉴国外"社区发展"的基本理念,结合中国的实际,提出

---

① 赵辰昕:《城市社区建设与中国政治发展》,当代世界出版社2001年版,第60页。

"社区建设"的新概念和新思路,拓展和替代原来的社区服务概念。

社区建设理念提出后,民政部专门下发了《关于听取对"社区建设"思路的意见的通知》,征求各地对开展社区建设的意见和建议。随后确立天津市河北区、杭州市下城区为全国社区建设试点单位,开展社区建设工作实验。

在我国城市社区建设推进的过程中,上海市起了带头作用。浦东开发以后,上海经历了新一轮的大发展,随着城市大规模的建设和高速的发展,城市管理的任务日益繁重。原来"两级政府、三级管理"城市管理体制存在一定程度的"条块分割",处在城市基层管理第一线的街道办事处权力十分有限,对很多城市管理的问题往往是"看得见、摸得着、管理不了",而条上的职能机构则"管得了、看不见",造成"管得到的管不了、管得了的管不到"的局面。在这种情况下,1995年,上海市提出积极探索社会主义市场经济条件下的城市管理新路子,选择了10个街道进行综合改革试点。1995年,上海市委组织了一次大规模的社区管理和基层政权建设问题的调查研究。在调查研究的基础上,上海市委市政府确立了"两级政府、三级管理"的城市管理体制改革的总体思路。1996年,又比较系统地提出,加强党的建设、加强精神文明建设、加强基层政权建设、加强城市管理、维护社会稳定和提高居民生活质量,基础在基层,社区是载体,提出了到2000年社区建设和管理的奋斗目标。为了实现这一目标,上海市委市政府决定采取一系列措施解决管理体制、执法队伍、人员编制、财力保障、设施建设等方面的突出问题,为社区建设和管理提供必要的物质基础。1997年,上海市人大常委会通过了《上海街道办事处条例》。此后,还出台了10多项相关的配套政策文件,着力理顺市与区、区与街道的管理职能,推动社区建设和管理体制的建立和完善。

上海市社区建设的做法和经验对全国产生了较大影响。不少城市纷纷开始探索建立"两级政府、三级管理、四级落实"的新型体制。例如，1996年6月，石家庄市委市政府制定了《关于进一步加强社区工作的意见》，明确提出要紧紧围绕建立"两级政府（市、区）、三级管理（市、区、街）、四级落实（市、区、街、居）"的新体制，要求以改革精神理顺市、区、街之间的关系，全面增强社区的功能，大力开展社区建设，促进社区经济和社会事业全面发展。

经过几年的理论探讨和实践探索，城市社区建设的概念逐步被人们接受和认可。1998年7月，根据新一轮国务院机构改革方案，国务院批准民政部在原基层政权建设司的基础上组建基层政权和社区建设司，并将原来由社会福利司分管的社区服务工作职能划归该司，表明社区建设已经成为政府的一项专门行政管理职能。

民政部基层政权和社区建设司成立后，立即组织开展社区建设实验区活动。1999年3月，民政部在南京召开社区建设实验区工作座谈会，提出全国11个城区为"城市社区建设实验区"的构想。1999年上半年，民政部确定北京市西城区、上海市卢湾区、重庆市江北区、南京市鼓楼区、杭州市下城区、青岛市市南区和四方区、石家庄市长安区、海口市振东区①、沈阳市沈河区、天津市河西区等城区作为全国城市社区建设实验区。同年10~12月，民政部又增加南京市玄武区、沈阳市和平区、合肥市西市区②、天津市和平区、哈尔滨市南岗区和道里区、本溪市溪湖区、西安市新城区、漯河市源汇区、厦门市开元区③、新疆克拉玛依市克拉玛依区、长春市朝阳区、济南市沥下区、佛山市市区、武汉市江汉区15个城区为全国城市社区建设实验区。至

---

① 2002年10月，国务院批复同意海南省撤销海口市振东区，设立海口市美兰区。
② 2002年3月，更名为蜀山区。
③ 2003年4月，原开元区、思明区、鼓浪屿区合并成立新的思明区。

此,全国城市社区建设实验区达到26个。还有一些省份确定了一批省级社区建设实验区,例如,辽宁、湖北等。① 社区建设实验区的建立,为大规模开展城市社区建设积累了经验,产生了广泛的积极影响。

1999年8月,民政部在杭州召开了全国城市社区建设实验区工作座谈会,提出社区建设的工作目标大致包括三个层次。第一个层次,建立与社会主义市场经济体制相适应的社区建设管理体制和运行机制,探索建立新型社区,逐步完善街道、居委会的服务管理功能,推进街居工作社区化,社区工作社会化。第二个层次,在加强社区功能的基础上,建设环境优美、治安良好、生活便利、人际关系和谐的文明社区。第三个层次,扩大基层民主,实行居民委员会的民主选举、民主决策、民主管理和民主监督。通过"四个民主",逐步实现社区居民的自我管理、自我教育、自我服务和自我监督。

2000年11月,中共中央办公厅转发《民政部关于在全国推进城市社区建设的意见》(以下简称《意见》)。《意见》是在总结全国26个城市社区建设实验区一年多试点经验的基础上提出的。《意见》明确界定了社区和社区建设的内涵,指出"社区是指聚居在一定地域范围内的人们所组成的社会生活共同体。目前城市社区的范围,一般是指经过社区体制改革后做了规模调整的居民委员会辖区";"社区建设是指在党和政府的领导下,依靠社区力量,利用社区资源,强化社区功能,解决社区问题,促进社区政治、经济、文化、环境协调和健康发展,不断提高社区成员生活水平和生活质量的过程"。《意见》提出城市社区建设的原则是:(1)以人为本、服务居民。(2)资源共享、共驻共享。(3)责权统一、管理有序。(4)扩大民主、居民自治。(5)因地制宜、循序渐进。《意见》对城市社区建设的重点工作进行了

---

① 唐忠新:《中国城市社区建设概论》,天津人民出版社2000年版,第68页。

部署，主要包括以下一些内容。一是拓展社区服务。要求在大中城市重点抓好城区、街道办事处社区服务中心和社区居委会社区服务站的建设与管理。社区服务主要是开展面向老年人、儿童、残疾人、社会贫困户、优抚对象的社会救助和福利服务，面向社区居民的便民利民服务，面向社区单位的社会化服务，面向下岗职工的再就业服务和社会保障社会化服务。二是发展社区卫生。要求加强社区服务卫生站点建设，积极开展以疾病预防、医疗、保健、康复、健康教育和计划生育技术服务等为主要内容的社区卫生服务，方便群众就医，不断改善社区居民的卫生条件。三是繁荣社区文化。要求积极发展社区文化事业，加强思想文化阵地建设，不断完善公益性群众文化设施。四是美化社区环境。要求大力整治社区环境，净化、绿化、美化社区。五是加强社区治安。要求建立社会治安综合治理网络，健全社会治安防范体系，实行群防群治；组织开展经常性、群众性的法制教育和法律咨询、民事调解工作，加强对刑满释放、解除劳教人员的安置帮教工作和流动人口的管理。《意见》的出台，表明我国推进城市社区建设的基本思路已经形成，预示着我国城市社区建设开始进入全面推进的阶段。

  为了进一步激发地方政府建设的积极性，同时也为了更好地总结和推广各地城市社区建设的实践探索经验，推动和促进全国城市社区建设不断向广度和深度发展，民政部决定开展城市社区建设示范活动。2001年7月，民政部印发了《全国城市社区建设示范活动指导纲要》（以下简称《纲要》）。《纲要》的发布，标志着全国城市社区建设示范活动正式启动。《纲要》提出了示范活动的目标和任务、工作原则和要求，规定了示范单位的范围、验收和确认程序等。《纲要》提出，从2001年开始，各省、自治区、直辖市要选择有一定工作基础的大中城市作为示范单位，有组织、有计划、有步骤地开展社区建设示范活动。到2005年，全国直辖市、省会城市和计划单列市的社区建设都能达到《民政部关于在全国推动城市社区建设的意见》的要求。示范单位的主要任务是，改革城市基层管理体制，转变政府职能，明确社区责权，理顺社区关系，建立与社会主义市场经济体制相适应的社区管理体制和运行机制；加强社区组织和队伍建设，扩充社区管理职能，规范社区管理，完善各项制度，通过民主选举、民主决策、民主管理和民主监督的社区居民自治活动，建立自我管理、自我教育、自我服务、自我监督的社区组织体系和工作机制；以拓展社区服务为龙头，发展社区卫生，繁荣社区文化，美化社区环境，加强社区治安，完善社区功能，不断丰富、提高社区建设的内容和水平；全面增强和提高社区居民委员会和居民群众的自治意识和能力，发动和依靠群众，努力建设一批管理有序、服务完善、环境优美、治安良好、生活便利、人际关系和谐的新型现代化社区。到2012年8月，全国已经涌现出一大批社区建设的先进典型，民政部对其中27个全国社区建设示范市和148个全国社区建设示范区进行了命名。[①] 通过"全国社区建设示范市""全国社区建设示范区"建设活动，起到了典型引路、以点带面的作用，城市社区建设的体制机制、工作人员、服务保障条件、社区组织等多个方面都有了明显的改进和加强。党的十六届四中全会提出，要将和谐社会建设与社区建设结合起来。2008年10月，民政部制定《全国和谐社区建设示范单位指导标准》（试行）。2009年10月，召开全国和谐社区建设工作会议，对全国和谐社区建设示范单位进行表彰。同年11月，民政部印发《关于进一步推进和谐社区建设工作的意见》，标志着社区建设示范推动阶段告一段落。

在推进城市社区建设过程中，人们逐渐认识到居民委员会是社区建设中组织建设的核心环节，对于社区建设的成效起着至关

[①] 李学举：《抓实基础工作 解决关键问题 不断把城市社区建设引向深入》，载于《中国民政》2002年第10期。

重要的作用，但是，随着城市建设和发展，城市居民委员会在很多方面已经难以适应新的形势需要。为此，2010年中共中央办公厅、国务院办公厅印发了《关于加强和改进城市社区居民委员会建设工作的意见》（以下简称《意见》）。《意见》指出，2000年国家决定开展城市社区建设以来，城市社区居民委员会在服务居民群众、搞好城市管理、密切党群干群关系、维护社会稳定等方面发挥了不可替代的作用。但是，城市基层正在发生新的深刻变革，社区居民委员会承担的社会管理任务更加繁重、维护社会稳定的功能更加突出，居民群众对社区居民委员会的服务需求更加迫切，但是，不少社区居民委员会还存在着组织不健全、工作关系不顺、工作人员素质偏低、服务设施薄弱、工作经费难以落实等问题，影响了社区居民委员会功能作用的发挥，影响了城市社区建设的整体推进。《意见》提出了加强和改进城市社区居民委员会工作的基本原则和目标任务，进一步明确了城市社区居民委员会的主要职责，要求不断健全城市社区居民委员会组织体系，努力壮大城市社区居民委员会工作队伍，积极完善城市社区党组织领导下的社区居民自治制度，切实改善城市社区居民委员会服务设施，逐步理顺城市社区居民委员会与相关组织的工作关系，大力加强对城市社区居民委员会建设工作的领导。虽然《意见》是以加强和改进居民委员会工作形式提出的，但是，其本质是以此为核心打通城市社区建设的诸多堵点、补齐诸多短板，进而全面提升我国城市社区建设水平。

在民政部门牵头大力开展城市社区建设过程中，社区服务仍然是其中的重点任务，也是社区建设的重要目标。2006年4月，出台了《国务院关于加强和改进社区服务工作的意见》。2007年5月，国家发改委、民政部印发了《"十一五"社区服务体系发展规划》。2011年12月，国务院办公厅印发《社区服务体系建设规划（2011—2015年）》。

（四）城市社区治理

20世纪90年代开始，国外的治理理论开始进入中国学者的视野，并且受到普遍的欢迎和广泛的使用。改革开放以来，在我国政府提出社区服务和社区建设两大主导概念的同时，社区工作、社区管理、社区治理等相关概念也应运而生，与社区服务、社会建设等概念交替使用。社区治理这一概念往往包含着社区服务和社区建设的内容，是在社区服务和社区建设基础上发展起来的内涵更加丰富、要求更加现代的概念，既有服务也有管理，既有政府也有多元化的社会主体，既有法治也有德治等多种手段。2013年10月，党的十八届三中全会提出"推进国家治理体系和治理能力现代化"。"治理"一词不胫而走，受到人们的广泛重视，社区建设自然发展成为社区治理，成为党和政府推进社会治理的一项重点工作。各地在继续开展城市社区服务和社区建设的同时，也转向更大范围、更加现代的城市社区治理，从思想观念、体制机制、方式方法、资源保障、组织体系等多方面、多层次进行探索和创新。为了规范和进一步推进社区治理，2017年7月，中共中央办公厅、国务院办公厅印发了《中共中央 国务院关于加强和完善城乡社区治理的意见》（以下简称《意见》）。《意见》指出，城乡社区是社会治理的基本单元。城乡社区治理事关党和国家大政方针贯彻落实，事关居民群众切身利益，事关城乡基层和谐稳定。《意见》从健全完善城乡社区治理体系、不断提升城乡社区治理水平、着力补齐城乡社区治理短板、强化组织保障等方面进行了部署，目标是到2020年，基本形成基层党组织领导、基层政府主导的多方参与、共同治理的城乡社区治理体系，城乡社区治理体制更加完善，城乡社区治理能力显著提升，城乡社区公共服务、公共管理、公共安全得到有效保障。再过5~10年，城乡社区治理体制更加成熟定型，城乡社区治理能力更为精准全面，为夯实党的执政根基、巩固基层政权提供有力支撑，为推进国家治理体系和治理能力现代化奠定坚实基础。《意见》强调了坚持党的领导、服务居民、依法治理、城乡统筹等方面的原则，是对改革开放以来我国社区建设理论和实践的重大发展，明确了改革发展的方向和重点任务，澄清了一些模糊认识和不当做法，是新时代城市社区治理的基本遵循。

二、中国城市社区治理的成效与经验

（一）中国城市社区治理的成效

经过40多年的探索和实践，中国城市社区治理取得了积极的成效，能够较好地适应城市社区发展变化的新形势，满足居民日益增长的多样化需要，促进了社区和谐稳定，为社会治理奠定了良好的社区基础。

一是方便了居民生活。各地社区治理实践中，坚持以人为本、服务为先理念。首先，加大为居民服务的工作力度，着眼于方便社区群众，改进服务方式，建立社区家政服务中心、政务服务中心、社区"四点半课堂"，开展"为老""为小""助残"等爱心服务；其次，加大资源投入，在社区建立便民商店、"爱心超市"，建设社区居民活动中心，为社区居民交流、娱乐提供公共平台。绝大多数住宅小区都按标准留有公共用房，作社区居民读书、娱乐甚至办理"红白喜事"的场所。近年来，北京市加强"一刻钟社区服务圈"[①]建设，并取得显著进展和成效。到2017年底，北京市"一刻钟社区服务圈"已累计建成1 452个，

[①] "一刻钟社区服务圈"是指，社区居民从家庭居住地出发，在步行15分钟范围内，享受到方便、快捷、舒适的社区服务。主要包括由政府提供的基本公共服务、社会力量和居民个人提供的志愿互助服务、市场提供的便民利民服务等。

覆盖社区2 706个，覆盖率达到87.5%。

二是美化了社区环境。所谓社区环境主要是指社区公共场所的设施条件、物品摆放秩序、清洁状况等。在街道办事处、镇政府的支持下，在居民委员会的努力下，通过物业公司、业主委员会和居民的共同参与，现在绝大多数社区的道路得到很好的规划、整修，公共场所建设安装了体育健身和儿童游乐设施，环境卫生有专门的保洁人员定期清理，小区绿化、亮化和美化工程也不断跟进。城中村社区、老城传统社区和城市边缘本地—外来人口混合居住社区以及农转非社区通常社区环境治理欠账较多，各地基层政府和社区组织近年来加大了这方面的工作，例如，对城中村环境进行挂账整治，加强对违章建设的整治；创新治理模式，对老旧小区环境治理，整修道路、路灯、停车位等公用设施，加强绿化和保洁，取得了明显的成效。[①]

三是丰富了社区文化。社区文化在一定意义上也是社区环境的一部分，是社区的软环境。社区文化是社区公共服务体系建设的重要内容，丰富社区文化一直是社区服务、社区建设直至社区治理的重点任务。相当一些社区建立了图书室、阅览室、文化活动室，组织开展形式多样的文体活动，例如，开展棋牌比赛、广场舞培训和练习。积极发展社区教育，创新社区教育学习载体和形式，因地制宜利用社区智力资源、硬件设施，开展书法培训，举办常用法律、养生知识、家政服务等方面讲座，开展互联网应用技术培训等，推进学习型社区建设，满足人们日益增长的精神文化和强身健体的需求，进而培育人们的社区认同感和归属感，强化社区主人翁意识，引导居民积极参与社区活动。

四是维护了社区秩序。各地积极建立和完善社区居民利益表达机制，一些地方探索建立党代会代表、人大代表、政协委员联

---

① 李迎生、杨静、徐向文：《城市老旧社区创新社区治理的探索——以北京市P街道为例》，载于《中国人民大学学报》2017年第1期。

席社区制度，完善党员干部直接联系群众制度，引导群众理性合法表达利益诉求。建立矛盾纠纷调解处理机制，学习浙江"枫桥经验"，深化矛盾防范化解和平安社区建设，做到"小事不出村、大事不出镇、矛盾不上交"，努力实现"矛盾不上交、平安不出事、服务不缺位"。党的十八大以来，一些地方开始建立心理疏导机制，依托社会工作服务机构等专业社会组织开展工作。各地积极推进平安社区建设，依托社区综治中心，拓展网格化服务管理，加强社区治安防控网建设，深化社区警务战略，有效提升了社区治安综合治理水平，防范打击了黑恶势力，保障了城乡居民的安全。

五是奠定了治理基础。社区治理的实践探索为推动更大范围、更深层次的社会治理积累了经验、奠定了基础，也为社区治理和社会治理的理论发展提供了源泉。在 40 多年的社区治理探索实践中：首先，社区治理的组织体系不断完善。社区治理组织体系包括社区党的组织、社区自治组织、物业公司、业主委员会、各类社会组织以及驻区单位等。社区党组织在社区组织体系中居于主导地位，是加强和创新社区治理的组织保证和重要力量。社区自治组织和各类社会组织是社区治理的主要组织形态和依靠力量。在社区组织体系建设上，一直以来有两种取向，即"基层政权建设"取向和"基层社会发育"取向。两个过程持续双向互动，社区基层政权建设的目标是通过政权重心下沉，加强对基层社会的管理；而基层社会发育过程中，社区居民逐渐形成新的资源汲取、获得机制与利益表达机制。在这两个过程中形成了不同的行动主体，两大行动主体既博弈又合作。在治理模式上以往"街居制"下单一主体管理模式逐步向新型的社区既有他治又有自治，既有竞争又有合作的"共治"模式转变[1]。其次，

---

[1] 严志兰、邓伟志：《中国城市社区治理面临的挑战与路径创新探析》，载于《上海行政学院学报》2014 年第 4 期。

不断改进工作方法。以人为本、依法管理、综合施策的原则逐步得到贯彻。重视源头治理、多元治理，充分发挥人民调解、司法调解、行政调解等的作用，通过思想道德、居民公约、自治章程、沟通教育等方式，寓管理于服务之中，实行人性化和柔性化管理。利用专业社会工作方法进行公共服务和社会矛盾纠纷调处。发挥警官、法官、检察官、律师、公证员、基层法律服务工作者作用，深入开展法治宣传教育和法律进社区活动，社区依法办事能力和法治社区建设水平得到增强。发挥现代科技在社区治理中的作用，积极探索信息化和网格化管理方法，通过建设智慧社区、数字社区、社区信息平台，及时发现社区的问题和矛盾，及时给予解决。党的十八大以后，社区治理的智能化、专业化、精细化和法治化水平进一步提高。

（二）中国城市社区治理的经验

社区治理实践取得的成就，得益于各地干部群众在国家政策推动下，结合实际改革创新。在此过程中，形成了一些宝贵的经验。

一是统筹管理与服务。社区治理不仅需要管理，更需要做好服务，在服务中实现管理，在管理中加强服务。一方面，各地加强社区治理力量建设，充分利用信息技术手段，加强治安的人防、物防、技防，创新社会矛盾化解方式，加强对重点场所和人群的服务管理，推行社区网格化管理；另一方面，把为社区居民提供和改善基本公共服务作为创新治理方式的前提条件和重要手段。各地加大对社会服务的投入，建立社区居民服务中心、便民服务中心，使社区有钱为群众办实事，有人为群众解难事。不少地方开始建设社区信息亭、社区信息服务终端等公益性信息服务设施，推进社区公共服务综合信息平台建设，推进一号申请、一窗受理、一网通办，强化"一门式"服务模式的社区应用。

二是统筹民生与民主。各地社区努力帮助社区居民解决一些民生问题，例如生活服务、养老托幼等，但是，大多数地方的财力有限，因此，要分清轻重缓急分步骤解决。涉及社区治理的一些公共事务处理，例如，环境治理、公益活动的开展等，都需要尊重社区群众的意愿，听取他们的意见，进行民主决策、科学决策。一些地方把民主和民生结合起来，以民主促民生，让居民参与民生和社区公共事务讨论，发动群众献计献策。群众参与民生和社区事务决策，既是集中民智、优化决策的过程，也是保证民生和社区事务得到群众理解和支持的途径。2015年7月，中共中央办公厅、国务院办公厅印发了《关于加强城乡社区协商的意见》，要求发展基层民主，畅通民主渠道，开展形式多样的基层协商，推进城乡社区协商制度化、规范化和程序化。

三是统筹德治与法治。21世纪以来，各地在社区治理创新实践中，努力推动依法治理，用法律规范和约束公职人员的行为，保障人民群众的合法权益；加强对包括社区居民在内的普通群众的普法教育，教育群众遵纪守法，履行公民义务，做守法的公民，引导群众依法维护自己的权益，依法有序表达利益诉求、参与公共事务。同时，重视思想道德在社区治理中的重要作用，在社区居民中倡导文明新风，进行"文明户"和"好人好事"评选，树立道德榜样，引导社区居民形成正确的是非、善恶、美丑观念，培育自尊自信、理性和平、积极向上的社会心态。

四是统筹维权与维稳。随着社会的开放进步，越来越多的领导干部深刻认识到，维护好群众的合法权益是实现社会长治久安的根本所在。在社区治理创新中，各地从尊重和维护群众的知情权、参与权、表达权、监督权入手，积极探索开拓居民诉求表达渠道，畅通民意反映机制，发挥基层群众自治组织、各类社会组织在维护居民权益中的重要作用。居民合法权利的维护和实现，是促进社区和谐稳定的重要保障，也是激发社区活力、推进社区发展进步的重要保障。

五是统筹党政主导与社会参与。社区治理说到底是包括政府在内的多种社会主体对社区需求、社区关系的服务、调节、监控和管理。因此，社区治理既需要加强和改善政府的社会管理，同时也要扩大和改进政府之外的多种社会主体的社会参与。不少地方改革街道办事处体制、街居体制，扩大居民自治，培育和壮大社会组织，使其有能力承担政府转移的一些社区治理责任。党的十八大以来，在构建多方参与的社区治理体制的同时，各地普遍加强社区党的建设，进一步强化党在社区治理中的领导核心作用。

六是统筹体制改革与方法创新。一定的治理体制决定了治理方法可以发挥作用的范围和幅度，而恰当的治理方法则可以放大科学合理的治理体制的积极作用。各地努力理顺街居关系，设立社区工作站，减少街道对居民自治组织的行政干预，减轻社区居民委员会的行政负担，强化居民自治。鼓励和支持居民委员会依据社区工作事项清单建立社区事项准入制度，为社区群众自治组织减负增效。实施"互联网+社区"行动，利用现代科技手段采取社区治理基础信息，运用社区论坛、微博、微信、移动客户端等新媒体，引导社区居民密切日常交往、参与公共事务、开展协商活动、组织邻里互助，探索网格化社区治理模式。

三、中国城市社区治理的问题与出路

（一）中国社区治理的问题

尽管中国社区治理进行了积极的实践探索，取得了良好的效果，积累了不少宝贵的经验，但是，与城乡居民不断变化增长的需求相比，仍然存在不少问题。

一是社区范围模糊不清。社区是指聚居在一定地域范围内的人们所组成的社会生活共同体。城市社区的范围，一般是指经过社区体制改革后做了规模调整的居民委员会辖区。① 因此，城市社区一般与居民委员会高度同构，很多时候人们把居民委员会称为"社区居民委员会"。根据 1990 年 1 月 1 日实施的《中华人民共和国城市居民委员会组织法》，居民委员会根据居民居住状况，按照便于居民自治的原则，一般在 100~700 户的范围内设立，一般包括地理位置相近的几个住宅小区。随着社区概念的兴起和对居民委员会（以下简称"居委会"）概念的替代，社区的范围不断调整和扩大。20 世纪 90 年代末，在探索城市社区建设思路的过程中，天津、南京、青岛、沈阳、武汉、西安、哈尔滨等城市，把社区规模定位在城市基层自然形成的地域。一般按照 1 000~2 000 户的规模，对居委会的管辖范围进行调整。② 随着城市化的发展和外来人口的增多，城市社区居民委员会管理的住户数量和人口数量越来越多，幅度越来越大，尤其是大城市、特大城市和超大城市社区居民委员会所管辖的实际人口一般都在数万人，现有的社区工作力量难以完成繁重的社区治理任务。

二是社区居民参与不足。参与社区治理的群体一般以老年人为主，青年人参与较少。各种调查显示，参与社区治理多数是领取福利的老年人，社区参与更多表现为一种隐性交换关系：老年人参与社区事务的一个前提条件就是优先考虑给予他们各种社区福利。青壮年居民对社区活动缺乏兴趣，无论是选举还是社区其他各类活动都不愿意参加。各种社区问题他们更多的是找物业，通过市场化渠道解决，而且这种解决方式往往比社区效率更高。但是，在一些新型物业小区，一些业主出于私利，竞相争选业委会，彼此之间形成较大的矛盾冲突，甚至引发小区里的业主精英

---

① 参见《民政部关于在全国推进城市社区建设的意见》。
② 魏礼群：《当代中国社会大事典（1978－2015）》第三卷，商务印书馆、华文出版社 2018 年版，第 249 页。

群众的分裂和准派系斗争。①

三是承担太多行政任务。社区居委会名为自治组织，实际上仍然被上级行政机关当作它们的"腿"和下属机构。特别是随着基层治理体制改革，街道办事处内设机构调整、合并以及社区范围扩大以后，社区的工作量大增，承担了很多干不了、干不好、不该干的工作。社区工作中有"六多"：考核项目多、机构牌子多、指派任务多、各类会议多、台账资料多、统计报表多，有的社区考核项目多达近 260 项，有的社区加挂 80 多块牌子，有的社区需要做的台账有 250 多种，严重挤压社区组织的自治空间。社区居民委员会要办理社区范围内的公共事务和公益事业、调解民间纠纷、协助维护社会治安，还要发展公共事业和各种合作经济、协助基层政府完成公共服务事项，其中包括承担大量的党组织建设、纪检监察、新闻宣传等工作，承担楼宇经济、商业特色街、商业示范社区、社会单位节能减排、检查施工工地和门面房装修场所、城市防汛设施检查和维护等工作。面对目前复杂多样的社区治理形势，作为基层自治组织的居民委员会的能力素质和水平也有些力不从心。从居委会的人员构成来看，大多是下岗退休、回迁户农民等人员，不少家庭经济比较困难，专业性较弱。除上海等少数地方外，大多数地方社区居委会人员职业晋升渠道不畅，特别是对一些中青年社区居员会骨干来说，影响其工作的积极性、主动性和创造性。

四是政社互动不畅。社区之所以承担大量的行政事务，重要原因是社区治理主体单一，社区虽然被定位为自治组织，但是，更多时候还是政府在唱"独角戏"，不鼓励、不支持甚至压制社会组织发展，社区自治组织和其他社会组织发育不足、活力不够，社区多元治理的格局难以形成。即使社区里有少量公益服务

---

① 陈鹏：《党的十八大以来的社区治理改革创新》，选自龚维斌主编：《中国社会体制改革报告 No.6（2018）》，社会科学文献出版社 2018 年版，第 66 页。

类、兴趣爱好类社会组织存在，其参与社区治理的渠道也十分有限。基层政府不善于用购买服务的方式引导和支持社会组织参与社区治理。很多时候城市社区治理仍然是政府管制型，行政力量过于强大，社区自治和社会组织力量弱小，政社之间难以良性互动。

五是社区缺乏服务和管理资源。现在不少城市基层社会治理体制和资源配置存在"头重脚轻"的现象。笔者在南方某大城市调研发现，从街道办事处到小区（有可能形成真正意义上的社区）一共有四个层级，即街道办事处、社区工作站、社区居委会和小区与驻区单位等不同层级。大量的人力资源、财政资源、物质资源都掌握在上层，"上面千条线下面一根针"，工作要社区完成，但是，却不给社区提供相应的资源保障。一些行政部门把资源控制在自己手里，而工作却要社区完成、责任要社区承担。不少区直部门以某项工作进社区为名，将职能延伸到社区，让其承担大量额外的行政工作而没有相应的工作经费保障。上级职能部门执法性工作也下派社区，而社区并没有这样的权力、设备和人员。

六是社区政策和评价标准针对性不足。不同类型社区由于所处地理环境、基础设施、人口结构、社会需求、资源禀赋等差异较大。一般来说，大城市的社区类型更加复杂多样。在北京，有老旧小区、单位大院、普通商品房小区、高档住宅小区、经济适用房社区、廉租房社区、棚户区改造社区、回迁及安置房小区、城中村社区、失地农民集中居住区、外来人口聚居小区、少数民族聚居区、外国人社区。自20世纪90年代中期开始住房商品化改造以来，居民居住条件得到显著改善，城市面貌也发生了巨大变化，各类商品房社区成为北京市当前城市社区的主要形态。但是，商品房社区在治理中存在着诸多问题和挑战。第一，很多商品房社区面临基础设施老化、公共设施破损不足等情况，各项维修都需要资金支持。理论上讲商品房社区有公共维修基金，但该基金怎么使用是个问题;第二,商品房社区共有产权部分权益纠纷问题。现在多数商品房社区没有成立业主委员会,小区业主共有产权的行使受到限制,属于业主共有产权的公共服务用房、车位、地下空间多由物业代管,广大业主无法监督,更不要说收益处置。再如,老旧社区住户大多为弱势群体,而高档商品房小区居民则大多为政治、经济、文化方面的成功人士,这两类社区的治理要求和治理能力相差甚远。现在绝大多数城市对不同类型的社区治理绩效不是分类要求和考核,不是要求因地制宜、分类施策,而是用一把尺子去衡量不同类型的社区治理效果,难以达到激励先进、鞭策后进的目的。

七是社区建设中重"区"轻"社"。2011年,国务院办公厅印发了《关于社区服务体系建设规划(2011–2015年)的通知》(以下简称《通知》),提出一要发展多层次、多样化的社区服务,二要完善社区服务设施网络,三要加强社区服务人才队伍建设,四要推进社区服务体制机制创新。《通知》还提出要重点推进社区公共服务设施建设工程、社区服务人才队伍建设工程和社区服务信息化建设工程。这些年来,城市社区的硬件建设得到了加强,社区服务能力增强。但是,相比之下,社区居民之间的交往交流却很少,一个楼门里住户对面不相识、不往来,社区人际关系冷漠,人们习惯于"躲进小楼成一统,管他冬夏与春秋"。人们的社会关系建设和社会资本积累滞后,社区文化和社区精神培育不够,居民对社区的认同感、归属感和参与度不高,社区凝聚力不强。

八是相关政策法规保障不力。虽然党的十八大以来我国社区治理受到前所未有的重视,迎来了一个立法高峰期,各类相关政策文件纷纷出台,但是,也面临一些基本性法律制度滞后、缺失的问题。例如,《城市居民委员会组织法》出台已将近30年,至今没有重新修订,已经严重滞后于实际发展,不能适应社区治理的需要。业主委员会作为一个新兴自治组织,尚缺乏专门的组织法予以规范和保障。由于业主委员会缺乏法人主体资格,一些成立业主委员会的小区,普遍面临运作难、换届难、备案难等一系列问题。而且业主委员会常常被少数人操纵,成为个人牟利的工具。一些街道和社区对业主委员会认识不够,监督指导流于形式,为避免引来麻烦,甚至采取回避放任态度。① 物业管理作为一个新兴行业,相关配套政策法规有待进一步完善。社会工作者和社区工作者作为社区治理的重要专业队伍,尚缺乏国家层面的专门法律予以保障。

(二) 中国城市社区治理创新的思考

中国城市社区治理中存在的诸多问题,既有陈旧的行政管制思维的原因,也有社区自治力量不足和参与渠道不畅的原因,但更主要的还是人们对开放、流动、住房商品化状态下城市社区治理的规律和特点缺乏准确认识,没有找到有效的社区治理办法造成的。计划经济时期城市通过"单位制"垄断资源、运用行政管控方式达到社会治理的目的。在工业化、市场化和城市化过程中,异质性大为增强的现代城市社区治理模式必须转型和创新。今后各级党委政府要立足中国国情,特别是各地发展的阶段性特征和具体情况,借鉴国内外有益经验,坚持以人民为中心,解放思想、鼓励创新,探索中国特色的城市社区治理之路。

一要强化社区党建工作。党的领导是中国特色社会主义制度的本质特征,也是中国特色社会主义的最大优势。城市社区治理必须坚持党的领导,确保社区治理沿着正确的政治方向前进。要强化党组织建设,全面贯彻落实党建工作责任制,健全党建工作长效机制,确保党的建设各项工作落到实处。要创新党建工作方法,增强社区党组织的凝聚力和战斗力,发挥好党组织在社区的

---

① 陈鹏:《党的十八大以来的社区治理改革创新》,选自龚维斌主编:《中国社会体制改革报告 No.6 (2018)》,社会科学文献出版社 2018 年版,第 67、69 页。

统领作用,为社区各类组织参与社区治理搭建组织平台,体现党组织的核心和引领作用。社区党组织的工作应该建立在社区党组织牵头、驻区单位党组织参与的双向承诺、双向监督的协调机制之上,明确规定各方党组织在社区党组织共建工作中的职责。驻区单位党组织在社区党组织的指导下教育引导本单位的党员积极参与社区活动,共同推动社区党建工作。制定社区党建工作联席会议制度,建立各方党组织之间的定时沟通机制,共同研究解决社区党建工作中出现的问题。

二要创新社区治理体制。首先,要准确定位街道办事处的职能,合理设置街道办事处内部机构,处理好街道办事处与相关部门的关系,处理街道办事处与社区各类组织的关系。应强化街道办事处的公共服务和社会管理职能,减少直至完全取消其经济职能,进一步发挥其统筹协调的功能,构建定位准确、权责明确、资源和服务下沉、行为规范、协调有力、运转高效的基层治理体系,为社区居民自治提供有力的行政保障和宽松的环境。其次,要加大社区居委会去行政化的力度,还社区居委会的本来功能,让其回归基层群众自治组织的本位。当然,自治并不是脱离党的领导和行政指导,而保持其相对的独立性和自主性,平衡好"对上"与"对下"的关系,兼顾好行政性和群众性。再次,要创新居民参与社区治理的载体和方式,拓宽社区居民参与社区治理的渠道。最后,还要积极培育和发展社区社会组织,壮大社区治理的依靠力量。

三要加强社区人才队伍建设。社区治理需要一批热心社区事务、有精力有能力为社区居民服务的干部和人才队伍。首先,要加强社区工作者队伍建设。社区工作主要指社区党委、社区居民委员会、社区工作服务站的工作人员,也即通常所说的社区干部。他们在社区治理中承担着重要的任务,发挥着重要的作用。但是,社区工作者队伍的工作状况和素质能力与其扮演的角色不太相称,存在着角色定位不明、工作意识不到位,年龄、性别和知识结构不合理、薪资待遇低、社会地位尴尬、人员流失严重、专业化程度欠缺、缺少激励保障和培训机制等方面的问题。因此，需要完善社区工作者的选拔使用机制，明确社区工作者的职责范围，提高人员待遇，建立健全激励保障和培训机制。① 其次，要加强社区专业社工队伍建设。由于社区居民服务需求的多样化、个性化和高级化，传统的社区服务管理模式已经难以满足新的要求。运用社会工作者队伍的专业化、职业化、规范化、人性化手法提供高质量的社区服务和管理势在必行。从2006年开始，国家开始有意识地推动社会工作者队伍建设，推动专业社会工作者进社区，取得了一定成效，但是，总体状况并不理想。社会工作者队伍总量仍然较少、经验不足，社区没有相应的工作平台让专业社工发挥作用，人才流失严重。因此，需要进一步创新社区社会工作体制机制，优化发展环境；进一步拓宽社区工作专业服务平台，增强服务效能；进一步分类推进社区工作服务，提高精细化服务水平。② 最后，要注重发挥退休老干部、老劳动模范、老党员、老教师、老法律工作者等社会贤达的作用。

四要提高社区服务供给能力。政府要加大社区公共服务体系建设的力度，健全社区服务机构，编制社区公共服务指导目录，加大资源投入和保障，做好劳动就业、社会保障、卫生计生、教育事业、社会服务、住房保障、文化体育、公共安全、公共法律服务、调解仲裁等公共服务事项，提升社区医疗卫生服务能力和水平。加强社区信息化建设，提高社区信息化水平。通过税收优惠、场地支持、配套资金、服务保障等方式，引导和支持各类市场主体、各类社会组织参与社区服务，为社区治理提供多样化的资源和服务。社区要探索建立社区公共空间综合利用机制，合理

---

① 王燕：《社区工作者队伍建设现状及对策研究》，载于《现代商贸工业》2017年第14期。
② 孙莹、吴骏：《社区工作的十年探索》，载于《中国民政》2016年第23期。

规划建设文化、体育、商业、物流等自助服务设施。

五要推进社区治理法治化。一是在修改完善现有法律的基础上，加快社区治理方面的立法工作，阐明社区的内涵、范围，对社区治理的任务、体制机制、资源保障等作出规定，对不同社区治理主体的法律地位、相互关系明确界定，建立健全社区治理法律体系。要尽快明确社区成员代表大会、社区协商议事会、社区管理委员会等其他社区自治组织形式的法律地位，加强对社区公共服务、社区环境管理、社区卫生服务管理、社区文化建设、社区教育、社区纠纷解决、社区建设经费保障、社区工作者队伍建设等多个方面和多个环节工作的法律保障。二是提高社区治理相关法律的权威性和约束性。现在很多与社区治理有关的法律还主要表现为部门规章和地方性法规，法律位阶不高、权威性不够，很多法律法规只是倡导性、宣示性的软法，缺乏强制性和惩戒性，导致一些法律法规得不到真正有效实施。

六要培养社区居民的社区意识。社区意识是指社区居民对社区的感知、认同和参与的心理状态，是社区居民对所属社区的归属感和认同感，包括社区情感认同、社区参与程度、社区满意度、信任与奉献精神以及对社区发展的态度五个方面。社区意识是社区治理中的软件，具有重要的意义，有利于改善社区关系、促进社区和谐，有利于拓展社区组织、形成治理合力，有利于增强社区资本、促进体制转型。① 要在加强社区公共服务、扩大居民参与、发展社区民主的过程中，融入社区意识的教育引导，培育居民的家园意识和共同体意识。通过开展形式多样、内容丰富、生动有趣、健康有益的活动，增强社区参与的吸引力和感召力，从而激发社区居民参与社区治理的动力，培养和提升他们对社区的情感，树立社区主人翁意识，为社区居民的自我服务、自

---

① 王处辉、朱焱龙：《社区意识及其在社区治理中的意义——基于天津市 H 和 Y 社区的考察》，载于《社会学评论》2015 年第 1 期。

我管理、民主协商解决社区事务,培养现代公民精神奠定基础,为社区治理提供保障。

七要坚持因地制宜分类施策。社区治理既要遵循共同的规律,坚持普遍的原则,加强政策规划和顶层设计,也要因地制宜,具体问题具体分析、具体解决。有的社区环境整治问题更为突出,有的社区行政负担更重一些,有的社区资源十分匮乏,有的社区基础设施破旧不堪,有的社区物业管理矛盾重重,有的社区便民服务很差,有的社区缺少公共活动场所,等等,因此,要找准问题对症下药。特别是针对当前我国城市社区构成日益多元复杂的实际,要实施分类治理,形成差异化的治理对策:商品房小区治理的方向是从"陌生人社区"到"新熟人社区"转变;老旧小区治理的关键是利用原有邻里关系,再造社区自治组织机制,加大社区公用设施的投入和保障力度,提高社区公共服务保障水平;保障房小区治理的关键是防止弱势群众集聚,造成新的贫困和新的社会问题;城中村社区治理的关键是社区环境、安全问题治理;外来人口较多的社区是外来人口的平等保护、社区融入以及社区环境治理问题①。

---

① 陈鹏:《党的十八大以来的社区治理改革创新》,选自龚维斌主编:《中国社会体制改革报告 No. 6 (2018)》,社会科学文献出版社 2018 年版,第 69~70 页。

第六章

农村社会治理

农村社会治理是我国社会治理创新之路中最为基础性的环节,所面临的问题不仅具有时代的紧迫性,又兼具历史的长期性。我国农村各地经济社会文化情况差异较大,不同地区的社会治理实践也相差较大。在改革开放的大背景下,发达地区、欠发达地区和少数民族地区农村社会治理的实践各有特点。

一、中国农村社会治理的时代背景

(一)市场经济催生多元诉求

在40多年的改革开放进程中,我国社会主义市场经济体制从概念提出到理论确立再到具体实践,使过去"吃大锅饭"的平均主义被彻底打破,因而极大地激发了劳动者生产生活的积极性。经济的飞速发展使农民的经济收入有了很大提高,其居住环境和生活水平也得以较大改善。与此同时,经济市场化和政治民主化也促使农民思想观念发生深刻转变,经济人意识、社会人意识的观念深入人心,并广泛渗透到他们的日常生活与行动实践中。尤其是在村民选举、公共基础设施建设和征地拆迁等现实问题方面,农民表达诉求、参与政治的愿望日益强烈。但是,伴随市场经济而来的负面效应如贫富差距增大、利益冲突增加，也使农民在与周围人的比较和博弈中产生了长期且难以消弭的"相对剥夺感"。因此，农民越来越不满足于仅仅扮演村庄公共事务中被动的接受者，而是迫切希望走上前台、积极参与。在此背景下，农民传统的价值观念和心理动机发生了颠覆性的转变，最终将催生利益诉求的多元化。

这种情况的发生，易于加剧农民的原子化①、离散化。在传统的乡土社会，村民坚守着高度相似的价值体系，存在着一致行动的村庄基础，自然而然更能够在村庄事务中发挥人与人之间互帮互助的优良传统，这种紧密的人伦纽带对于组织村庄生产、化解社会矛盾和维持村庄稳定均有着不容忽视的正面作用。然而在不完全的市场经济条件下，农民行为趋于功利化，对关乎集体利益的村庄事务常常表现出事不关己的消极态度，但在涉及个人私利的事情上，却往往不愿作出半点妥协，传统社会的公德与美德大多只能沦为老人言谈中的往事，过去紧密的乡村社会关系网络因此备受冲击。与高速释放的农民利益诉求相矛盾的是，农民利益诉求的传递和反馈渠道建设依然滞后，现有的表达途径依然存在人文关怀不足、沟通效率较低等缺点，这进一步激化了农民与农民、农民与基层政府之间的矛盾，很容易演化成为乡土社会中不容小觑的不稳定因素。因此，市场经济对农民多元诉求的催化是探索农村社会治理创新的时代背景②。

（二）科技进步加速乡村变革

改革开放以来，科技领域的巨大突破和持续创新也为乡土社会带来了深刻的影响，主要体现在以下几个方面：一是极大地提

---

① 指分散的、无组织的农民。
② 张红霞：《乡村文化变迁与社会治理机制创新》，载于《桂海论丛》2014年第5期。

高了农民从事生产的效率。在过去,农民从事田间劳作的方式主要是依靠人力或畜力,生产工具既单一又落后,农民生产费时费力,收入却难以提高。而如今,拖拉机、收割机等现代农业机械的广泛应用,使得生产效率大幅提高,从而对农民收入的增长、娱乐时间的增加和生活质量的提升均起到明显的正面作用。二是改变了农民的世界观和价值观。随着近年来家电下乡等惠农政策的实施,如今在多数农村,已经形成"家家有电视、人人配手机"的局面。农民获取信息的渠道愈发畅通,在获取涉及乡村外部信息的过程中,传统乡土社会的世界观、价值观发生巨变,他们对现实生活的期望和认知视角,较之以前也有了很大的变化。特别是全球化浪潮中,来自村庄之外的独立意识、个人意识、权利意识和法治意识也在农民脑海中扎下根,表现在农民处理问题时的衡量标准不再单单局限于过去自身的经历或村庄固守的处世法则。

值得注意的是,科技的进步也给农村社会治理带来一些消极负面的影响。虽然它可使农民的娱乐生活变得丰富多彩,比如农民足不出户就可以通过智能手机下象棋、打扑克或者逛逛自己感兴趣的网站,但这也大大减少了村民之间面对面交往的机会。部分中青年农民沉溺其中,对农村社会公共事务越加漠不关心,从而使得乡村公共治理的空间受到挤压。由于互联网信息的鱼龙混杂,部分信息有失准确甚至带有蛊惑欺骗性质,农民群体受限于较少的知识文化储备,对虚假信息难以做到有效辨识,受到误导之后有可能作出违规违法的行为,从而触碰了道德甚或法律的底线,这也将给农村社会的有效治理带来诸多不利的影响。

(三) 城镇化使农村精英外流

改革开放和市场经济的纵深推进,为农民进城务工经商提供了更多的机遇,这也是农民改善生计和提升收入的重要途径。但是,也造成农村精英持续外流和村庄"空心化"。

受工业化、城镇化和市场化的影响，乡土文明逐渐让位于现代的城市文明，农村原有的价值谱系和传统的村规民约也越来越受到诟病。大量农村青壮年特别是思想比较前卫、头脑相对灵活的乡土能人成为城市现代文明的忠实追随者，而留守在农村的多为老人、妇女、儿童和无法正常从事生产劳作的残障家庭人员，"空心村"就这样在我国的广大农村地区不断涌现。

对于常年在外务工或经商的农村青壮年或精英人士而言，选择在城市安营扎寨是其中多数的首选项，农村只是他们在城市难以生存和发展的备选项。因此，他们无心也无力过多地参与村庄公共事务的决策。而留守农村的"386199部队"① 等弱势群体总体上缺乏参与和决策的能力，相反，他们却是村庄治理重点关注和帮扶的对象。在城镇化进程中，村庄治理主体逐渐后继乏人，呈现高龄化，甚至有个别村庄出现诸如管理村庄事务的老干部不识字等现象，农村精英外流程度可见一斑，因此，如何吸引乡村精英回流也就成为多数村庄进行创新治理需要重点突破和解决的问题。

（四）农村社会组织成长较快

我国基层社会组织自2006年以来获得了迅猛的发展。② 就农村社会组织而言，它的发展与成长得益于外部环境和内部需求这两重因素。首先，人民公社解体后，国家权力上移给农村社会治理腾出了较大的空间。政权从农村社会的撤出，使农村公共产品和服务供应相对不足，而市场经济的持续推进又使得农民对社会化服务的需求越来越大，所以农村各类民间组织就有获得更多施展身手的制度空间。其次，农民的权利意识、法制意识和公民意

---

① "386199部队"，指妇女、儿童和老人群体。
② 龚春明：《基层社会组织的现实图景及发展理念》，载于《广西民族大学学报（哲学社会科学版）》2015年第4期。

识逐渐得以觉醒，自我管理、自我教育和自我服务的愿望逐步增强，因此农民更加希望依靠自身力量创建或加入农民自办的社会组织参与公共活动。

农村社会组织的特殊性在于其内生于乡土民间，其在农村公共治理上所发挥出的独特作用不容小觑。一是能够采取更为灵活多变的方式来满足农民个体日渐多元化的利益诉求。农民自己对乡土社会的人文环境、处世法则、人情世故等更为了解，而公共事务的解决和处理自然也离不开这些"接地气"的方式方法。二是更能够代表农民自身的利益。原子化的农民个体在遇到利益冲突时难以形成合力，而有了组织的支撑和依靠，农民利益表达更具规范化和组织化的特性，经过组织提炼后得到的利益诉求也更具可操作性。三是可以协调村民关系并及时化解社会矛盾。农村社会组织往往能够及时得知村民之间的过节与纠纷，这样既可以防患于未然，避免矛盾激化，又可以在矛盾发生后搭建一个相互沟通对话解决问题的平台。四是可以传播社会正能量，对村民起到教化和引领的作用。主要是民间文化团体组织在带动村民参与积极健康的文体活动时，可以使村民从赌博等不良嗜好中剥离开来，其倡导的互助友爱、文明环保的生活方式对于农民的身心健康均有益处，更加维护了农村社会的和谐稳定。[①] 正因如此，农村各类社会组织在农村社会得以不断发育发展，并在村庄事务治理中发挥着越来越重要的作用。

（五）传统模式落后时代步伐

如果以改革开放作为分界点，可大体上将我国农村社会治理模式粗略地分为人民公社时期的"政社合一"和改革开放后的"乡政村治"。在计划经济时期，国家权力高度集中并直接深入

[①] 周小花：《农村社会组织在农村社会管理中的作用研究》，载于《安徽农业科学》2012年第33期。

至农村社会权力的末梢，政府通过对乡村社会进行一元化领导，整合农村社会资源进而服务于国家的社会主义建设。在这一特定的历史阶段，"政社合一"模式为国家工业化进程所需的物质资本积累创造了整齐划一的发展条件，实现了对农村社会成员的整合与管控，成功地实现了农村社会的稳定。然而这样的管控模式存在先天不足，政府对农村事务大包大揽，在高度集权的同时也高度揽责，致使行政管理成本长期处于较高水平。在此模式下，国家权力强势介入农村社会，极大地损伤了乡村社会自我管理、自我调节、自我服务和自我发展的能力，造成正常社会流动的阻滞及社会活力和创造力的湮没，且高度的平均主义致使农民在生产生活中，常常是"出工不出力"，生产成果的多少与否、质量高低往往决定于社会成员的个人人品，其弊端显而易见。而1987年《中华人民共和国村民委员会组织法》的颁布，则标志着"乡政村治"模式在法律层面得到正式确认。这在一定时期内改变了计划经济时期"出工不出力"的生产现状，调动了农民从事劳动生产的积极性，激发了农村经济发展的活力和潜力，有效地推动了农村社会主义建设的进程。然而，该模式的局限性在实际施行过程中也逐渐暴露出来，不论是"乡政"还是"村治"均难以发挥其最初设想的多项功能。

中央设立乡镇政府的初衷是减少国家权力对乡村社会的干预，赋予农民更多的生产自主性和劳动积极性，但处于行政体制内的乡镇政府与划分在行政体制外的村民委员会代表着不同的利益，前者的权力由国家政权赋予，而后者的权力内生于农村社会本身，且各自的运行机制在多个方面都存有很大差异，致使权力构架无法形成有效对接。首先，乡镇机构作为我国正式权力的神经末梢，直接起到"承上启下"的关键作用，是中央决策的具体落实者，工作内容直接面向农村社会成员，但由于农村社会问题具有很高的复杂性和多变性，加之现行体制不够完善，乡镇政府权责界限较为模糊，所以权力越位、缺位、错位等状况时有发生。同时,乡镇政府承担着上级政府诸如基础设施建设、征地拆迁等一系列硬性指标,又由于财政的拮据和必须在较短时间内高效地完成这些任务,因此常常不堪重负。

同样,在某种程度上说,村民委员会的"自治"二字,有时是名实不符的。一方面,村民委员会成员的立场直接影响到乡镇机构政策执行的顺利与否。因此在村民委员会选举过程中,竞选的附加条件在较大程度上需要符合乡镇政府的"口味"。长此以往,村委会逐渐成为乡镇机构的"下级"甚至是附属物,与乡镇一级政府讨价还价的话语权逐渐丧失。另一方面,由于体制存在死角和空位,村干部从选举上任开始就有逐步进化为"精致的利己主义者"的倾向,难以代表广大人民的利益,而现行的管理模式又无法对其进行有效的道德约束和行为规范;他们是否为村庄集体事务担负应有的责任,常常取决于村干部的道德良知。农村税费改革之后,由于国家政权上移,农村社会传统的政治生态发生了较大的变化,故此"乡政村治"模式的缺陷更为突出。在此情境下,乡村干部消极懒政的行为日益明显,而原子化的农民在市场经济的影响下,其主人翁的意识也日渐式微,对村庄公共事务参与度很低。长此以往,中国农村社会治理就容易出现真空状态,故而迫切需要一种能与新时期农村社会发展步伐相适应的治理模式。

正是在这种背景下,各地农村都在积极探索符合当地经济社会发展特点的社会治理方式方法,形成了各具特色的农村社会治理样式。

二、发达地区农村社会治理

当代社会的急剧转型,使得农村社会及其内外部环境均发生了较大的改变,并进一步推动了农村社会从管控到管理再到治理的转变。相对而言，发达地区最早实现了观念与实践上的双重转变。因而发达地区农村社会治理也实现了从传统到现代的转变，逐步接受新观念，并在实践中不断创新，取得了一定的成效。不过在探索实践的过程中也存在一定的问题。

(一) 现状与问题

1. 现状。

(1) 社会治理模式不断创新。关于发达地区与欠发达地区的划分还没有准确的定义，一般以全国经济发展平均水平为基准，把高于该水平的地区称为经济发达地区，典型的是东南沿海地区，把低于该水平的地区称为经济欠发达地区，如中西部经济不发达省份。

21世纪以来，发达地区农村呈现出社会治理模式持续创新的活跃态势。其雄厚的经济实力为农村治理模式创新提供了坚实的物质基础，为治理模式的实践创新提供了充足的财力保障。发达地区开放程度很高，对外经贸往来和思想观念碰撞频繁，有较多机会学习和借鉴来自全球其他国家和地区的先进治理模式，并结合当地实际情况将其本土化。

诸多积极因素的相互交融，促进了发达地区农村治理模式创新。一些看似不利的因素，如农村事务复杂程度更高恰恰倒逼了社会治理模式创新，成为完善旧有机制的重要诱因。比如电子政务就是在发达地区率先推行的，这一方面是借力于科技的进步；另一方面也是因为发达地区公共事务更为繁重复杂，这些地区农村急需能够提高办事效率、优化办事精度、提升服务水平的一套治理模式。

(2) 政府购买服务成效显著。发达地区农村基层政权在社会服务领域作出政府购买服务的尝试，其范围涵盖了养老服务、医疗卫生服务、教育服务、社区服务、培训服务、就业服务、计划生育服务、各种专业服务等，在各个领域均取得了较为显著的成效。

比如，上海市政府在2004年将居家养老服务补贴经费正式纳入财政预算中，并建立了"政府购买服务"补贴制度。为改善农村社区基本公共服务供给状况，让村民们像城里人一样享受到方便、快捷、优质、廉价的公共服务，上海市松江区在新农村建设中全面推行"六小工程"，把公共服务"配送"到村头。所谓"六小工程"是指："小超市""小戏台""小药箱""小学校""小窗口""小交通"。"六小工程"在村庄层面的实施，使得农民在村头即可享受到便利的购物、文娱、医疗、教育、政务、交通等服务，极大地提高了农村公共服务的供给水平。在这一过程中，合同出租、公私合作、使用者付费和补贴制度等已经成为政府经常使用的购买公共服务形式。[1]

（3）社会组织参与积极性高。发达地区农村经济的快速增长使得专业的农民合作社等社会组织大量涌现。一般而言，发达地区农民合作社广泛渗透到农民的经济生活中，为其提供专业的技术指导，以市价或者低于市价的价格将农用物资卖给农民，然后统一收购农产品。正是由于农民合作社的推动，使得部分发达地区形成了具有当地特色的农业产业结构，极大地推动了农村社区的经济发展，进而为农村社区治理奠定了坚实的经济基础。如山东寿光以蔬菜种植而享誉全国，蔬菜种植产业推动了农民合作社的形成，合作社的积极参与又进一步推动了当地蔬菜产业的壮大。在这一过程中，形成了一种良好的正反馈机制。

此外，在一些发达地区，老年人自发组织的老年协会在其生活中发挥了至关重要的作用。如在浙江大部分农村地区，都为老年协会提供固定的活动场所以及适量的经费支持，老年人可在此喝茶、聊天、下棋等，这在一定程度上满足了农村老年人的日常精神文化生活需求，并提升了老年人的生活质量。

---

[1] 郑卫东：《农村社区政府购买公共服务研究初探——以上海松江区为中心》，载于《中国农业大学学报（社会科学版）》2011年第4期。

（4）企业渐趋成为创新主体。发达地区是我国企业特别是中小企业、民营企业的创业"孵化器"。在此类地区，企业数量庞大且聚集程度高。实践表明，当地企业已经在发达地区农村社会治理中扮演着愈加重要的角色。反过来说，农村的经济发展和公共服务等越来越受惠于企业的先进治理理念、创新管理思路或专业化的生产经营能力。在经济方面，这些企业推动了当地产业结构和就业结构的升级，农民的增收渠道大大拓宽；农村基础设施建设也伴随着企业发展而有了相应的转变与改善。

在政治方面，企业高层往往在政商界具有较大影响力，他们治理企业的经验与技巧也常被政府应用到当地政务的处理上；与此同时，企业较多的发达地区民众参与公共事务的热情度较高。比如，2008年广东省开展实施了企业的"双转移"战略，一定数量的传统产业迁移到了粤北农村，促进了当地政府—企业—农民（员工）三元主体社会形态的形成，很快成为农村社会治理的重要力量。[①]

（5）意见领袖日益崭露头角。一般可以根据个人的成长路径将发达地区的意见领袖分为四类，这四类乡村精英在乡村治理中均崭露头角并发挥作用。第一类是计划经济时期的经营管理人员，他们在早期就掌握了工商或行政管理的能力，且积累了有助于日后发展的人力、物力资源，又凭借敏锐的洞察力在市场经济时期抓住发展机遇；第二类是具备实用技术的能工巧匠，他们一般掌握了一种或多种无可替代的生产技术，在社会网络中一般具有良好的信誉和认可度；第三类是头脑灵活善于交际的村庄致富能手，此类村民在实现个人财富积累的同时，通常能够带领一批村民发家致富；第四类是外来人才，如参与村庄治理的大学生村官，他们的知识文化水平一般较高，思维敏捷，常常能够在参与

---

① 柯凤华、张朝华：《产业转移企业参与农村治理的效果及其路径构建》，载于《山西农业大学学报》2016年第6期。

乡村公共活动的过程中提出建设性的建议,给村庄发展注入活力。

发达地区农村意见领袖一般都是先在各自领域取得了经济层面的成功,进而在村民之间树立起个人威望和群众基础。而当地政府对于此类乡村能人的态度通常是积极而开放的,在政策方面给予了一定的支持与关怀,使得意见领袖逐步走向乡村治理的舞台甚至任职于领导干部岗位,能够实现个人抱负同时更为农村社会治理贡献出个人力量。[1]

2. 问题。

发达地区经济快速发展,带动了社会各领域的变化。发达地区农村社会治理呈现出一些新特点,逐渐向多元主体协同治理的方向发展。在这一过程中,政府、社会组织、企业以及意见领袖都各自发挥了重要作用。然而,发达地区农村社会治理依然存在一定的问题。

(1) 政府职权范围界限模糊。发达地区经济社会情况更为复杂,治理过程中需要考虑的因素也更多,而社会处于转型期,政府执政理念更新还较为缓慢,体制有需要完善的空间。因此,发达地区农村基层政府职权行使过程中普遍存在界限模糊的问题。

一是越位现象。比如政府以指导工作的名义对社会组织和民间团体进行较多干涉,甚至直接插手农村社会组织的内部运作和事务管理,使后者本该具有的自我组织、自我管理的权利受到限制。虽然一定程度上有利于政府短期工作的展开,但却挫伤了社会组织参与治理的积极性。

二是错位现象。主要是指上级政府对下级政府职能进行侵占,同级政府不同部门责任分工不够明确,职权行使过程中精力

---

[1] 王金红:《村民自治与广东农村治理模式的发展》,载于《中国农村观察》2004年第1期。

内耗、互相推诿的现象较为严重。

三是缺位现象。即本该由政府负责提供的公共服务产品,政府并未落到实处。比如发达地区农村的交通水利设施建设进度滞后于当地快速增长的生产生活需要,文化教育场所的兴办速度无法满足当地村民的精神文化需求。[①]

(2) 资源配置凸显"马太效应"。发达地区农村经济发展水平高,项目资源丰富。然而,有些时候不少资源被少数村庄精英占有,造成"马太效应"。依照农户的个人生产经营实力,可以把农户简单分为强势农户和弱势农户。强势农户依托广泛的社会网络资源及超出一般水平的政治经济实力,在市场竞争中基本能够使自己处于有利地位,并率先与财政补贴和外来投资进行有效对接,使自身实力滚雪球般不断壮大,而实力的加强也就意味着强势农户在参与社会公共事务时具有更多的话语权。

与之相反的是,本身实力欠缺的农户在不均等的资源配置过程中就变得更加不具竞争力,且市场与小农户的经营就存在对接困难、契约不够牢固等问题,所以弱势农户很难成为市场或政府青睐的对象。如此一来,社区的项目信息和资源就长期被少数人掌握,而项目收益分配也往往被少数精英所掌控,造成贫富差距加大。虽然总体上发达地区的资源并不稀缺,但"不患寡而患不均"的思想未必能包容这样的差距长期存在下去,事实也表明,农村群体性不满事件的频频发生普遍和此类原因有所关联。[②]

(3) 社会组织身份遭遇困境。社会组织身份的困境由多方面因素所导致。从外部层面来看,政府对农村社会组织的认识依然存在误区,对农村社会组织的发展采取的是控制型管理模式,在当前社会高速转型时期,体制的不完善极大地限制了农村社会

[①] 马庆钰:《关于我国政府职能体系的解释》,载于《国家行政学院学报》2003年第5期。

[②] 邢成举、李小云:《精英俘获与财政扶贫项目目标偏离的研究》,载于《中国行政管理》2013年第9期。

组织的发展。具体表现在政府既希望农村社会组织参与村庄事务，发挥社会组织便于联系群众的独特功能，但同时又对社会组织存在不信任感。比如有的干部认为社会组织发挥的作用有限，因此轻视社会组织，或有的干部担心社会组织的发展壮大会威胁到政府既有的治理话语权，故采取不合作甚至反对态度。

从发达地区社会组织本身来看，由于数目庞大而又缺乏有效监管和明确定位，部分社会组织确实出现违规越线行为。比如，有些慈善团体打着慈善的旗号谋取私利，收敛钱财，使本该成为受益者的弱势群体变成了受害者，严重损伤了民众的感情。再者，有些邪教组织伪装成宗教，散布谣言或蛊惑民众，甚至误导普通百姓参与违法犯罪之事，给社会带来巨大隐患。如个别地方出现的"呼喊派""圆通派""实际神"等邪教组织散布"世界末日论""地球爆炸论"等异端邪说，使得一些辨识能力较弱的农民听信了谣言并追随邪教组织，严重的甚至发生了集体自杀的惨剧。此类消极案例的发生更加减弱了政府和农民自身对社会组织的信任感，一些积极健康的社会团体却在社会的偏见中失去了很多参与治理的良机。①

（4）人口涌入埋下社会隐忧。改革开放后，外来人员为发达地区的城乡建设作出了不同程度的贡献，然而这大量涌入的外来人员也给当地社区的治理带来了严峻的挑战。譬如，全国第六次人口普查数据显示，浙江省登记在册的流动人口达到 2 200 万人，全省常住人口中，省外流入人口高达 1 182 万人，占常住人口的 1/5 以上，其中大多数流动人口都是进入县域以下乡镇工业园区内务工的农民工。

但囿于文化冲突或教育水平，或本地村民的排外心理，外来人员实际上很难真正融入当地社会，在诸多方面存在隔阂。虽然

---

① 徐顽强、邓小伟、朱喆：《社会管理创新视角下农村社会组织发展困境和路径研究》，载于《广西社会科学》2012 年第 6 期。

发达地区经济飞速发展，但是经济发展的成果却大部分落入本地企业精英手中，外来农民工付出了超出常人的艰辛却拿着微薄的工资，容易产生不满情绪。此外，由于体制不健全，外来人员的劳动权益保障、子女接受教育、医疗救治问题等现实需求往往难以满足，部分外来人员有可能采取极端方式来引起社会关注，以此来达到个人利益诉求的满足。这无疑加大了社会治理的难度，给社会稳定埋下隐患。①

（5）精神文化建设有待加强。以往的新闻报道和经验研究表明，发达地区农民的市场意识很强，更关注自身收入水平，在评价他人时也更注重经济成就。且发达地区农村的收入分化更为突出，在农民的社会交往网络内不乏经济实力很强的亲朋好友，在日常的对比中，容易产生攀比与妒忌等心理，从而强化了区域内农民的不满足感。有了一定经济基础的农民在社会网络中的话语权较强，即使与具备很高文化素养的乡村文化能人站在一起，他们也常常以经济水平作为最为主要的衡量标准，并在雄厚的经济实力上寻找个人的成就感和优越感，参与精神文化建设的积极性自然不高。

诚然，发达地区在文化建设上投入的资金较多，因而修建了很多先进的公共文体娱乐设施与场所，但政府日后的宣传力度和资金保障却难以持续。既有的一些农民精神文化活动形式单一且缺乏创意，难以吸引农民参与其中。一般而言，老化损坏后的文化设施通常得不到及时修复，被闲置在了角落，既占用了公共空间，又浪费了大笔的建设资金。长此以往，严重阻碍了农民协商合作、遵守公德等公民精神的启蒙和培育，懈怠了农民参与公共事务的热情，给村庄社会治理带来不利影响。②

---

① 鲁可荣：《农村社会组织与基层政府协同开展社会管理创新的浙江经验及模式》，载于《武汉科技大学学报》2013年第6期。
② 关瑞华：《和谐社会视域下的农村精神文化建设问题研究》，载于《社科纵横》2011年第10期。

（二）探索与实践

1. 广东省佛山市南海区的"政经分离"模式。

顾名思义，"政经分离"指的是政治层面自治与社会管理与经济层面集体经济管理的分离。实践证明，"政经分离"模式有利于农村经济秩序、社会管理的稳定。在珠三角发达地区的农村，乡村工业较为发达，外来务工人口数量超过本地居民，除了工业收入外，村集体从出租土地、房屋等方面也获得大量的收入，因而村集体经济实力雄厚。村支书、村委会主任与经联社（掌管村庄集体经济大权）社长一肩挑现象也很多见，这在很大程度上助长了家长制作风，同时还容易产生腐败风险。广东省佛山市南海区在过去多年的发展过程中，也遭遇了政经交织不清所引发的弊病，当矛盾积累到较为严重的程度后，南海区作出大胆尝试，试行了"政经分离"模式并取得良好成效，还被确定为全国农村改革试验联系点。2010年末，南海区正式成立了社会工作委员会和集体经济管理办公室，并制定了《关于深化农村体制综合改革的若干意见》等文件，其主要做法如下：

（1）明确治理主体边界。即主要推进五项"分离"：即选民资格分离、组织功能分离、干部管理分离、账目资产分离和议事决策分离。选民资格分离是指党组织内全体党员投票选举产生党组织领导成员，村庄内具有选民资格的村民投票产生村委会干部，而社员股民则投票选举出集体经济组织内的领导和管理成员；组织功能分离是指党组织承担党务、党政、服务和监督功能，村民自治组织承担农村社会公共事务的处置和管理，经济组织只具备开展集体经济经营和管理的功能；干部管理分离是指党组织干部、村委会干部和经济组织领导不能交叉任职；账目资产分离是指非经营性资产使用权登记在村民自治组织名下，集体土地的所有权登记在村庄集体经济组织名下；议事决策分离是指党组织、村民自治组织和集体经济组织在处理各自职权范围内的事务时的议事决策不得跨越各自范围和权限,需要按照规定的议事流程组织合乎规定的议事成员进行讨论。

(2) 明确了政府的治理核心地位。在南海区农村党员总数的比例占到全区的 70% 以上,基于此,南海区将全部农村党支部升格并纳入社区党总支,并在全区的农村经济组织内设立党支部,以便党组织对村庄内经济活动进行有力监督。此外,南海区还在村庄活动中不断总结经验和教训,不断建立健全联席会议制度、民主评议制度等机制。自试行"政经分离"模式以来,南海区已经培育了 400 多名大学生村官参与村庄创新治理,组建了 100 多个志愿者团队,并建立数十个党员工作室在农村治理中发挥作用。事实证明,确立政府在多元主体治理中的领导地位能够避免村庄自治或经济活动"群龙无首"的徘徊状态,可以提高多元治理主体间的协调性与工作效率。

(3) 促进农村社区建设。南海区的经济发展水平很高,在全省处于领先地位,传统的"村民自治"制度在南海区逐渐暴露出一些问题,已经不是特别适用于各项政治经济指标都走在前列的南海区。因此,南海区从 2011 年 1 月起,开始推进将城中村改造为居民区的举措。面对社区居委会办公经费不足的困境,南海区对其进行补贴,每年的补贴资金高达 35 万元。而为了防止两委干部工作积极性不足,南海区也大幅提高其收入水平,给予了每人每年 6 万元的工资补贴。更为人性化的是,南海区将外来人口纳入社区公共活动中,为其提供周到健全的公共服务,大大提高了社区内外来人口的生活满意度。

(4) 完善村民议事制度。即在社区内定期召开协商性会议,鼓励村民各抒己见,表达自己对近期内社区治理和经济活动的观点和建议,在此公共平台上,以往心中多有不满的村民通常能够保持理性与克制,矛盾双方能够在管理人员的协调下秉持着互相尊重的态度商议村庄事务。这样的村民议事制度是对尚且不够完善基层民主的重要补充,在制度层面保障了村民自我管理、自我组织的权利。而在此议事制度的带动下,区域内村民参与社会治理的积极性得到提高,政府也能够加深对村庄事务的客观了解,最终实现了双赢,很大程度上避免了一系列矛盾。

(5)积极引入社会力量参与治理。南海区在确认政府治理主导地位的同时也积极引入社会组织和慈善团体参与治理并给予制度层面的支持。与其他很多地区政府的提防心态不同,南海区政府大胆培育社会组织,引导其参与开展志愿服务等活动,并以服务专业化和形式多样化为目标辅助社会组织进行改进与完善。南海区共有社工站244个,民办专业社工机构5个,社会团体646个,各类社会组织正在医疗救助、志愿服务、体育发展等涉及村庄生活的方方面面范围内发挥着各自独有的社会治理功能。①

2. 浙江省义乌市东阳大联村创新改革实践。

大联村是浙江省东阳市南市街道下辖的行政村,由7个自然村合并而成,家具行业是当下该村的支柱产业,村庄凭借300多家企业和200多家商铺成为义乌市远近闻名的农村集市。然而村庄在经济快速发展的同时,也遭遇了集体资产收益分配不公、利益主体间矛盾频发等治理困境。义乌市各级政府和村级组织对此类情况高度重视并积极探索出多种适合于大联村实际情况的"组务自治"村庄治理模式,在很大程度上化解了原本村庄撤并后社区融合难、村民自治难、提供服务难等棘手难题。

该村共有191位党员,村级党支部有8名支部委员,在此基础上,村庄以7个自然村为基本单位建立了村务小组并实行组务自治制度。每个村务小组由一位小组长和其他本村组内的村民代表组成,为村民生产生活提供服务管理,并及时将各自小组内的动态及时反馈至大联村村委会,且各小组组长具备参加村委会重

---

① 李晓燕、岳经纶:《超越地方法团主义——以N区"政经分离"改革为例》,载于《学术研究》2015年第7期。

大决策的权力。实践证明,村务小组对于村庄的公共事务管理和集体经济发展均起到了关键作用。

而为了保证各小组内组务的公平合理展开,村庄还设立了村务监督委员会,以便对组务小组成员进行约束和督促。其中监督委员会会长由支部副书记出任,另有6位监督委员会成员,以便保证每个自然村分配到一位监督委员会成员,而村庄监督委员会成员又兼任自然村内组务监督小组的组长,再加上另外选出的两位村组成员共三人作为每个自然村内的监督成员,负责对组内政策落实情况、组务执行过程和财务收支情况进行审核并签字确认,保障村庄事务透明。[①]

三、欠发达地区农村社会治理

与经济发达地区相比,无论在观念层面还是现实层面,欠发达地区农村社会治理都存有一定的差距。但近年来,欠发达地区农村的社会治理也呈现出一些较为可喜的变化。

(一) 现状与问题

1. 现状。

(1) 新式治理理念逐步引入。除了中西部一些贫困省份和地区之外,经济欠发达地区还包括发达省份的一些局部贫困地区,如山东省的沂蒙山区等。经济基础决定上层建筑,欠发达地区除了经济发展水平较低外,科技、教育、治理理念均处于较低水平。

相对于发达地区,欠发达地区农村社会治理工作起步较晚。

---

① 杨亮承、鲁可荣:《城郊型农村社区治理困境及体系创新研究》,载于《福建论坛》2015年第3期。

然而随着国家西部大开发、东北振兴和中部崛起等战略的实施，欠发达地区依托丰富的自然资源和生态环境逐渐释放出区域的发展潜力，在农村治理方面也进行了诸多的变革，特别是不少中部地区每年都会组织代表到发达地区进行调研，积极学习和引入诸多社会慈善、社会福利等方面的经验，并在实践中根据本区域实际情况探索适合本区域的治理模式，取得了一定的成效。

（2）基层政府发挥主导作用。政府在贫困地区农村社会治理中发挥的作用一般大于其他区域，这主要是因为在发达地区能够由企业和其他社会组织完成的事情在欠发达地区只能由政府来实施完成。

首先，欠发达地区基层政府在基础设施建设方面发挥了重要作用。在过去，不少村庄的交通道路水平很落后，阻碍了村民参与生产和对外交流的脚步。近些年来，很多村庄都开展了道路硬化、路灯修建或公共厕所修建等工作，极大地改善了农村的生产生活环境，促进了乡村经济的发展。其次，政府还引导乡村发展教育、保护农村传统文化、组织村民开展健康积极的精神文化活动等。今昔对比之下，发现政府主导农村治理已经取得了较为明显的成效，农民生活水平提高较快，乡村公共事业得到全面推进。

（3）宗族组织扮演重要角色。在传统社会，宗族文化曾是维系乡土社会稳定与团结的重要力量。但在20世纪上半叶，动荡的战乱环境对其造成了极其强烈的冲击。在中华人民共和国成立后的30年里，宗族文化活动受到抑制。不过宗族文化赖以生存的地缘、血缘结构并没有因上述原因而被冲破和消解，故改革开放后随着国家权力的上移，对农村社会的直接控制变弱，宗族文化又得以逐渐恢复并呈蔓延之势。如今在我国欠发达地区，特别是在江西、湖南、湖北等原本宗族文化较为浓厚的省份，宗族复兴已经成为既成事实。比如，江西省的大部分农村地区，大多自然村都成立了宗族组织并修建了祠堂，也会不定期地开展一些宗族活动，如选举宗族领袖、修订族谱、制定族规、祭祀祖先等。

当下，宗族组织在欠发达地区尤其是宗族文化氛围较为浓郁的农村中依然扮演着重要角色，主要有三点：首先，宗族力量对乡镇基层政权、村支部和村委会起到了强有力的制衡作用。宗族组织内生于村庄本土，能够代表村民利益和诉求，当村民利益未得到有效满足时，宗族组织通常可以出面进行调解，以便保障族人的利益。其次，宗族组织在解放农村生产力上作出一定的贡献。基于牢固稳定血缘纽带所形成的宗族组织，其成员往往能够相互帮扶，这对于他们拓宽生计来源和提高家庭收入都有较大的正面影响。最后，宗族组织也发挥着教育教化的作用。比如，族内青少年考取大学，宗族理事会一般都会在宗祠内设宴进行庆祝和表彰，甚至在家族范围内筹集资金作为这些准大学生的奖学金或学费，并借此机会宣扬家族内一直所提倡的价值观或传统美德。在此气氛的感染和带动下，家族成员心中逐步把重视教育的观念映入脑海，对农村的长远发展起到了很好的影响。而对于违法犯罪的不良行为，宗族会制定乡规民约以进行防范和约束，又能够确保村庄治安的良好。①

（4）外部组织注入新鲜血液。随着市场经济发展和全球结社浪潮的推进，我国特别是在开放程度较高的发达地区涌现出一大批非政府组织，并得到迅速发展。其中一部分非政府组织逐渐把视线转向了我国经济发展水平较低的欠发达地区农村，并组织和参与贫困地区的扶贫实践。除了传统意义上的经济扶贫外，外部组织还积极开展针对贫困地区的文化扶贫和教育扶贫，以改变这些地区农村文化形式单一、教育水平落后的状况。值得注意的是，村庄外部非政府组织凭借其高素质的组织成员、专业化的科研教育能力，高效能的突发状况应对机制和来自先进地区的村庄

---

① 喻磊：《宗族组织复兴在农村现代化进程中的功能分析》，载于《赤峰学院学报》2012年第10期。

治理理念为贫困地区村庄注入了大量新鲜血液。外部组织对村庄的扶持主要包括以下几点:

一是农业组织充分激发当地农业生产潜力。受限于欠发达地区农民的文化水平和非专业的农业生产经验,即使拥有丰富自然资源的村庄也常因为缺乏合理规划和科学的种植技术而发展受阻。农业组织通过指导和帮扶当地村民,选择适合本地自然环境的农作物品种或改进传统村庄作物的种植技术,实现了农民收益的最大化。如陕西嘉义妇女发展中心主要协助妇女合作发展特色循环农业,组织妇女开展养鸡、养羊、养牛、种菜等生态农业生产活动,协助妇女突破"农产品产量低、质量差,难以打开销路"这一难题。

二是异地商会帮扶欠发达地区招商引资。外部经济组织在发展过程中,常常会考虑到拓宽欠发达地区的市场,商会利用已有的社会资源招商引资。一方面带动了欠发达地区的经济发展;另一方面推进了自身的建设,实质上是一个"互利互惠"的过程。比如浙江商会很早就看重了新疆地区面对中亚的优越地理位置,为了打开企业商品的销量,商会积极进驻新疆,如今新疆的浙商民营企业已是遍地开花,当地农民也获得了更多就业机遇。

三是社会服务组织积极开展多方面扶贫工作。外部组织借助先进的服务理念和水平,以贫困地区农村多样化的需求为导向,积极开展诸如职业规划、技能传授、法律服务、医疗健康、文化教育、体育健康等多种类型的公益服务,使得村民逐渐走出以往社会生活中面临的诸多误区。以更加开放和活跃的心态迎接村庄各个方面的变化。如目前陕西省已有147家社会组织进入精准扶贫"项目库",总投资已达1.3亿元。①

(5)村庄能人促进乡村善治。村庄能人一般都具备比较雄

---

① 万君、林杨拂云:《全省147家社会组织进入精准扶贫"项目库"》,载于《陕西日报》2017年5月24日。

厚的经济实力和社会网络资源，在农村具有很高的社会公信力，有些是掌握了某种独有的技术，有些是农业生产中的种粮大户，有些是头脑灵活的经商能手，还有些是德高望重的乡村文化名人。他们在一定程度上推动了乡村善治的实现。所谓善治，顾名思义就是指良好的治理，在其中不乏多元主体自下而上参与到公共事务中的含义。事实上村庄经济能人在引入新的种植或者养殖等方式后，很快也会被周围人所模仿，有意或无意间带动了农村社区经济的发展。村庄文化能人通过续修族谱、挖掘传统民俗等方式，传承了传统文化、推动了当地文化发展、凝聚了人心、增强了人们的文化自信，并在一定程度上维持了村庄的"礼治"秩序。村庄政治能人在推动农村走向善治的过程中发挥了极为重要的作用，他们中的一些人在处理相关利益纠纷时表现得有理有利有节，懂得克制，并通过法律途径争取个人的权益，正是在他们与各种相关利益者讨价还价的过程中，增强了民众的法治意识，从而避免了大规模群体性事件的发生，起到了维护社会稳定的作用。正是村庄多元主体通过自下而上的行动使得村庄经济、政治与文化全方位发展，从而使得农村社区逐步走向善治。

2. 问题。

（1）传统管理观念仍难根本转变。受几千年封建集权专制的影响，以官为大的"官念"早已深深烙印在人们的观念中，特别是在经济欠发达地区，"官本位"思想更为根深蒂固。农村不少基层干部对村民自治组织的认识都存在误区，在潜意识里觉得自身才是唯一的、绝对的治理主体，他们认为村民只是被管理的对象，村民委员会只是乡镇政府的下属单位，实际工作中经常以命令的方式给后者下达通知或干涉其日常事务，严重干扰了村民委员会自我组织、自我管理的权利。而与之对应的是，村民委员会和普通老百姓同样也受陈旧观念的桎梏，村委会习惯于等待乡镇部门的通知和安排，缺乏处理村庄公共事务的主动性。稍有能力的村民认为村庄治理是"当官人的事"，与自己无关，他们更关注自己能否过上体面的生活。经济实力和社会资源比较薄弱的村民,认为自己比"当官的"低一等,缺乏参与治理的底气和信心。而即使是有些村民在特殊情况下想要办事或表达诉求,也常常在乡镇干部和村干部消极的服务意识下逐步打消念头,认为"找他们根本不管用"。传统的管理理念使得欠发达地区农村治理产生恶性循环,难以形成多元治理格局,乡村治理渐渐陷入消极懈怠的局面。①

(2) 宗族势力时有挑战政府行为。必须承认欠发达地区农村宗族组织在村民情感归属、提升村庄和谐程度及传统文化传承等方面所作出的积极贡献,但同时也应客观认识到宗族在村庄治理中的消极影响。

比如,有些村庄的村委会成员长期被少数家族势力强大的大姓家族占据,村庄公共事务的决策权牢牢地掌握在大家族手中,导致村民自治流于形式。有些宗族仰仗其人数众多,为了家族成员私利对其他村民进行压制,对村委会的决策建议拒不配合,对基层干部执行公务过程横加干涉,严重挑战着政府的权威性。例如,2015年3月下旬,湖南省中方县石宝乡杨姓宗族杨某祥等人以影响其祖坟风水为由,纠集族人挖人坟墓,并认为人多法不责众,肆意妄为殴打民警。结果,因涉嫌寻衅滋事,杨某祥等4人被依法逮捕,另有8人被行政拘留。②

(3) 内生民间组织发展依旧缓慢。欠发达地区农村社会组织规模小、数量少,社会团体发展滞后。据不完全统计,中西部地区12个经济欠发达省份的农村社会组织仅占全国社会组织总数的25%,社会团体占全国社会团体总数的30%,民办非企业单位占全国总数的20%,基金会占全国总量的18%。社会组织

---

① 周仁标:《论完善农村基层自治的路径》,载于《社会主义研究》2009年第3期。
② 肖军:《法律不容宗族势力挑战——一起宗族势力挖坟闹剧的警示》,载于《湖南日报》2015年9月25日。

发展缓慢严重制约着欠发达地区农村多元治理主体协同治理环境的形成，在政府触及不到的治理区域就形成了诸多治理的死角和盲区。

欠发达地区农村社会组织发育不健全主要体现在以下两个方面：

一是注册数量少、规模小、种类单一。统计发现，欠发达地区农村社会组织已经注册过的仅占总量的约1/3；而已经注册过的组织注册资金主要集中在两三万元，因此能够动用的人力、物力资源少之又少；而大部分社会组织的性质都是农业协会和农业合作社等农业领域的合作组织，能够切实保障村民合法权益、参与提供农村社会服务以及充实村民精神文化生活的社会组织严重缺乏。

二是运行机制不完善、结构不合理。欠发达地区社会组织缺乏专业化的运作，在财务管理、人力资源、监督监管、绩效考核等方面缺乏科学的安排和规划，在解决村庄事务过程中，随意性很大，预期目标能否达到往往取决于组织成员的个人意志，比如组织成员通常会妥善处理与之经济来往频繁的村民的事务，但却怠慢其他缺乏社会资源的弱势村民。①

（4）乡村建设缺乏足够财政支撑。发达地区与欠发达地区的主要区别最主要的是"钱"。欠发达地区农村"钱少"使其在农业科技水平、财政资源、治理规范化和治理主体多元化等各个方面落后于发达地区农村。尤其是欠发达地区农村基础设施建设还有很大完善空间，虽然在国家扶持下已经取得了可观的成绩，很多农村都推进了道路硬化、路灯架设等能够切实改善村民居住条件的政策，但建设途中以及设备维护过程中暴露出了一系列问题，设施质量欠缺、建设成本较高、配套设施不够完善以及资金

---

① 陈朋、王宏伟：《农村社会组织与农村公共危机管理》，载于《重庆社会科学》2013年第4期。

链断裂等问题着实困扰着乡村建设的步伐。

而基层政府和村民委员会面对此类因缺钱导致的问题想解决却有心无力。大型基础设施建设需要耗费大量的人力、物力、财力，但是国家的资金通常是每年下拨一定量给乡村，难以一次性解决当下村庄的燃眉之急。于是有的村庄选择了等待，本身需要一次性建设的设施"有钱就建、没钱就停"，考虑到寿命和维修周期问题，设备最好在短期内建设完毕，但却因为村庄资金链断裂，先建起了一部分，等有钱了接着修建的时候，先前的部分却到了老化返修的时候，总体结算下来往往浪费了大量材料和资金。而有的村民委员会为解决无钱建设的问题，选择动员村民出资出力，施行"赤字行政"，给欠发达地区本不够富裕的村民增添了不少额外的经济负担。

（5）人才流失制约乡村长远发展。在欠发达地区，由于经济落后，人们收入普遍不高，因而许多青年选择外出务工，产生了留守老人以及留守妇女的问题。近年来，留守人员的结构又发生了较为显著的变化，在江西农村的调研表明，留守在农村的人以上了年纪的老人居多，妇女多与丈夫一起进城务工，儿童则进城上学。如江西九江义门陈村一自然村距行政村有 2 千米以上的距离，该村现仅余 3 位老人留守，其年龄均在 60 岁以上，可以预料，随着这 3 位老人的相继离世，该自然村将消失。人才的流失使得村庄基本的生产活动以及节庆日的庆典活动都难以开展，乡村的凋敝不言而喻。走访多处欠发达地区的农村后发现，许多村委会主任年龄偏大，在村干部的位置上不求有功，但求无过，在现实中执行"无为之治"的策略，村干部素质的普遍偏低使得村庄治理缺乏活力且后劲不足。

（二）探索与实践

1. 江西富田镇王家村村民理事会参与村庄治理实践。

富田镇坐落于吉安市青原区，2010 年被国家住房与城乡建设部和国家文物局评为"中国历史文化名镇"。其中富田村委会下辖三个自然村：王家村、文家村、江城村。王家村是其中最大的一个，也是资源最丰富的一个，最令附近村民羡慕的集体财产就是村庄的1万亩山林。王家村理事会成立于2003年，依托本村丰富的自然资源，理事会拥有足够的才能施展空间并在处理村庄事务过程中积累了大量治理经验。王家村理事会参与村庄治理的实践有多项值得称道和借鉴的方面：

（1）成员分工明确。在王家村中，每一届理事会成员虽然只有8人，但却分为了6种职能，这包括会长、副会长、会计、出纳、保管以及理事会委员，其中委员有2人，理事会的基本构架并不复杂。会长是理事会的核心成员，肩负着制订计划、组织工作、领导下属、接待人员、控制全局等职责；副会长仅次于会长，由会长授权代行全部或部分职权，一般行使会长分管职责，负责各成员的工作指导并起建议和督促作用；会计负责管理家族的账目，做好记账、算账、结账、报账工作；出纳管钱，主要负责现金收付、现金存取、差旅报销等；保管负责对王家村公共物品进行妥善保存及对其数量、质量进行管控；委员2人并没有专项的职能，"哪里有需要，就到哪里去"，负责辅助完成以上各成员的工作。

（2）服务范围广泛。王家村家族关系紧密而清晰，王家严格地分为了五个房系，族人大多可以说清与其他村民的关系，村民之间关系较为和睦。理事会成员都是家族中的一分子，在服务村庄的同时也同样服务了自己的亲人及好友，成员自身的成就感与主人翁意识在此过程中不断提高，因此理事会在村庄公共事务中很少保留。调研发现，理事会在管理村庄公共资产、代表村庄集体修建道路水利设施、参与古村改造、开展家族活动、联络家族宗亲、指导宗亲编修谱牒、辅助村委会工作以及调节村民矛盾纠纷等覆盖村庄公共生活的方方面面都发挥了无可替代的作用。

（3）运行机制完善。王家村理事会的运行机制有些像小村委会但又有别于村委会。其办公地点设在富田村委会,开会地点和村委会在同一间会议室,日常工作中获取来自村委会的消息后,及时参与进村委会日常工作。在做村民工作时,理事会充分发挥家族理事会具有的优势,与村民联系沟通紧密易于做通工作,也切实考虑到村民和家族的利益,这依然与组织成员的出处有很大关系,理事会成员由本房的亲友推选而出,紧密的家族关系保障了推选过程的透明和公开,这甚至是普通村委会所不能比拟的。

王家村理事会不仅是村委会的助手,更享有充分的自主权,例如1万亩山林就是由理事会直接管理而无须过多考虑村委会。决策机制上,村务小事由各专项成员直接决定但其他会员有知情权和建议权,大事则必须由所有成员开会商议,对于不同的方案,采取举手表决的方式,多数胜过少数。运作资金来自王家村富足的土地山林资源,资金管理上会计出纳分开,一人管钱一人管账,相互制约监督,这样就使得资金更为透明,无疑这是王家理事会监督管控机制上的一个亮点。激励机制上,理事会成员的待遇基本与村委会干部持平,成员的工作积极性主要来自在村庄事务上实实在在的管理决定权以及由此衍生出的潜在好处。

对王家理事会村民认同程度进行问卷调查的结果,也进一步印证了理事会为民服务的客观事实。2016年7月,我们在王家村发放调查问卷90份,回收有效问卷81份,有效回收率为90%。统计结果显示,王家村村民对理事会参与村庄治理的好评度高达78.25%,理事会不仅发挥了应有的领导和组织作用,也间接增加了普通百姓的满意度和幸福感。是欠发达地区村民理事会参与农村治理实践的好榜样,为正在尝试建立和完善村民理事会的其他村庄提供了很多宝贵的经验。

2. 重庆巫溪县三宝村探索乡村重建之路。

重庆巫溪县自然环境恶劣,经济发展严重落后,是全国最偏远落后的地区之一。三宝村地处巫溪县中心地带,一直被村民生活困难、人才严重流失、建设资金匮乏、乡村空心化等现实问题困扰着。不过这样的状况从 2007 年起开始发生了改变,新上任的村庄带头人不再对村庄的疲软坐视不管,而是大刀阔斧地对村庄开启了重建。村庄改革主要从化解矛盾、宣扬美德等四个方面启动开来:

(1) 化解矛盾:组建调解团。农民在日常生产生活中不可避免会发生一些摩擦和矛盾,然而受限于村民的知识文化水平和村民外出务工等因素,三宝村的村民矛盾常常不能在事情发生后的短期内快速解决,沟通的拖延使得矛盾双方怨气逐渐积累,有的纠纷甚至可能在某一导火索的激发下演化成为影响村庄稳定的暴力事件。新的一届村干部上任后很快看到了这些小摩擦下潜藏的大隐患,于是组织村庄老党员、退休老干部、农村教师、村庄致富能手和文化能人等在村民心目中认可度很高的乡村精英一起建立了纠纷调解团,调解团主要负责纠纷调查、事实公开、公开评理和结果公布等事宜。除此之外还开展大讲堂,定期邀请能手们和村民聚集在一起畅聊心得,互相传授致富思路、法律常识等村民最关心的知识。

(2) 宣扬美德:好事记录在册。在计划经济时期,三宝村就有村民团结互助的传统,只是在改革开放后,这样的美德多少有些淡化了,为了重拾优良传统,村庄把好人好事都通过书面的形式记录在好事册上,并对这些事情在多种场合下以多种形式进行宣传。此外,三宝村还陆续组建了"资金互助组""五户联防"等村民自治组织以便实现团队协作、资源共享。

(3) 民主监督:村务公开。以往三宝村的村务也会在村务栏中公开,但仅仅是一定程度的公开,内容常常是一些无关紧要的事项,而关乎农村核心问题的事项却常常被包装隐藏起来,特别是涉及村庄公共资金的部分村民几乎不甚了解。且具有时效性的信息常常被拖延公开,村民无法及时掌握生产动态,因此心中多有不满。新的领导班子上任后,村委会干部转身由操作者变成了监督者,村庄以记录"公事账"的形式大胆实施村务公开并且让村民自己推选出几位文化水平比较高、群众信任的村民代表来管理账务,每一笔集体资产的用处和经办人都详细记录在账簿上,并定期在村务栏上向村民公布以起到相互监督的作用。

(4) 全面发展:经济、文化、生态并重。三宝村开启重建之路不久后,人均收入就大大超过全县平均水平。2009年春节,村党总支书记作出表态,三宝村不仅要发展经济、改善交通,更要把老祖先留下来的生态环境、传统文化和优良美德保留下来。很快,村庄内部就陆续组织了篮球协会、太极协会等一批团队来带动村民走出房间,参与精神文化生活。村委会也在村庄卫生、普法工作等方面做了很多思路新颖的工作。

从2007年开展工作到2009年短短两年间,三宝村的各项重建工作都取得了很大成效。生活在旧有的村庄里,村民看到的却是一派充满生机的景象:村庄的矛盾越来越少,人与人之间的关系愈加和谐,闲暇时间,村民不再是抱怨他人的不足,而是谈论村庄频频出现的好人与好事;群众对村委会干部的态度也由过去的抵触转换成了由衷的敬佩和感谢,如今,三宝村依然继续行走在追求"善治"的大道上。[①]

四、少数民族地区农村社会治理

(一) 现状与问题

1. 现状。

(1) 在政策倾斜保障稳中求进。在我国少数民族地区,大

[①] 袁金辉:《欠发达地区农村社会治理的失范与重构——以三宝村为例》,载于《国家行政学院学报》2011年第2期。

多数农村的自然条件都比较恶劣、基础设施建设较为落后、深度贫困与少数民族聚居相互交织,农村社区的生产力发展一直比较缓慢。为促进各地协调发展,避免出现"马太效应",国家对民族地区农村实行政策倾斜,以便缩小民族地区农村与发达地区农村在社会治理体制、经济发展水平方面的差距。

政策的倾斜主要体现在以下几个方面:一是项目投资倾斜,政府利用民族地区自然资源丰富的特点,因地制宜,加大了重点项目的投放力度,比如建设水电站、推行风力发电或开发当地矿产资源等。二是金融政策倾斜,民族贫困地区普遍经济实力较为薄弱,对于资金不够充裕的重点项目,政策允许其在建设时期由国家贴息,项目投产并获得收益后再返还借贷而来的部分成本。三是横向经济政策倾斜,即发达地区与民族地区联合,把发达地区充足的财政实力与民族地区丰富的自然资源结合,最终实现双赢。四是设立专项基金直接帮扶民族地区村庄,比如设立教育专项资金对民族小学进行财政补贴,有效缓解了受助方的财政压力。[1]

(2)政府全面引领农村治理。民族地区自然环境及社会环境都比普通农村更为复杂,在农村社会治理中需要政府考虑和解决的因素也更多。民族地区基层政府在乡村治理的多方面中都起到"领跑者"的作用。

在发展资金方面,民族地区基层政府一边保持对国家优惠政策的关注,一边深入村庄内部进行调研获取真实详细的数据,时机成熟后迅速撰写项目申请报告并对村庄情况进行详细介绍和客观分析,进而成功争取到国家支持并把资金投入村庄建设。在村庄规划方面,基层政府通常能够考虑到本地自然及社会环境,根据本地实际情况设计乡村发展规划方案。矿产资源丰富的农村,

---

[1] 刘宗林、曾昭华:《试论对民族地区的政策倾斜与体制创新问题》,载于《黑龙江民族丛刊》1994年第4期。

政府会积极扶持工矿企业的发展，在旅游资源丰富的农村，政府会选择发展旅游来突破土地、人力等资源的"瓶颈"。不论选择哪种方式，最终都能够在一定程度上造福当地百姓，推进村庄发展。在文化建设方面，基层政府作出诸多实际举措来支持民族文化的保护和发展工作。如政府建立网络宣传平台，聘请文化名人传授民族传统技艺并积极参与非物质文化遗产申报工作。在市场化方面，政府将民族文化发展与市场化运作结合起来，组织和引导民间能手组建表演队伍和文化公司，既能够普及和保护民族传统文化，又培养了民族的技艺人才、经营人才，更增加了农民的收入，解决了农村的现实问题。①

（3）宗教力量依然举足轻重。宗教团体一直延续着其积极参与村庄治理特别是村庄慈善事业的传统，譬如宗教团体有效利用其手中拥有的社会资源参与农村扶贫或投身于民族地区教育事业，宗教团体中的信教群众相信今生今世多做善事能够为来世积德，因此在参与公共事业过程中表现出很高的积极性，使得整个宗教组织的做事效率始终保持在一个较高的水平上。又比如在藏族地区，宗教权威长期影响着农村公共事务的处理。当出现利益纠纷时，藏民习惯上寻找宗教人士出面调解。藏传佛教的教义、藏族传统的道德观念以及藏族的禁忌和礼仪早已根植在藏族群众的价值观中。在实际公共事务中，宗教力量常常影响村庄集体活动的走向。②

（4）民族精英发挥首创精神。学界一般将民族精英分为四大类，即民族政治精英、民族经济精英、民族知识精英和民族文化精英③。这四类精英均在其各自活跃领域引领着民族地区的脚步。

---

① 唐胡浩：《改革与创新：城镇化建设进程中基层政府职能的发挥》，载于《湖北民族学院学报》2016年第6期。
② 周晓露、李雪萍：《摆平：藏区基层政府纠纷调解的运作逻辑》，载于《中南民族大学学报》2017年第2期。
③ 杨鹍飞：《民族精英、社会资本与动员能力：民族群体性事件组织化逻辑》，载于《广西民族研究》2016年第4期。

民族政治精英包括了参与村庄政治事务的政府部门职员、村民自治组织干部或参与政治事务的宗教领袖等，他们凭借过人的政治素养和突出的个人能力，为村庄提出具有前瞻性、可行性的建设性意见，并在最终的方案敲定环节发挥着重要的决策功能，且他们在长期为村庄服务的过程中积累了广泛的群众基础，对于化解村庄矛盾、协调各族人民关系，保障民族地区稳定和谐发展等有着独到的见解和巧妙的处事方式。民族经济精英通常是头脑灵活、社会资源丰富的商界人士，他们考虑到民族地区特有的资源并将其投入市场，在增加个人收入水平的同时也为集体或其他村民作出一定贡献。如藏区经济精英以发展藏药产业为事业，既使自己成为民族地区经济生活的"弄潮儿"，又促进了医药行业的发展与革新。民族知识精英的主要贡献在于提升民族群众的受教育水平，相比于一般地区，民族地区知识水平一直很低，特别是一些基层干部的知识素养也很低，甚至有不识字的现象，这就严重阻碍了乡村公共事务的办理进程，知识精英通过传授他人知识和特定技术，为乡村输送了大批高素质的接班人，大大缓解了农村人才匮乏的局面。民族文化精英则在民族传统文化的传承方面发挥作用，他们有的编撰民俗文化的普及手册，有的在学校开展文化讲座，有的组建民俗文化团体，有的参与文化的"申遗"工作，竭尽所能展现着令人敬佩的首创精神。

2. 问题。

（1）政策扶持是授之以鱼。政策的倾斜给村庄"输血"暂时帮扶其渡过难关，但并未提升维持村庄可持续发展的"造血"功能，一旦外部力量撤出农村，农村社会就会"原形毕露"，回复到从前比较薄弱的状态。更严重的是有的农村习惯了直接接受国家或其他社会组织的扶持，逐渐消磨掉了依靠自我力量走出困境的勇气和斗志，每逢遭遇治理难题，村集体首先想到的是伸手向政府索要资源，形成了"等、靠、要"的思想，给农村的长远发展埋下精神隐患。

（2）法律法规体系不健全。少数民族地区或内地少数民族聚居地本身因其特殊民间信仰和处事习惯而具有更多的特殊性，加之改革开放后受到市场经济的冲击，民族地区的开放性、竞争性、民族关系和思维观念等要素相对于计划经济时期均有很大改变，既有的民族法律法规在此过程中逐步暴露出其固有的局限性，不能满足民族地区政治经济快速发展的需要，村庄事务的处置过程中基层干部和民族群众常常面临无法可依的尴尬局面。主要表现为：

一是法律法规数量偏少且可操作性较低。现行的民族法律法规大多比较原则和抽象，对于村庄一些频发的具体案件缺乏详细规定。有的法律法规本身在条款描述上表述比较模糊，有的法律法规弹性较大。民族地区有关经济发展、传统文化保护等方面的相关法律数量还很少，难以覆盖到农村社会的更多角落。

二是法律监督机制存有盲区。由于执法监督机制不健全和部分基层干部法制观念淡薄，一些部门在执法过程中存在有法不依、执法不严、违法不究等乱象，不仅阻碍了民族地区事务的处理进展，更给群众留下干部作风恶劣、品德不高等负面印象，很难获得群众的信任和尊重，进一步加大工作执行难度。

三是法规宣传不够深入。少数民族地区通常地理环境比较恶劣，很多群众居住在比较偏远的地区，文化教育水平不高，语言多样化，给法律普及带来很大难度。另外，受限于有限的普法经费和落后的宣传设备，民族地区干部和群众对依法治国、建设社会主义法治国家的重要意义认识不足。[1]

（3）宗教中的消极因素加大治理难度。宗教在促进民族团结和社会稳定等方面作出了积极贡献，但是宗教中的消极因素增加了民族地区农村社会治理的难度。

---

[1] 阿娜尔古丽、阿尔根：《加强民族法规体系建设发展社会主义民族关系》，载于《中共伊犁州委党校学报》2006年第1期。

少数民族地区宗教林立，不同的宗教之间教义和信仰差异很大，教民生活习惯各有不同，历史上一些宗教之间或多或少都存在隔阂和摩擦，有的甚至发生过战争。其次在一些宗教内部，也分化出不同的教派，由于历史遗留问题一直未能得到妥善解决，教派之间存在着教权继承、教义之争、权力争夺等矛盾。信仰不同宗教或相同宗教不同派系的群众倘若在生活和生产中发生小摩擦，有时会上升到宗教和教派之间的斗争，从而引发规模更大、后果更恶劣的群体性冲突。①

（4）境外敌对势力暗潮涌动。境外敌对势力从未打消过企图渗透与分裂我国的念头，他们利用民族地区群众思想单纯、信仰虔诚且边境少数民族聚居区出入境方便、隐蔽性强等特点，打着宗教信仰的幌子大肆进行非法宗教活动，强行向群众灌输极端主义思想，极力丑化打压拥护党的宗教人士和基层干部，甚至策划和怂恿一些人进行暴恐活动。比如常见的征地拆迁矛盾常常被境外势力蓄意曲解，借此来煽动群众情绪、破坏民族团结。国际反华势力的侵扰严重威胁着民族地区的社会安定，给农村治理带来严重阻碍。

（二）探索与实践

在民族地区，处理农村事务需要考虑的因素往往有别于其他地区，民族干部和群众的处事方式、行为习惯直接影响着乡村治理模式。民族地区在特殊的治理环境下，依然探索出不少方式巧妙、目标明确的创新治理模式。

1. 四川省甘孜藏族自治州甘孜县调解中心的实践。

四川省甘孜藏族自治州甘孜县调解中心的全称是"甘孜县矛盾纠纷大调解协调中心"，成立之初就树立了预防和化解县域内

---

① 高成军：《权利保障与国族认同——以中国西北少数民族地区公民权利保障为切入点》，西北师范大学硕士学位论文，2008年。

社会矛盾纠纷的工作宗旨并一直致力于构建集人民、行政、司法三要素为一体的调解体系。一般来说，甘孜县大部分的社会矛盾都能够化解在乡镇级别以下，而调解中心主要负责处理跨乡域、矛盾尖锐、调解难度大的村民纠纷。

牦牛是藏族地区群众最重要的生产生活资料，藏民相信牦牛有灵性因此对牦牛较为呵护，很少采取圈养的方式而是将其自然放养在大草原上，正常情况下即使牦牛到远方觅食数月不回家也最终能够自然归来，所以藏族群众对偷牛者的防范意识并不高，这就给了偷盗者提供了可乘之机。在一次因偷盗牦牛引起的大规模纠纷下，甘孜县调解中心充分考虑双方诉求、"软硬兼施"，以灵巧智慧的调解方式将矛盾成功化解。

纠纷的缘由是这样的，2014年夏天的一个晚上，藏族牧民Z发现自家13头牦牛被盗，遂组织亲友迅速展开寻找，次日在县城的一个冷冻集中屠宰点发现被盗牦牛，遗憾的是此时已有4头被屠宰。Z情绪激动并认为该屠宰点的汉族负责人H就是参与盗窃的偷牛者，于是召集50余人一起到屠宰点"讨个说法"，屠宰点员工不甘示弱也组织了十几人聚集在屠宰点进行对抗，双方随时可能发生后果惨重的械斗，好在甘孜县委县政府及时掌握信息，并立即派出调解中心到现场参与调解。调解中心对此事件的处理思路如下：

（1）动之以情、晓之以理。首先调解中心换位思考，客观认识到其实矛盾的双方都是本次案件的受害者，藏民Z一方面损失了牦牛；另一方面在牦牛的寻找过程中投入了大量人力、物力和时间，请亲朋好友来帮忙又欠下了很多人情；而屠宰方本身是做合法生意，自己在不知情的情况下花费一大笔资金通过合法手段购买了牦牛，现又受到了大批人员的声讨，因此倍感无辜。调解中心到场后多次或明或暗地表达了对双方的同情和理解，双方的愤怒情绪逐渐缓和了一些。

但是双方依然不愿意接受调解。H考虑到自己汉族人的身份在藏区处于弱势，很可能受到不公正待遇，且本身也笃定自己没有过错，因此对于 Z "私了"的要求和调解中心的建议均表示拒绝；Z 担心屠宰中心虽然受到法律的处罚却不能给予自己足够的经济补偿，因此坚持要求依据规定按此类情况下赔偿数额更大的藏族习惯法来解决。面对这样的态势，调解中心在耐心劝说疏导后摆出了稍微强硬的姿态，强调双方如果不接受调解进而发生冲突，要承担严重后果。H 和 Z 其实都不愿意把事情闹大，在心中自行衡量利弊后，都表示愿意接受调解中心的公平调解。

（2）双法融合、规范互补。如果依据藏族习惯法中"偷一赔九"的规定，屠宰点应赔偿牧民 81 头牛和 36 万元，但显然屠宰点不可能接受如此高昂的赔偿条件。此时调解中心充分依据传统民法中"损害—补救"的原则，建议屠宰点将未宰杀的 9 头牦牛直接返还，被宰杀的 4 头牦牛则按照每头 1 万元的市场价格赔偿，此外，还建议屠宰方赔偿 Z 牧民亲友在寻牛期间的费用消耗共计 1 万元。虽然以国家强制法为主要依据，调解中心还是充分考虑了藏族习惯法在藏族地区人们观念中权威的地位，适度地尊重其处理偷盗事件中所体现出的惩罚性，并尽力在双方诉求间寻找到一个都能接受的平衡点。

（3）确保调解成果长期有效。为防止矛盾方接受调解之后反悔并产生二次矛盾，调解中心又出面组织了 H 和 Z 签订了详细而明确的书面协议，该事件的详细过程被白纸黑字地记录下来，给纠纷双方心理上带来一定程度的约束。再者，调解中心还按照藏族习惯按手印并发誓等方式要求双方作出保证，再次强化了牧民对调解结果的认同感。虽然 H 是汉族人，但也为了减轻日后可能出现的外部舆论压力而愿意照此办理。该事件最终在调解中心的出面下得到妥善解决，没有再引发纠纷。①

---

① 周晓露、李雪萍：《摆平：藏区基层政府纠纷调解的运作逻辑》，载于《中南民族大学学报》2017 年第 2 期。

2. 四川省康定县①的社区治理模式。

为进一步改善社区治理，探索新型的和谐社区治理模式，四川省康定县政府在2013年启动了"政府指导下社区主体参与"的试点活动，并力图通过此模式达到三个目标：一是探索出新型村级治理模式。二是提升农村社区工作的针对性和实效性。三是培养一批工作能力强、服务意识高的社区工作能人。

康定县委县政府详细分析了各个乡镇和村庄的具体情况，最终锁定6个行政村，并在试点村庄内开展了一系列活动，如转变民生项目管理模式、改善村庄内旅游服务条件、改善社区公共卫生条件等。具体实施步骤如下：

（1）领导内部达成决策共识。为保障后期工作的顺利开展，县委县政府领导班子多次组织开展会议，对试点活动的执行意义、工作内容和操作步骤进行规划和商议，经过多次研究，最终一致意见。

（2）组建工作团队。试点活动工作面广、任务量大，县级部门工作人员人数有限，因此县委县政府选择抽调一批乡镇工作人员专门组成"康定县参与式社区能力建设试点工作办公室"，负责试点工作具体任务的组织和实施。

（3）确定试点村庄。康定县处于汉藏交接区域，县域内既有高海拔的藏族高原地区，也有普通的农业种植区，政府充分考虑到不同区域里自然环境、人文环境对试点工作的多重影响，因此在高海拔牧区和低海拔农业区分别选取了三个村庄，以便比对相同模式在不同治理环境下的差异。

（4）开展人才培养工作。县委县政府通过开展讲座等活动形式对工作团队成员进行思想教育，再结合实际活动锻炼他们处理问题、与群众沟通的能力，推动他们积极参与社区工作。

（5）为群众搭建表达意见的平台。群众对于自己想要迫切

---

① 2015年撤县设市。

处理的问题最为清楚，试点活动的开展为群众表达利益诉求搭建了一个自由畅谈的平台。由群众提出急需解决的问题，工作小组负责策划解决方案并分批次逐步落实。

（6）开展工作评估活动。为避免"在错误的道路上越走越远"、加强对自身工作的客观认识，领导班子认真设计评估指标，让群众对试点活动的质量、哪些方面需要改进等提出评价和建议。[1]

康定县"政府指导下社区主体参与"的试点活动最终基本达到了预期设计目标，群众参与村庄公共事务的积极性被有效激发，增强了对基层干部的满意度和信任度。

3. 江西省抚州市乐安县金竹畲族乡的脱贫之路。

金竹畲族乡位于原中央苏区振兴县——乐安县最南端，是江西省8个少数民族乡之一，也是抚州市唯一的少数民族乡。全乡总面积248平方千米，山林面积33万亩，辖10个村委会，总人口12 563人，其中畲族人口4 045人。长期以来受自然条件、地理环境、人口素质等诸多因素限制，全乡经济发展程度严重滞后，"十二五"和"十三五"期间全乡贫困村的数量一直是5个。经济发展严重滞后成为制约乡村治理的最大绊脚石。因此，对金竹乡而言，实现有效治理的首要任务就是实现脱贫。为此，金竹乡党委、政府多次进行开会研究，结合江西省制定的贫困村退出8项硬性指标，充分利用本乡丰富的自然资源和旅游资源，逐步带领全乡探索出了一条契合当地实际的多方位脱贫之路，在经济得到发展的前提下，乡内各项事业面貌焕然一新，乡村治理得以稳步推进。金竹乡主要通过9大扶贫工程，来实现其脱贫的目标，具体如下：

（1）实施产业扶贫工程。发展特色种养业扶贫。高山牛肉、

---

[1] 韩伟：《改善农村社区治理的路径创新》，载于《农村经济》2014年第11期。

花猪、茅苔韭、稻花鱼、泉水鱼、箬页、笋干等是金竹乡优势资源产业,政府因地制宜,积极推进贫困村"一村一品"产业行动。鼓励和引导企业、种养大户发展特色产业,雇贫困户当工人,让贫困户增收脱贫。

发展光伏扶贫。引领和支持贫困户发展光伏产业,建设户用光伏电站和村级光伏电站,实现全乡566户贫困户光伏扶贫全覆盖。

发展乡村旅游扶贫。金竹乡以畲族文化为旅游发展根本,依托乡域内知名度最高的金竹瀑布景区,发展农家乐并吸收贫困人口20人进入景区务工。通过引入民生农业发展民宿游、观光采摘、养生度假等乡村旅游特色产品,辐射带动贫困户增收。

发展电商扶贫。乡政府紧跟时代脚步,将"互联网+"与扶贫开发相对接,推行电商扶贫。以村邮乐购、农村淘宝为纽带,完善村级服务点功能及配套设施,培训农村电商人才20余名。推进网上销售本地特色农产品,拓宽销售渠道。

积极探索资金注入收益扶贫。通过对6个特色产业扶贫基地注入资金40万元,支持产业合作社雇用、引领贫困户务工、入股等方式,辐射带动贫困农户增收,拿出利润的三成用于保障贫困户进行分红。

(2) 实施就业扶贫工程。对建档立卡中有劳动能力但缺少职业技术技能的贫困户,通过整合培训资源,加大培训力度,开展稻花鱼养殖、毛竹林丰产技术等农业实用技术普及培训,实现贫困户培训全覆盖。鼓励致富能人带领贫困户劳动力外出务工,支持外出务工人员回乡创业,带领贫困群众就业增收。突出抓好"雨露计划""红杜鹃"等培训计划,每年培训140多人,贫困群众年均劳务收入增长15%以上。

(3) 实施易地搬迁扶贫工程。在充分尊重群众意愿的前提下,乡政府按照城镇化、园区化的原则依托城镇和中心村、工业园区、推进易地扶贫搬迁,引导贫困人口向县城、小城镇、中心村集中,在乡内选择交通便利、环境容量许可、水土资源平衡、符合生态和避险要求的区域设置了两个易地搬迁集中安置点(即龙麟新村、金盛园新村),积极引导贫困村民搬迁进入厚发工业园区安居就业。

(4)实施生态保护扶贫工程。积极争取退耕还林、封山育林、公益林等重大生态工程,在追求生态平衡目标的同时提高贫困人口参与度和受益水平。利用生态补偿和生态保护工程资金,聘请有劳动能力的贫困户28人转为护林员等生态保护人员,人均每年增加收入8 000~12 000元。

(5)实施教育扶贫工程。对建档立卡中贫困家庭子女,认真落实国家、省、市有关政策,确保贫困家庭适龄子女义务教育阶段不因贫困辍学。

(6)实施社会保障扶贫工程。对建档立卡中的五保户、低保户以及丧失劳动能力无法通过产业扶持和就业帮助实现脱贫的贫困户,通过社会保障、实施政策性兜底扶贫,努力做到动态管理,能保则保。对贫困家庭中的老年人、未成年人、重度残疾人等重点救助对象,提高救助水平,确保基本生活。

(7)实施健康扶贫工程。对建档立卡中因病致贫和因残疾致贫的村民,通过制定特惠政策、完善新型农村合作医疗制度,扩大农村贫困人口大病救助制度覆盖面,减轻贫困家庭经济负担。

(8)实施基础设施建设扶贫工程。实现全乡乡村道路畅通工程,积极争取上级对县乡公路畅通工程和乡村道路畅通工程建设支持力度,实施了全乡乡镇、建制村以及村内20户以上住户的自然村道路硬化建设工程。实施水利建设扶贫工程,实施农村饮水安全提质增效工程,加大水利工程建设、管理养护,重点打通农业灌溉"最后一公里"的问题。实施农村电网改造升级工程,加快全乡农村的电力基础设施改造升级。加快农村信息化建设,加强农村及偏远地区信息基础设施建设,完善农村电信普遍服务补偿机制，提升贫困村互联网服务水平。

（9）实施危旧房改造扶贫工程。对贫困户住房进行全面彻底的拉网式调查摸底工作，对居住在危房中的贫困户实施危房改造工程，对自身无法进行危房改造的贫困户，探索采用贷款贴息、集中建设交钥匙等多种方式，重点支持贫困户危房改造。

在乡政府的引领下，全乡上下齐心协力，下辖村庄脱贫工作逐步取得可观成绩。2016年，下辖的金竹村人均收入已达4 620元，率先退出了贫困村行列，其他村庄同样紧随其后，乡村事业持续推进。到2017年初，全乡共减少贫困人口2 879人，贫困发生率累计下降了20.3个百分点。整体来看，金竹乡的脱贫之路并非为了脱贫而脱贫，而是涉及乡村治理的方方面面，在提高乡民经济收入和生活水平的同时，乡村的公共事业也得以全面改善，村庄治理逐渐走入一个良性循环的好局面。

第七章

网络社会治理

一、网络社会治理的内涵与背景

（一）网络社会治理的背景与意义

当今世界，以大数据、云计算、移动物联网、人工智能、区块链等为代表的新一轮科技革命席卷全球，与经济社会以前所未有的广度和深度交汇融合，正深刻地改变着人类的生产和生活方式，对国家和社会治理产生着越来越重要的影响。

中国已经形成了一个庞大的深入到社会、政治、经济、文化生活等各个领域的网络社会。数字化、交互性、及时性、个性化、全球化的新媒体，拥有着强大的吸引力，将越来越多的个人、组织吸附在新媒体构建起的虚拟网络上。根据第38次《中国互联网络发展状况统计报告》，截至2016年6月，我国网民规模已达7.10亿，互联网普及率达到51.7%。中国互联网超过全国总人口半数的使用规模，将我国现阶段的各种社会矛盾深刻地反映、放大在虚拟世界里。随着社会结构和利益格局的深刻变革，现实中的社会矛盾将日益频发，而与此同时，农村、老幼等利益边缘群体的互联网用户还有巨大的增长空间。与此同时，虚拟社会的矛盾冲突将更加复杂多变。①

党的十八大以来，习近平总书记在多个重要场合论述了网络空间治理的重要性，高屋建瓴地提出"构建网络空间命运共同体"的重大命题。其后召开的三次世界互联网大会，为网络全球化、社会化治理指明了方向，2014年11月，以"互联互通、共享共治"为主题的首届世界互联网大会在浙江嘉兴乌镇举办。习近平在贺词中指出："互联网发展对国家主权、安全、发展利益提出了新的挑战，迫切需要国际社会认真应对、谋求共治、实现共赢。"网络社会是一个涉及国家主权的重要领域。世界上有200个左右的国家，每个国家都有自己的地域疆界，互联网作为国家主权的重要组成部分，也有本国的区域界线和权限，同样不受其他国家的侵犯和操控。因此，网络社会既然是国家主权的重要组成部分，维护网络社会主权和网络信息安全就显得极为重要。

2015年12月，习近平在第二届世界互联网大会上发表主旨演讲时说："要加强网络伦理、网络文明建设，发挥道德教化引导作用，用人类文明优秀成果滋养网络空间、修复网络生态。"2016年11月，在第三届世界互联网大会开幕式上，习近平通过视频发表讲话。他指出，互联网发展是无国界、无边界的，利用好、发展好、治理好互联网必须深化网络空间国际合作，携手构建网络空间命运共同体。中国的举措对于加强全球互联网治理发挥了积极作用。② 三次大会分别从网络国家主权、网络生态文明、网络国际化合作三个层面阐明了网络治理的重要性。

更进一步讲，网络社会形成和发展的影响不只局限在网上，而是对整个社会的结构以及相应的治理体系都产生了巨大的作

---

① 于水、宋瑞娟：《新媒体环境下虚拟社会失序的形成逻辑——基于元治理的解释框架》，载于《学术探索》2017年第2期。

② 熊光清：《十八大以来党对网络社会治理的探索》，载于《理论与改革》2017年第2期。

用。十八届三中全会提出了建设现代化的国家治理体系的目标，而这离不开对网络社会的有效治理。网络社会的治理与现实社会的治理共同构成了完整的国家治理体系。① 当前网络社会治理已经成为影响国家治理能力和现状的重要领域，因此，有效的网络治理对我国经济社会稳定发展具有重要意义。

1. 民意诉求的表达渠道，促进公民参政议政。

在大众媒介时代，网络信息传播使公众的意见表达变得更为便捷、更为有效。通过微博、微信、博客、人人网等，使得信息传播速度越来越快，公民借助网络舆论重新获得诉求表达、参政议政的机会。网络成为"民间舆论"的强大集散地，使人们更加关心国家的政治生活。因此，互联网不仅培养了网民的民主意识，提高了其参政议政的能力，而且能够通过网络舆论的影响力在一定程度上影响现实问题的解决。但同时，有些不当的社会舆论也会引发网络社会冲突，进而转化为现实冲突。因此，应正确引导网络舆情，通过综合运用法律、行政等手段，对网络舆情加以有效治理，确保互联网可管可控，使我们的网络空间清朗起来。

2. 为公民提供匿名、自由、开放的交流平台。

互联网为人类社会生活构建了一个电子网络世界里的跨域平台。人们可以自由进出，即时互动和实时在场，不受任何地域的限制，这也为人类开辟了网络拓展、区域跨越和共时呈现的新的活动空间。也就是说，全世界范围的人们，依托于互联网不但可以传递、交流和分享各类信息、知识与观点，而且还可以在交流互动的过程中凝聚并整合起来，在社会生活中形成影响和改变个人、群体乃至社会公共生活的现实推动力量。最为突出的是，在行为主体层面，人们已经开始逐渐享有和践行自主、平等、多

---

① 程琳：《加强网络社会治理创建文明网络环境》，载于《中国人民公安大学学报（社会科学版）》2014年第3期。

元、包容、互动、共享等价值理念和行为准则,而这样的价值理念和行为准则,同样也会进一步贯穿和融进人们网络社会生活以及网下社会生活的不同领域和不同侧面。① 一个充满活力的网络社会正在快速兴起,包括"线上"和"线下"两个世界在内的整个社会运行的体制架构,也在发生着深刻的改变。

3. 改变传统社会治理方式,促进政民互动。

在社会及政治、经济领域,网络凭借其技术特性压缩了原有自下而上的沟通层级,使政府与公众之间的多层级沟通模式逐步消解,沟通成本得以减少。"信息革命产生着一种新型的信任政治,其中透明度越来越成为一种权力资产",不断推进政治体制改革以及广大民众利益的实现。以微博为例,"如果有效地使用微博这一工具,无疑将有助于降低社会压力、缓解社会矛盾,促进执政党和公民之间良好的沟通与交流"。②

4. 为民答疑解惑,营造社会共识。

2016年3月底,有媒体称,深圳市开始实施最为严厉的"禁摩限电"政策,一度引发社会质疑。对此,"深圳交警权威发布""深圳交警"等微博发布公告,邀请全国媒体和各界代表参加新闻发布会,提供采访便利。2016年4月4日,"深圳交警权威发布"刊文回应舆论关注问题,并决定适当延长"过渡期"。4月5日深圳交警如期召开座谈会,邀请了快递、物流等行业协会、快递企业代表以及人大代表、政协委员等参加,共同研讨"禁摩限电"相关工作,听取各方意见。会议针对社会舆论焦点和质疑点一一回应和解疑释惑。此后,舆情快速回落,政策得以继续推进。再如,在杭州迎接G20领导人峰会召开之时,网络出现了不少谣言。当地政府逐一调查,并先后两次进行集中

---

① 常晋芳:《网络哲学引论——网络时代人类存在方式的变革》,广东人民出版社2005年版。
② 段钢:《网络社会治理研究渐成热点》,载于《社会科学报》2015年7月2日。

辟谣，保证第一时间化解公众疑问，保障了会议的顺利筹备、信息透明和居民生活的安定有序。①

5. 有效监督公权力。

党的十八大以来，反腐倡廉形势依然严峻。从党的自身建设来看，开展广泛有力的网络监督，能有效提高党的自身净化能力。尤其是在自媒体时代，网络反腐舆情集中通过微博、微信、博客、论坛等媒介汇集，以更加平等、更具个性、更加多元的方式传播，可以形成强大的舆论热潮，其关注群体数量更为庞大，许多成功的网络反腐事件都通过互联网迅速披露出来。例如，"天价烟""天价茅台"以及"房叔"案等网络反腐事件所产生的舆论效应，只有在互联网时代才如此巨大。因此，网络监督作为信息化时代一种较为有效的反腐方式，成为我国反腐败的一大利器。

（二）网络社会治理概念界定

一是一些学者对虚拟社会、网络社会的界定：何明升认为社会是指人与人之间在一定时间范围内相互影响而产生的种种联系和关联。由网络所形成的虚拟社会也是人与人之间交互作用的结果，是人与人之间在网络这个虚拟氛围下产生一些虚拟交互影响，由此在其中产生的种种联系和关联的一个领域。②

王琳、刘俊玲认为虚拟社会与现实社会在本质属性上是相同的，只是它们所存在的空间与相互作用的结果存在一定的差异性。在现实社会中人们的生活领域属于一个相对静态领域，相互作用的方式是人与人之间的单一直接的互相影响；而在虚拟社会中人们的活动领域是由网络所带来的虚拟化的领域，相互影响的

---

① 刘鹏飞：《从近年案例看舆情引导规律》，载于《新闻与写作》2017年第3期。

② 何明升：《虚拟社会治理的概念定位与核心议题》，载于《湖南师范大学学报》2014年第6期。

方式是人与人之间多重间接的互相影响,即人—机—人的相互影响。虚拟社会的存在需要以虚拟网络为基础,以"虚拟"领域中的人为中心点,以信息的产生与传递为重心,在网络世界的虚拟联系中形成一些虚拟的社会关系。① 主要突出了虚拟社会的交互性。

金吾伦认为虚拟社会(virtual society),又称赛博社会(cyber society),是指不同网民之间经由计算机、远程通信终端等技术设备相互连接起来以进行信息的共享、互动与交流,并在其中进行社会交往、社会活动而形成的一种亚社会性质的网络虚拟空间。冯斌元认为在一定意义上说,虚拟社会是现实社会的别样表达和延伸。然而,作为一种亚社会形态和模式,虚拟社会有其独特的社会属性,与现实社会有着较为明显的区别。②

二是对网络社会治理的定义:李一认为网络社会治理,是指以互联网络和网络社会为主要指涉对象,在借鉴并适当沿用现代社会治理的价值理念、制度设计、体制建构和手段方式等的基础上,由政府、企业、社会组织以及个人等多方主体和多种社会力量参与其中,彼此通过协同努力来实施的一种社会治理的实践类型,目的在于形成网络社会生活的正常运行状态和群体生活秩序,促进网络社会文明的健康持续发展。网络社会治理,其实也就是针对网络社会共同体生活而实施的一种社会性治理。它可以表述为"网络社会的治理"(the governance of internet society),也可以更为确切地表述为"网络社会的社会治理"(the social governance of internet society)。③

熊光清认为网络社会治理是指以网络社会为对象,通过借鉴

---

① 王琳、刘俊玲:《政府虚拟社会管理的新挑战及应对策略》,载于《成都行政学院学报》2017年第1期。
② 杨昕:《论虚拟社会的基本特征及其管理》,载于《社会工作》2012年第1期。
③ 李一:《网络社会治理的目标取向和行动原则》,载于《浙江社会科学》2014年第12期。

治理的价值理念、制度设计和手段方式,由政府、企业、社会组织以及公民个人等多种社会力量共同参与、协同实施的社会治理。关于这一概念,其包含的要素有:第一,治理的客体是网络社会。对于如何处理网络社会中出现的问题,治理理念提供了比较好的视角。治理理念比较吻合网络社会中出现的一些新变化。第二,治理的主体是多元的。治理主体包括政府、企业、社会组织以及公民个人等多种社会力量,网络社会中的行动主体都可以成为治理的主体。第三,治理理念与传统的统治和管理理念有所不同。例如,论及网络社会治理,其客体与主体一定程度上是平等的,也是可以相通的;更强调共同参与、互动协商。①

网络社会治理是主要针对网络社会而实施的一种社会治理的实践类型,在具体的运作过程中,网络社会治理需要动员政府、企业、社会组织以及个人等多方主体的有效参与,要借助于法律、道德及行政等多种手段,发挥协同共治的综合力量,规范和调适网络社会生活中的各类权利和利益关系,化解和疏导网络社会运行中的矛盾冲突,保障网络社会安全、健康发展。

二、网络社会的特点与治理原则

(一)网络社会的特性

从表面上看,网络社会只是连接的无数电脑终端,但实质上就空间和互动场域而言,它连接的是作为运用和生产的"人"。尽管网络社会最初源于政治的、军事的和技术的目的,但它逐渐

---

① 熊光清:《中国网络社会治理与国家政治安全》,载于《社会科学家》2015年第12期。

演变成了文化的、社会的、私人的和自由的互动空间,已经成为一个基于互联网技术发展的具有独特"实在"的社会场域,它昭示了一种社会生活和交往的新型空间甚至是新型的社会。网络社会根源于人的创造,是对现实生活的拓展和延伸,也是对现实社会的高度模拟,但绝不是全面的简单复制。网络社会与现实社会紧密相连,不可分割,具备独特的性质。[①] 要对虚拟社会进行有效地治理,必须遵循网络社会的基本规律,与传统社会相比,网络社会具有以下几个方面的特点:

1. 网络社会具有虚拟性。

一是在网络这一虚拟的环境之中,活动主体的性别、年龄以及习惯等基本资料都可以通过网络进行适当更改。[②] 二是网络活动范围和空间具有虚拟性,人们在进行虚拟活动的时候,以符号或数字为中介,通过数字化的信息扩散行为在虚拟社会中进行各项活动。同时,人们可以在法律规定范围之内进行自由活动,不受时间和空间的限制。三是网络社会主题具有虚拟性,人们可以充分利用自己的想象力通过微信、微博将自己的所思所想进行传递。

2. 网络社会具有自由性。

一是网络有着一个自由的活动领域,主体只需要借助于电脑与网络代理服务器,就可以自由地穿梭于网络中的任何一个地方,做自己想要做的事,例如,人们随时随地就可以在网上进行求职、购物、考试等活动。二是人们能够根据自己的兴趣、爱好来自由安排网络活动,可以随意地选择想要进入或者远离那些使自己感到压迫的个体或群体。对自己的虚拟活动具有完全的自控权,这也打破了现实生活中不平等的社会地位。

---

① 彭美、夏燕:《全球化视野中的网络社会及其法律建构问题》,载于《学术论坛》2010年第5期。

② 刘娜:《互联网时代网络社会治理对策研究》,载于《黑龙江科技信息》2017年第4期。

3. 网络社会具有互动性。

人们在虚拟社会中的行为效果和影响是在互动过程中表现出来的，互动是虚拟社会形成与发展的重要特性。由于虚拟社会没有时空的限制，所有参与者在信息传播、意见表达与情感交流中能够产生现实社会中无法实现的、随时、全方位、多向、无约束的互动。所以，互联网上人与人之间的互动很多都是多向的、共时的、非线性的，达到了一人与多人同时进行互动的模式。人们在网络上互动的内容更加丰富多彩，增加了互联网生活的生动性，这在很大程度上满足了人们渴望交流和沟通的心理需求。①

4. 网络社会具有主体多元化的特点。

伴随互联网技术的突飞猛进，网络已经成为世界上最庞大、复杂的资源库与数据库，汇集全球各种信息，是一个不断更新的开放信息系统，任何人只要具备一定的计算机基础知识和浏览互联网的基本常识，就可以不受时间、地点的限制，进入虚拟社会，自主选择需要的信息，发表言论，它把世界上不同国家、不同地区的人紧密联系在一起，不分年龄、种族、身份、宗教信仰、社会阶层等都可以随意选择自己感兴趣的网络空间、关心的话题进行自由交流，把大家一起编"织"在一个共同体，这就决定了成为网络社会成员的门槛低、要求低，因此，它的主体性是开放的、多元的。

5. 网络社会的匿名性。

网络社会是一个高度隐蔽的社会，它以图像、声音、信息等电子文本作为自己的存在形式，网络主体面对的是一个符号化的世界，受众在网络中感觉到的是一个"虚拟的时空"世界。同时，基于网络传输技术的复杂性和不确定性，使得网络主体之间在远距离接触时很难辨析对方的身份，并且可以通过种种技术手

---

① 王琳、刘俊玲：《政府虚拟社会管理的新挑战及应对策略》，载于《成都行政学院学报》2017年第1期。

段隐藏自身的身份、拥有多个网络身份。换言之，在网络社会里，人们完全可以根据自己的想法，不向别人透漏与自己相关的任何信息，隐蔽匿名性是网络空间的重要特性。也可以说，在网络中，对于另一终端的其他人而言，你可能只是一个无主体、无身份的信息交流者，你的身份对他来说是毫无意义的。①

6. 网络社会具有非中心化、结构扁平化的特征。

网络社会是一个平等开放、互联互通的扁平结构的社会，所有的信息传播主体均处于平等地位，打破了传统社会领导与被领导的隶属的社会关系；不能简单地依靠一个网络主体对其他主体的行为进行管制、发布命令，从而控制整个网络的运行，而是必须建立在有效地沟通和互动之上。现实社会存在的不可逾越的等级观念和特权待遇在网络社会受到强烈的冲击。

同时，网络社会动态的非中心性指的是网络结构中存在许多的节点，并且没有中心点可言，所有的网络内容在网络社会这一虚拟环境之中，任何参与者都可以实现无节点的交流，处于无中心化和非权威性的扁平的网络场景，网络社会"处处皆中心"，意即"处处无中心"。

因此，由于网络社会非中心化、结构扁平化的特性，进行有效治理必须从管制走向沟通、从封闭走向开放、从单向走向互动，树立有效沟通、开放互动的管理理念，正确对待网络舆论和网民意见，通过积极有效地沟通和互动来促进问题和矛盾的解决。②

7. 网络社会具有全球性、超时空性。

网络社会作为全球性的信息交流和社会互动平台，已经超越了现实地域、时空、文化等的限制，促使不同地域个体之间进行直接的对话与交流。传统时代，跨国之间的文化交流受制于传统

---

①② 杨昕：《论虚拟社会的基本特征及其管理》，载于《社会工作》2012 年第 1 期。

媒介和渠道的控制，不同国家人们的交流是有障碍的。在网络社会中，信息数据的传输速度与地理距离无关，无论实际时空距离远近，一方发送信息与另一方接收信息几乎是同时的，其时间差距几乎无法感知。任何人只要凭借鼠标就可以到世界上任何一个地方，体现出全球化的特征。[①] 这种全新的空间支配模式已经完全打破了国家、地区之间各种有形和无形的界限，把世界连成了一个"地球村"。

（二）网络社会治理的基本原则

1. 协同共治的原则。

党的十八届三中全会提出："全面深化改革的总目标是完善和发展中国特色社会主义制度，推进国家治理体系和治理能力现代化。"从人类政治发展的历程看，从政府统治到政府管理再到政府治理，包括从社会管理到社会治理的转变，并不是简单的词语变化，而是思想观念、价值理念的变化。

具体来讲，从政治学理论看，统治与治理主要有五个方面的区别。其一，权力主体不同，统治的主体是单一的，即政府或其他国家公共权力；治理的主体则是多元的，除了政府外，还包括企业组织、社会组织和居民自治组织等。其二，权力的性质不同，统治是强制性的；治理可以是强制的，但更多是协商的。其三，权力的来源不同，统治的来源就是强制性的国家法律；治理的来源除了法律外，还包括各种非国家强制的契约。其四，权力运行的向度不同，统治的权力运行是自上而下的，治理的权力运行可以是自上而下的，但更多是平行的。其五，两者作用所及的范围不同，统治所及的范围以政府权力所及领域为边界，而治理

---

① 彭美、夏燕：《全球化视野中的网络社会及其法律建构问题》，载于《学术论坛》2010 年第 5 期。

所及的范围则以公共领域为边界,后者比前者要宽广得多。①

国家治理体系和治理能力现代化的提出,就是要使政府、社会组织乃至每一个公民在国家事务管理、社会公共事务管理上协同共治。实现这一总目标就是要使国家与社会、"国"与"民"在八个字上下功夫,即"协商、协调、协作、协同"。②这样的治理理念、方式同样适用于网络社会,就是要消解传统僵化的管制思想,采用协同共治的原则。所谓协同共治,就是改变政府僵化、单一管制的方式,在基本的网络社会准则和规定下形成由政府、社会组织、企业、公民网络社区组成的自治多元化的治理主体,通过互动共同维护网络公共秩序的治理方式。

2. 全民治理的原则。

互联网作为公民活动的公共领域,为人与人之间提供了自由地表达意见、交流思想的平台,由于网络社会具有自由性、交互性、主体多元化等特点,为人们创造了一个开放、自由的表达渠道,同时其也在践行着公共精神,包括自由、平等、公平、正义等价值内涵。因此,网民作为网络社会治理的主体应该积极参与到网络社会秩序的维护中,每个人都应该严格遵守网络社会规范,对自己的言行负责,才能形成人人共享共治网络社会的共识,最终实现有效的网络社会治理。

3. 虚实结合的原则。

所谓虚实结合,就是指在网络社会的治理中既要考虑到网络社会本身的特殊性,又要结合现有实际社会治理体系中的优点和机制。例如,对于不同的侵害他人权益和危害公共安全的行为,要进行系统合理的界定,给予不同程度上的规制。对于哪些行为

---

① 俞可平:《推进国家治理体系和治理能力现代化》,载于《前线》2014年2月27日。
② 任维德:《实现国家和社会协同共治》,载于《内蒙古日报》2013年11月19日。

适用于网络世界的处罚规定,而哪些行为应该对实际的真实个体进行违法犯罪处罚应该给予具体的界定。在网络处罚和现实处罚中,还需要进行更为详细的界定,要形成完整的从对虚拟个体行为到对现实个体行为约束的体系。①

4. 以法治网的原则。

十八届四中全会提出,全面推进依法治国,总目标是建设中国特色社会主义法治体系,建设社会主义法治国家。由于网络社会本身具有的特性导致治理的难度大,人们对互联网的依赖是建立在其良性、稳定、正常的运行状态,一旦互联网出现技术或管理事故和问题,它所导致的后果是难以预测和及时应对的。例如,网络基础设施可能面临的系统漏洞、病毒、黑客攻击等安全风险;以及网络社会自由、匿名、交互的传播特点导致一些信息难辨真伪。更为严重的是一些错误的、虚假的、有害的信息在网上广为流传,经过一定程度的夸大、误传,很容易会形成"网络羊群效应",造成网民心理的恐慌甚至导致群体性事件的发生,为社会稳定带来威胁。

基于法律是网络治理和约束网络个体行为规范的基本指导原则。网络基本价值共识的形成,具体的约束网络行为的规范体系的完善以及网络社会法律法规体系的出台直接关系着网络社会有效治理的程度,因此,应理顺以法治网的理念、原则,健全网络社会治理的法律法规,同时,需要硬法与软法相结合,维护国家安全利益、公众利益和社会和谐稳定。

三、网络社会治理面临的新挑战

随着我国网络应用的逐渐普及,越来越多的公民成为网民,

---

① 何哲:《网络社会治理的若干关键理论问题及治理策略》,载于《理论与改革》2013年第3期。

网络已经渗透到国民经济和社会生活的各个领域,形成了新型的网络虚拟社会形态。其"双刃剑"作用也表现得越来越突出,在增加人们便利性和自由度的同时,也出现了不少新的网络社会问题,比如网络侵害、网络欺诈、网络威胁、网络色情、网络谣言、意识形态、信息安全等。同时,传统的社会治理理念和方式面临着新的问题与挑战。例如,我国网络社会治理领域缺乏应有的法制保障、多元治理主体间尚未形成合作共治、复合型专业治理人才匮乏、网络社会治理国际合作有待加强等难题。①

(一) 网络社会违法犯罪事件剧增

网络社会作为现实社会的虚拟延伸和扩展,为我们提供了很多方便,为社会带来了巨大的效益,但是网络违法事件的发生率在网络社会中也在不断增加,成为影响网络社会可持续发展的重要因素。一些网络社会违法犯罪事件具体表现在:一是网络诈骗猖獗。伴随着移动互联网使用规模的激增,网络诈骗近年来也呈高发态势。2015年我国经检测发现的移动互联网恶意程序数量已经超过145万件,同比增长52%。诈骗分子不仅用恶意程序作为"进攻武器",还有各种情景化的诈骗策略,用户往往防不胜防。② 二是网络乱象丛生。例如一些网络"大V",网络发帖专员、网络"水军"等,他们以谋取利润为目的,经过网络发帖专员制造虚假信息——网络"大V"扩大影响力——网络"水军"大量扩散不利于对手言论、恶意中伤对手。比较典型的是"秦火火事件",其团伙不仅捏造了大量虚假信息,同时,还发帖恶意污蔑共产党和爱国人士。这些丑陋行为严重威胁到国家的安全问题。另外,还有利用网络进行诈骗、赌博,传播淫秽色

---

① 郭永珍:《马克思主义视域下网络社会治理法治化的路径探析》,载于《重庆与世界》2016年第12期。
② 于水、宋瑞娟:《新媒体环境下虚拟社会失序的形成逻辑——基于元治理的解释框架》,载于《学术探索》2017年第2期。

情、恐怖事件、迷信、谣言等情况。据 2012 年、2013 年《中国网民信息安全状况研究报告》的统计,我国的网民在 2012 年、2013 年遇到的"网络诱骗信息"分别占网民总数的 38.2%、36.3%,"假冒网站"分别占 17.6%、22%,个人信息泄露分别占 7.1%、13.4%。① 因此,网络犯罪问题也是政府网络社会治理的重要问题。

(二) 网络群体性事件频发

我国当前正处在社会转型期和矛盾多发期,一些弱势群体通过网络表达自己的利益诉求,发泄自己的不满情绪。在网络空间中,极有可能因为个体行为的微小差异,引发群体行为的巨大变动,导致公共事件的集聚、突变和涌现。而一旦爆发这种突发公共事件,其社会影响往往十分广泛,且连锁反应突出,具有明显的即时效应、蝴蝶效应和全域效应。② 如果处置不当,很可能导致群体性事件的发生,甚至会造成重大人员财产损失。近年来,网络虚拟社会的舆论风起云涌,几乎每一个危机事件的爆发都与网络息息相关。

(三) 网络安全隐患重重

在全世界范围内,计算机病毒、黑客攻击、垃圾邮件、系统漏洞、网络窃密、网络虚假信息等问题日渐突出,在技术不成熟的条件下,很容易被黑客攻击而被动地泄露信息,给我国国家安全带来不利影响。中国互联网应急中心发布的信息显示,我国 2015 年统计到的网络安全事件超过 12 万起,同比增长

---

① 王琳、刘俊玲:《政府虚拟社会管理的新挑战及应对策略》,载于《成都行政学院学报》2017 年第 1 期。

② 李磊明:《加强和创新网络社会治理》,载于《宁波日报》2014 年 7 月 8 日。

125.9%。① 例如，计算机病毒、黑客攻击等行为，对信息化程度较高的银行、交通、医疗、通信行业形成了诸多威胁。另外，网络间谍等行为以及网络设备安全漏洞多、保密机制不健全等问题也威胁到国家安全。

（四）主流意识形态安全被削弱

目前，互联网已经成为西方国家向中国进行意识形态渗透的重要途径，西方发达国家凭借其技术、资本优势，通过互联网对我国政治、经济、文化、军事和外交领域进行网络渗透，谋取网络霸权、文化霸权，甚至成为国际恐怖主义对中国展开活动的重要工具。例如：一是以美国为首的西方国家不断宣扬其价值观，通过"民主输出""民主动员"，干涉别国的内政与外交；二是一些反动人士通过网络攻击我国政治制度、文化信仰等，发布虚假信息制造恐慌，以达到影响国家安全和社会稳定的目的。② 三是一些国家打着"大众自由文化"的旗号在网络上散布大量色情、暴力、迷信等负面信息，对我国青少年群体进行传播和渗透，对他们的思想意识、价值观念造成极大冲击，严重威胁着主流意识形态。

（五）网络社会治理方式单一

由于网络社会复杂性、互动性、跨区域性以及管理主体多元化的特征使得传统一元、僵化的管理模式已经不能满足网络社会治理的需要。例如，一是管理方式上主要采取"以堵为主"。大多数政府相关部门一发现网络上出现偏激言论，就责令网管人员删帖、全力封杀，复制以往传统媒体"删、封、关"的执法方式。这样就会直接造成网民对网络的不信任，甚至造成政府与人

---

①② 于水、宋瑞娟：《新媒体环境下虚拟社会失序的形成逻辑——基于元治理的解释框架》，载于《学术探索》2017年第2期。

民群众在网络上的"二元对立"的局面,这种把封锁消息作为处理危机的基本方法,只能把事情处理得更糟糕。二是网络社会呈现的是多中心、扁平化社会结构的特征,没有一个绝对权威的中心主导者,以社会组织、公民为代表的多元网络社会治理参与主体要求权力共享,每一个主体都是以平等身份交流互动,希望网络资源合理配置与协同共享,实现网络多元文化和价值观的并存与协调,而目前我国对于网络社会治理仍然以政府为主,社会组织和公众参与的程度远远不够,导致治理主体协同共享、共治的局面尚未形成。

(六) 网络社会治理缺乏应有的法制保障

随着互联网已经广泛应用于经济社会各个方面,人们的沟通方式、生活方式发生了巨大的变化,但同时,一些犯罪分子通过新技术进行蓄意破坏网络,非法窃取国家和网民秘密信息,开展网络诈骗、网络监听等犯罪活动,反映出我国网络治理领域法制保障的缺失。针对这些情况,我国近年来加大了互联网发展和治理的立法力度,已经出台了上百个有关互联网的法规,特别是2016年11月颁布、2017年6月1日实施的《网络安全法》,成为互联网信息安全网络治理的总法。但是,总体而言,还存在一些法律规章表述笼统,实操性、针对性不强,且立法层次较低,立法主体多元化,立法不及时,主要以部门规章为主,立法之间相互衔接不够,系统性和协调性不强等问题。例如,针对违法犯罪方面,存在网络电子证据力度不够,调查举证难度增大,网络犯罪案件跨域性广,不能明确管辖权限范围等一系列问题,很多领域甚至处于一种法律真空状态。在网络社会治理执法方面,一些网络违法行为因缺乏法律定性、操作细则以及有效监管,导致执法难。此外,网络社会仍存在着公权力滥用现象,公权力的滥用在网络社会已由过去的暴力执法形式逐渐演变为一种无孔不入的信息和隐私控制。一旦出现公职人员滥用手中权力的情况,网络社会中的个人几乎没有任何可以躲避的空间。① 另外,我国关于网络社会治理的法律法规与国际上相关互联网治理法规还存在一定的差距,不能够有效衔接。

(七) 网络社会治理相关主体道德自律缺失

由于网络社会的匿名性、虚拟性以及分散性的特性容易造成道德规范机制失灵,网络失范现象时有发生。具体来讲,一是就网络社会秩序而言,一些互联网和电信运营企业法律意识比较淡薄、社会责任缺失,网站违法违规行为屡禁不止,网络传播中的行为失范、制度缺失,降低了网络传播的公信力。二是一些网络参与主体利用网络社会刻意放大现实社会矛盾,错误地引导网络舆论,致使垃圾信息成灾、网络谣言泛滥、病毒制造与传播等现象时有发生。这对网络社会秩序和谐稳定造成了很大的威胁。三是表现为网民整体道德素养不高,网络行为自律缺失,容易忽视责任归属感和社会约束感。在一个不具有某些强制"他律"因素的自由场域,人的劣根性就会暴露出来,作出一些比较低俗的失范行为,如语言失范、行为失范和伦理失范等。另外,网民上网存在用虚拟名、一人几名、未用实名登记等现象。网络社会采用网名,对网民的网上行为自律和监管造成了管理难度,司法机关打击网络谣言等网络犯罪也面临投入成本高,查找线索难等问题。②

(八) 网络社会领域缺乏复合型治理人才

近几年来,我国各种网络违法犯罪活动日益猖獗,犯罪分子利用互联网技术进行犯罪活动,大都具备较高的智商、熟练掌握

---

① 郭永珍:《马克思主义视域下网络社会治理法治化的路径探析》,载于《重庆与世界》2016 年第 12 期。
② 程琳:《加强网络社会治理 创建文明网络环境》,载于《中国人民公安大学学报(社会科学版)》2014 年第 3 期。

各项网络技能，能够挖掘网络的缺陷与漏洞，因而通常能够借助于计算机技术攻击其他网络系统，盗取、篡改机密信息，尤其是一国的政治、经济和军事系统等事关国家经济命脉和国防安全的核心领域，一旦被网络违法分子破坏，将给一个国家造成巨大的损失。当前，我国政府、民间组织和公众在网络社会治理领域虽有自身独特的优势，但在治理过程中仍然存在许多不成熟、不专业的地方，如网络监管人员和司法系统人员限于各自专业知识，不能够准确判断网络犯罪的特点，作出正确的决策，以至于不能够有效治理部分网络空间领域。因此，仅仅依靠政府、社会组织和公众这三股力量来预防网络高科技犯罪，维护网络社会秩序难以达到网络治理的最佳效果。随着形势的发展变化，网络犯罪事件的有效预防处置和网络领域复合型（计算机网络技术＋法律知识）治理人才匮乏之间的矛盾愈加突出。[1]

（九）网络社会治理国际合作有待加强

当前，随着互联网发展日趋全球化、国际化，网络社会治理更需要发达国家与发展中国家展开广泛的合作。但是，现实情况是复杂多变的国际形势，各国以利益博弈为出发点，不能有效地进行网络国际治理合作。一方面，以美国为首的网络发达国家利用其先进的硬软件技术手段，向新兴网络大国输出所谓的"自由、平等、人权"等价值理念；另一方面，如何平衡各国"意识形态""网络主权""网络自由权"之间的关系，是各国网络社会治理的关键点。由此可见，各主权国家以维护本国利益为核心，很难在短时间内达成网络领域的国际合作。

---

[1] 郭永珍：《马克思主义视域下网络社会治理法治化的路径探析》，载于《重庆与世界》2016年第12期。

四、网络社会治理的发展方向

2016年10月9日,中共中央政治局就实施网络强国战略进行第三十六次集体学习,习近平总书记在主持学习时指出,随着互联网特别是移动互联网的发展,社会治理模式正在从单向管理转向双向互动,从线下转向线上线下融合,从单纯的政府监管向更加注重社会协同治理转变。这是将治理理念运用到网络社会治理的明确表述。[①] 同时,习近平总书记还强调,要加快增强网络空间安全防御能力,加快用网络信息技术推进社会治理,加快提升我国对网络空间的国际话语权和规则制定权,朝着建设网络强国目标不懈努力。[②] 这为我国网络社会治理提供了根本方向和行动指南。

(一) 加强网络舆论引导

互联网日益成为思想文化信息的集散地、意识形态斗争的主战场。因此,加强对网络舆论的正确引导是做好网络社会治理工作的前提和基础。一是要建立一支统一协调、反应灵敏、处置高效的舆论引导团队,同时,尊重客观事实,合理分工,按照第一时间原则进行舆论引导;二是各级政府首先要发挥政府网站的主导功能,运用网络新技术,及时发布权威信息,加大正面宣传力度,形成积极向上的主流舆论,同时,还需要培养一些"舆论魁首",通过"舆论魁首"的意见引导网民对某一事件的判断,使其向目标发展;另外,政府要加强对网络媒体的监管,制定奖惩措施,保证清净的网络空间;三是当网络舆情危机发生时,政府

[①②] 熊光清:《十八大以来党对网络社会治理的探索》,载于《理论与改革》2017年第2期。

要及时报道事件发生的真相,充分尊重群众的知情权,缓和群众的不满情绪,避免造成网络舆论喧嚣与恐慌;并对事件发生进行深度分析和跟踪报道,避免媒体负面炒作,提高网民的社会责任感。①

同时,要不断引导网络舆论,发扬社会主义核心价值观,维护好我国主流意识形态,满足人民群众的精神文化需求。一是要加强网上宣传,以引导、对话和解释等方式做好宣传工作,帮助网民正确识别舆论客体,提高其辨别是非的能力,及时准确地把握当前网民的思想意识动态和走向,确保网络宣传工作中健康向上的思想文化,营造良好的社会主义文化舆论氛围。二是把握住网上思想文化的主旋律,大力宣传科学真理,传播健康、优秀的传统美德。要讲究引导艺术,用朴实的语言、坦诚的态度与网民交流,塑造美好心灵,大力弘扬社会正气。要进一步发挥政府部门网络舆情的导向作用,使党的各项方针政策、执政理念内化到网络信息服务供给中,把握好网络舆情的方向盘,稳定网络社会舆论秩序,巩固好我国主流意识形态的阵地。实际上,互联网这块领域如果不被大众喜欢的科学的、有趣的、丰富的精神文化生活所占领,就易被其他意识形态占据。

(二) 创新网络社会治理理念

网络社会治理是我国社会治理的一项重要内容,它对维护我国社会稳定发挥着重要作用,因此,应不断提升治理能力和治理水平,切实转变网络治理理念。首先,网络相关治理主体要正确认识网络社会发展的新规律和新特点,努力消除"恐惧网络、敌视网络、轻视网络"的错误观念,树立"善待网络、善治网络、

---

① 颜卫青、翁礼成:《虚拟社会的含义、管理原则与基本路径》,载于《广东行政学院学报》2013年第5期。

善用网络"的正确观念。① 其次,应摒弃传统"管控"思维,转变封闭的、单向的程式化框架处理方式,既不能一味"删、封、堵、关",导致民意诉求表达渠道被堵塞;也不能放纵其自由发展,这样会使一些不良言论满天飞,影响正常网络秩序。再次,各级政府部门要加强责任意识,开通民意直通车,通过开放性论坛、政务微博、政务社区等各种新媒体工具,畅通公民的利益诉求渠道,保证其参与权、知情权和表达权,面对危机应勇于担当,化解各类网络问题。最后,要秉持多中心治理的理念,推动政府相关部门、计算机供应商、非政府组织、网民等多元主体通过平等协商、合作与谈判机制化解网络社会中各类矛盾冲突与纠纷,同时,最大限度实现网络社会自律自治,从而形成多元主体合力来维持网络社会正常有序运转的治理思维。

(三)构建中国特色多元网络治理主体结构

网络社会作为一种多中心、多节点、虚拟化的新型社会形态,治理对象和运作方式都更趋复杂和多样,应整合网络社会中各个参与主体的力量,构建起权责明确、主体联动、资源共享的网络社会治理体系,最大限度地增进社会共识,实现网络社会治理多元主体间的良性互动。② 其一,政府应发挥好在网络社会善治的政策制定者、实施监督者和争议仲裁者的作用。另外,为社会组织、公众多提供参与网络社会治理的渠道。强化网络社会的自我修复、自我净化功能,降低网络社会治理成本。其二,与社会组织和公民个人建立良好的"伙伴"关系。网络社会组织是网络社会善治的重要参与者,要培育并确立社会组织的合法性地位,激发各参与主体的权能和活力,协调各相关主体间的关系,

---

① 冉连:《虚拟社会治理创新:内涵、挑战与实现路径》,载于《情报杂志》2017年第2期。
② 李磊明:《加强和创新网络社会治理》,载于《宁波日报》2014年7月8日。

以治理现代化理念建立政府与社会组织的伙伴关系。同时，应充分发挥网络社会组织在网络社会治理中的作用。例如，行业协会、组织通过行业组织自治规则，能够综合运用更多的技术手段，直接实现治理目的，而且这种行业自治的方式在治理过程中更为直接、更有效率。其三，公众参与是促进网络社会治理的关键。一方面，要培育公民意识，提高网民的整体素养，使网民能够自觉地约束自己的行为，规范自己的言语。另一方面，网民是网络社会主体，应借助网络平台引导民众更加高效、便捷地参与社会治理。另外，还应明确界定多元主体的权责，推动形成网络协同治理合力。①

（四）健全网络社会治理的法律法规

党的十八届四中全会明确提出，加强互联网领域立法，依法规范网络行为。各级立法机关应该加强顶层设计，根据网络信息技术发展的情况及时做好立、改、废、释工作，为依法管网、依法办网、依法上网提供有力的"武器"。要积极推动法律的有效执行，对违反法律的行为主体或组织及时追究法律责任，用法律的有效落实为实现党对意识形态的领导提供坚强的保证。② 同时，应借鉴国际立法经验，尤其要借鉴美国在互联网领域对行业利益标准、公众利益标准的立法经验与实践以及欧盟关于网络信息安全方面的立法，推动我国互联网治理法律法规与国际互联网治理法规的合作与有机衔接，充分发挥国外国内两种法律法规的共同效用，积极构建国际互联网法治体系。③

---

① 刘娜：《互联网时代网络社会治理对策研究》，载于《黑龙江科技信息》2017年第4期。
② 史艳柳：《治理视域下虚拟社会党的意识形态领导权的实现逻辑和策略转型》，载于《求实》2016年第9期。
③ 冉连：《虚拟社会治理创新：内涵、挑战与实现路径》，载于《情报杂志》2017年第2期。

（五）加强网络社会参与主体的道德自律

我国亟须加强网络社会的伦理道德建设，通过伦理道德来规范和约束企业、行业协会、网民的行为，加强其自律和自我管理，净化网络空间，促使其健康运行。

网络自律包括行业自律和网民自律两方面：行业自律包括行业协会或行业组织对网络的监督与管理，也包括互联网公司的自我监督与管理；网民自律则要求网民做到"慎独"，坚守法律与道德底线，抵制不良风气的侵蚀。同时，网络规则的自律也需要公众监督，以实现互律。①

一是加强互联网行业的道德自律，提高网络社会参与者社会责任承担意识，相关网络企业要有效推动自身职业道德建设，有序地将网络产业纳入自律化与规范化轨道。换言之，在互联网应用服务产业链中，互联网服务提供商必须加强对计算机房、网络接入点、网络平台、网络安全性的管理，对发布内容和网络行为进行监督，把不健康的信息排斥在互联网之外。强化内部管理，规范运作各项业务，广泛开展协作与沟通，增强自我防范与抵御网络恶意攻击意识，构建公平竞争的虚拟社会网络产业运作的新秩序。②

二是广大网民应提升自身道德、自律素养。一方面，应强化个人责任意识，严格约束和调控自身的网络行为，遵纪守法，坚持遵循尊重、适度、诚信、健康、安全的上网原则，自觉维护良好的公共秩序。另一方面，政府相关的监管部门要构建一套针对我国网络社会主体的心理及行为的道德伦理规范，以更好培育网络社会主体的自律性。要全面加强网络社会主体网络安全教育，

---

① 唐惠敏、范和生：《网络规则的建构与软法治理》，载于《学习与实践》2017年第3期。
② 冉连：《虚拟社会治理创新：内涵、挑战与实现路径》，载于《情报杂志》2017年第2期。

通过多种主流媒体大力弘扬社会公德和网络道德,严厉打击非法传播者和非法经营者,稳步推进网络实名制,营造向真、向善、向美的健康网络文化,从而推动虚拟社会网络道德文化体系的形成。

(六) 加强网络社会治理复合型人才的培养

习总书记曾强调:"要把人才资源汇聚起来,建设一支政治强、业务精、作风好的强大队伍。'千军易得、一将难求',要培养造就世界水平的科学家,网络科技领军人才,卓越工程师、高水平创新团队。"① 由此可见,以习总书记为核心的党中央对培养网络科技领军人才的高度重视。因此,随着网络社会对现实社会影响的日益加深,我国不仅要培养造就大批懂网络技术的高科技人才,更要注重从法治和网络信息技术两个层面培养专业型、复合型网络社会治理人才。②

首先,通过学校教育途径,系统化地培养既具备网络技术研发应用能力(包括网络组建与维护、软件开发与编程、信息安全与维护等在内的网络应用能力等),又善于运用法治思维参与网络社会治理的复合型、创新型、能力型卓越人才,以有效地抵御网络负面影响、维护国家网络安全。其次,对在职网络技术人员定期、定向地进行法制宣传教育培训,促使他们在法律允许范围内研发和应用网络核心技术,并能运用其技术及时、高效地阻止网络领域突发的高科技犯罪等。最后,对法律工作者加强网络技术知识培训,使其熟练掌握计算机知识及运行程序,有助于他们准确查找网络领域滋生违法犯罪活动的原因,以准确地判断网络犯罪的性质,并以此补充网络社会尚需立法的领域,总之,网络社会治理具有较强的技术性和专业性,只有通过培养和造就一大

---

① 《习近平谈治国理政》,外文出版社 2014 年版。
② 郭永珍:《马克思主义视域下网络社会治理法治化的路径探析》,载于《重庆与世界》2016 年第 12 期。

批"计算机技术+法律知识"的网络社会治理复合型人才,才能不断提升我国国家网络治理水平和治理能力。①

(七)建立健全互联网国际治理合作体系

近年来,因网络信息流动的跨国性、全球性,致使国家主权受到网络问题的干扰,边界越来越不清晰。因此,各国迫切需要通过国际合作实现网络社会的有效治理。2015年12月16日,习总书记在第二届世界互联网大会发表讲话并指出,推进全球互联网治理体系变革,应该坚持尊重网络主权、维护和平安全、促进开放合作、构建良好秩序四项原则和构建网络空间命运共同体的五点主张。由此可见,尊重各国网络主权是建立健全互联网国际治理合作体系的根本出发点。

一是要树立网络社会治理"合作治理观"与"全球治理观"。在网络社会治理领域需要多边参与,各国政府、国际社会组织(如国际网络犯罪监管协会)、民间团体、工商企业、公民个人之间开展深入广泛的交流与合作,通过对话协商构建多层次的长效合作机制,制定全球互联网治理规则,来共同维护网络社会的健康有序运行。二是建立健全国际执法、网络犯罪司法协助体制和机制,加强网络信息安全和打击网络违法犯罪国际执法合作,搭建网络治理国际合作技术交流平台,国家间相互借助其先进的互联网技术,共同遏制信息技术滥用、网络监听和网络攻击,以积极应对跨国犯罪和网络恐怖主义等网络犯罪活动。

---

① 郭永珍:《马克思主义视域下网络社会治理法治化的路径探析》,载于《重庆与世界》2016年第12期。

第八章

现代应急管理体系的建立与发展

社会治理既包括常态的社会治理,也包括非常态的社会治理。随着现代化的深入推进,人类社会已经普遍进入高风险的社会,我国和世界其他国家一样在积极探索常态的社会治理新模式和新方法的同时,也高度重视和创新非常态的社会治理模式和方法,构建中国特色的现代化应急管理体系。

应急管理是针对各类突发事件(包括自然灾害、事故灾难、公共卫生事件和社会安全事件),从预防与应急准备、监测与预警、应急处置与救援到恢复与重建等全方位、全过程的管理。应急管理与常态管理是一个硬币的两个方面,人类社会既有风平浪静的正常生产生活状态,也有遇到各类突发事件的时候。因此,既需要有常态的管理,也需要有非常态的应急管理。应急管理与人类的生产生活相伴而生、不断发展。我国是一个自然灾害多发、事故灾难频发的国家,在长期的抗击自然和人为灾难过程中,积累了丰富的经验,形成了独特的御灾模式。但是,总体而言,我国传统意义的应急管理更多还是被动应对,主动防灾减灾不够;以单灾种管理为主,部门化管理色彩较重,缺少综合治理,纵向指挥较为顺畅,部门之间协调较为困难;以分散的经验为主,缺少全面系统深入的研究,依法、规范、科学应急不足。

我国政府真正重视应急管理,把它作为一项重大任务进行制度化、法治化、科学化部署和推进,是从 2003 年战胜"非典"疫情之后开始的。经过国家"十一五"时期和"十二五"时期国家突发事件应急体系的建设,以"一案三制"为核心的具有中国特色的现代应急管理体系已经基本形成并不断完善①,在有效预防和处置重大突发事件中发挥了积极的作用,为中国改革开放和现代化建设提供了有力的公共安全保障。

一、现代应急管理体系建设的起步

(一)"非典"疫情突如其来

2002 年底至 2003 年春天,一场突如其来的"非典"疫情肆虐中国大地,给人民群众身体健康和生命安全造成严重危害,给我国改革开放和现代化建设造成重大损失,给部分地区社会生活带来严重影响。根据世界卫生组织(WHO)于 2004 年 4 月 21 日公布的疫情,在 2002 年 11 月至 2003 年 7 月全球首次"非典"流行中,全球共报告"非典"临床诊断病例 8 096 例,死亡 774 例,发病波及 29 个国家和地区。中国(内地、香港、澳门、台湾)共发病 7 429 例、死亡 685 例(分别占全球总数的 91.8%和 88.5%),病死率为 9.2%;其余国家发病 667 例,死亡 89 例,病死率为 13.3%。中国内地总发病数达 5 327 例,死亡 349 例,病死率为 6.6%。病例主要集中在北京、广东、山西、内蒙古、

---

① 由于我国现代应急管理起步较晚,从 2004 年算起只有短短的十几年时间,因此,对于一些基本概念、基本理论的认识也是在不断变化和深化,例如,本书中的"突发公共事件"和"突发事件""应急体系"和"应急管理体系"两对概念,虽然名词有所差异,但是实际意思是相同的。2007 年之前,国家相关应急预案中称"突发公共事件"。《突发事件应对法》出台后,"突发公共事件"被称为"突发事件"。国家"十一五""十二五"和"十三五"突发事件应急体系建设规划,均使用"应急体系",而学术界一般习惯叫"应急管理体系"。

河北、天津等地,其中北京与广东共报告病例4 033例,占内地总病例数的75.7%。

"非典"疫情不期而至,迅速传播和蔓延,给我国旅游、民航、餐饮、对外交往等经济和社会生活带来严重的负面影响。我国有些出境活动受阻,原定在我国举行的一些国际性会议和活动被推迟或取消,一些外事和商贸活动遇到困难,我国的国际形象受到较大损害。"非典"是一种人类至今尚未完全认识的疑难病症,是进入21世纪以来人类面临的第一次全球性重大公共卫生危机,也是在国家层面对全社会应急管理的一次重大挑战。

(二)抗击"非典"的做法与启示

在经历了短暂的无知、无序和混乱之后,2003年4月起,在认识到"非典"疫情已经和可能进一步产生的重大危害后,党中央审时度势,果断决策,采取一系列有效的措施;地方各级党委和政府坚决落实党中央决策部署,认真负责,靠前指挥;全民动员,紧急行动,群防群控,进行了一场抗击"非典"的人民战争。从2003年5月中旬开始,全国日发病人数、日死亡人数大幅下降,治愈出院人数大幅上升,疫情趋于稳定。5月23日,WHO在日内瓦宣布,取消对香港特区和广东省的旅游警告,认定这两个地区的"非典"疫情已经得到了控制。从6月初开始,全国日发病人数达到零报告或个位数报告。6月24日,WHO宣布解除对北京的旅游警告,并将北京从"非典"疫区名单中删除。这标志着肆虐的"非典"疫情得到控制,我国抗击"非典"疫情取得了重大阶段性胜利,有效减少了疫情造成的损失。我国之所以能够如此快速有效地战胜"非典"疫情,是在党中央的坚强领导下,采取了一系列措施,既有成熟的老办法,更有开拓性的新做法,其中两个方面给人们留下深刻印象。

1. 及时公布疫情信息。

"非典"疫情发生之初,由于病因不明,传染性较强、死亡率较高，各种传言、猜测甚至谣言不胫而走，一时间造成社会恐慌、焦虑和无措，一度引发抢购日用品、食品、保健医药品等非理性行为，加剧了社会的紧张和无序，影响到人们对政府的信任，怀疑政府是否有能力管控疫情、救治病人。党中央国务院很快意识到信息公开的重要性和紧迫性，果断决策要主动发布信息，公开事实真相，逐步扭转了疫情发生初期舆论上的被动局面。从2003年4月20日开始，根据国务院的要求，卫生部门不仅适时召开新闻发布会，而且每天向社会公布一次疫情。从4月26日到6月26日60天里每天下午4点，中央电视台直播卫生部门"每日疫情通报"。从2003年4月初到6月24日，卫生部门连续举办了67次新闻发布会。及时公开"非典"疫情，保障了公众的知情权，政府以坦诚、透明和负责任的态度，赢得了国内外民众的信任，降低了社会的恐怖和焦虑，从而理性对待疫情，支持和配合政府的举措。

2. 依靠科学、依靠法制、依靠群众防控疫情。

"三依靠"，即依靠科学、依靠法制、依靠群众，是我国政府成功抗击"非典"疫情的主要做法和成功经验。第一，迅速制定出台《突发公共卫生事件应急条例》。该条例从动议到出台，只用了20天左右的时间，是我国立法史上用时最短的一部国务院法规。它的颁布实施标志着我国突发公共卫生事件应急处理工作走上了法治化轨道。第二，加强疾病诊断、治疗、防疫的科学研究。卫生部门在总结广东等地治疗经验的基础上，修订和补充相关的治疗标准，采取中西医结合等有效办法，积极探索，提高治疗效果。同时，组织卫生、教育、科技以及军队系统等方面的专家，成立"非典"病原学研究联合攻关组，建立"非典"实验室研究网络，及时交流相关结果、样本和实验信息，集中力量查找病因、病原。积极开展防治"非典"疫苗、治疗药物、快速体温检测设备的研制和生产，加强与WHO等国际组织的交流与合作，与香港、澳门特别行政区建立了"非典"防治工作联系机制。同时,充分听取各方面专家的意见,提高决策的科学化水平。第三,建立联防联控机制。"非典"在不同地区和不同城市之间快速传播,大量的人口流动加大了疫情扩散的风险。不同地区各自为政、互不隶属,按照传统的管理办法,实施属地为主、条块结合、资源整合,已经不能有效应对"非典"疫情的新情况。为此,中央决定成立北京防治"非典"联合工作小组,统一负责在京党、政、军、群、机关和企事业单位的防治工作。同时,中央提出要实行联防联控,要求北京、天津、河北、内蒙古相互通报疫情、相互学习借鉴、相互支持帮助,加强协调,共同做好联防联控工作。第四,对重点区域和重点人群,特别是农村、农民工和大学生,以基层社区、单位和学校为依托,实施属地管理和群防群治,要求减少人员流动,防止疫情随人员流动而扩散传播。在公共卫生基础薄弱的农村地区,形成了"人自为防、村自为防、乡自为防"的农村群防群控体系。

成功抗击"非典"疫情之后,党中央国务院全面总结经验教训,一是全面加强卫生应急工作。"非典"疫情暴露出我国在处置重大突发公共卫生事件方面存在诸多不足,突出的问题包括:缺乏统一的应急指挥系统,缺乏有效应对突发公共卫生事件的应急预案,重大传染病疫情信息报告网络不健全,应急医疗救治能力不强,疾病预防控制体系薄弱。这些不足和问题导致不能及时有效应对和处置突发公共卫生事件,造成疫情的传播和扩散。痛定思痛,我国迅速启动全国突发公共卫生事件应急体系建设。按照中央的部署,我国突发公共卫生事件应急体系建设,主要包括突发公共卫生事件应急指挥体系、疾病预防控制体系、医疗救治体系和卫生执法监督体系等方面。二是推进应急体系顶层设计。在2003年抗击"非典"疫情取得阶段性重大胜利后,我国以卫生应急工作为基础,把突发事件应对从公共卫生领域推广到综合性应急体系建设,形成以"一案三制"为核心内容的综合性应急体系,从顶层来全面谋划应对突发事件的应急体系建设，为我国现代应急体系建设奠定了良好的基础。

（三）现代应急管理体系建设全面启动

2003年10月，党的十六届三中全会通过的《中共中央关于完善社会主义市场经济体制若干问题的决定》明确提出，"建立健全各种预警应急机制，提高政府应对突发事件和风险的能力"。2004年，国务院决定把制定完善突发事件应急预案、建立健全突发事件应急机制、提高政府处置突发事件的能力，作为政府工作的重要任务之一。

2004年伊始，时任国务委员、国务院秘书长华建敏同志主持召开了国务院各部门负责同志参加的制定修订突发事件应急预案工作会议。这是国务院第一次召开的应急管理工作专门会议。华建敏同志就制定修订应急预案，加强应急体制、机制和法制建设做了系统的阐述。他强调，做好这项工作千头万绪，任务繁重，但制度建设是根本。关键是制定完善突发公共事件应急预案，在建立健全突发公共事件应急机制、体制、法制上下功夫。这一年，他又先后在郑州和天津主持召开了部分省及大城市应急预案编制工作会议，对制定完善突发公共事件应急预案、建立健全应对和处置突发公共事件的管理体制、机制、法制，以及"一案"与"三制"的辩证关系等进一步做了全面论述。

2005年3月14日，十届人大三次会议审议通过的《政府工作报告》写道，"我们组织制定了国家突发事件总体应急预案，以及应对自然灾害、事故灾难、公共卫生和社会安全等方面105个专项和部门应急预案，各省（区、市）也完成了省级总体应急预案的编制工作。"《政府工作报告》充分肯定了过去一年各级政府在应急管理工作方面所取得的成绩，也表明政府高度重视应急管理这项工作。2005年7月22日，第一次全国应急管理工作会议在北京召开，时任总理温家宝做了重要讲话，强调各级政府要以"一案三制"为重点，全面加强应急管理工作。2005年

10月,党的十六届五中全会通过了《中共中央关于制定国民经济和社会发展第十一个五年规划的建议》,提出要"建立健全社会预警体系和应急救援、社会动员机制,提高处置突发事件能力"。

2006年3月15日,第十届全国人大第四次会议通过了《中华人民共和国国民经济和社会发展第十一个五年规划纲要》,在"加强公共安全建设"这一章里就增强防灾减灾能力、提高安全生产水平、保障饮食和用药安全、维护国家安全和社会稳定、强化应急体系建设等作出了专门安排。2006年6月,国务院出台了《关于全面加强应急管理工作的意见》。2006年7月7日,第二次全国应急管理工作会议在北京召开,华建敏同志做了重要讲话。2006年9月23日,中央企业应急管理和预案编制工作现场会在南京召开,华建敏同志出席会议并做了重要讲话。

2006年10月,党的十六届六中全会通过的《关于构建社会主义和谐社会若干重大问题的决定》(以下简称《决定》)第一次完整地就"一案三制"建设作出部署。《决定》提出要"完善应急管理体制机制,有效应对各种风险。建立健全分类管理、分级负责、条块结合、属地为主的应急管理体制,形成统一指挥、反应灵敏、协调有序、运转高效的应急管理机制,有效应对自然灾害、事故灾难、公共卫生事件、社会安全事件,提高突发事件管理和抗风险能力。按照预防与应急并重、常态与非常态结合的原则,建立统一高效的应急信息平台,建立精干实用的专业应急救援队伍,健全应急预案体系,完善应急管理法律法规,加强应急管理宣传教育,提高公众参与和自救能力,实现社会预警、社会动员、快速反应、应急处置的整体联动。"

2007年5月19日,全国基层应急管理工作座谈会在浙江诸暨召开,华建敏同志出席会议并作了重要讲话。2007年7月,国务院办公厅发布了《关于加强基层应急管理工作的意见》。2007年8月30日,第十届全国人大常委会第二十九次会议通过了《中华人民共和国突发事件应对法》。这是我国加强应急管理工作的一部综合性法律，是有效预防和处置突发事件的基本法，为政府依法行政、科学预防和处置突发事件提供了法律保障。

由此可见，从2003年到2007年是我国应急管理开疆拓土、快速发展的时期，一年一个重点，一年一个台阶，一年一大步，发展脉络十分清晰，应急管理工作有条不紊地全面向前推进。2003年是总结"非典"经验教训的一年，也是我国全面加强应急管理工作的起步之年；2004年可以称为全国应急预案编制年；2005年是应急预案落实年；2006年是深入推进"一案三制"建设和应急管理进企业的一年；2007年是推进应急管理体系建设和应急管理进基层的一年。

二、"十一五"时期应急管理体系建设

（一）印发实施"十一五"专项建设规划

2006年12月31日，国务院印发实施了《"十一五"期间国家突发公共事件应急体系建设规划》（以下简称《规划》）。《规划》分为序言，应急体系现状与面临的形势，指导思想、建设原则和建设目标，总体布局与主要任务，重点建设项目，相关政策措施，共六章，是我国应急工作的第一个全方位、综合性的国家级专项规划，是指导"十一五"期间我国应急体系建设工作的纲领性文件。

1. 《规划》的基本定位。

《规划》按照"分类管理、分级负责、条块结合、属地为主"的要求，全面落实和细化《国民经济和社会发展第十一个五年规划纲要》有关应急体系建设的部署，在不改变现有部门职责分工和分类管理格局的基础上，以相关专项规划为支撑，提出应急体系建设的方向和任务，充分利用和整合各地区和各行业应

急信息、队伍、装备、物资等现有存量资源,重点解决涉及全局的薄弱环节和共性问题,提高预防和处置重大、特别重大突发公共事件的综合能力。《国家突发公共事件总体应急预案》及其各专项预案、部门预案主要是明确、规范预防和应对突发公共事件的职责、程序和运行机制,而《规划》确定的建设任务和项目为实施各级、各类应急预案提供支撑基础,保障应急预案的执行。

2.《规划》的指导思想。

以邓小平理论和"三个代表"重要思想为指导,全面落实科学发展观,坚持以人为本,预防与应急并重、常态与非常态结合,全面布局与重点建设统筹、近期任务与长远目标兼顾;依靠科学技术,用好存量,建好增量,重点解决应对重大、特别重大突发公共事件的薄弱环节和共性问题;加强宣传教育,强化社会参与,提高国家应对突发公共事件的综合能力,保障公众生命财产安全,维护社会稳定,促进经济社会全面协调可持续发展和社会主义和谐社会建设。

3.《规划》的原则。

按照"用好存量、资源共享、任务明确、分工负责"的总体要求,充分利用现有资源,挖掘潜力,加强整合,提高效率,避免重复建设;充分发挥政策导向作用,引入市场机制,调动各方面参与应急体系建设的积极性;把政府管理与社会参与有机结合起来,提高应急管理工作的社会化程度。

4.《规划》的目标。

根据《国民经济和社会发展第十一个五年规划纲要》和《国务院关于全面加强应急管理工作的意见》的要求,《规划》确定了"十一五"期间国家突发公共事件应急体系建设的总体目标:到2010年,形成统一指挥、结构合理、反应灵敏、运转高效、保障有力的国家突发公共事件应急体系,突发公共事件预防与应急准备、监测预警、应急处置和恢复重建及应急保障等能力明显增强，应急管理综合能力显著提高，有效减少重大、特别重大突发公共事件及其造成的生命财产损失。为了保证总体目标的实现，《规划》提出了 20 个具体指标作为分类指标。其中，自然灾害方面重点突出监测预警和灾害救助的能力，事故灾难方面重点突出预防和救援的效果，公共卫生事件方面重点突出早期发现报告和应急处置能力，社会安全事件方面重点突出综合防控能力。

5. 《规划》的主要任务和重点建设项目。

《规划》着重从监测预警、信息与指挥、应急队伍、物资保障、紧急运输、通信保障、恢复重建、科技支撑、培训与演练、应急管理示范等 10 个方面，统筹了"十一五"期间应急体系的总体布局和建设任务。每一个方面的建设任务，在充分考虑和利用现有资源的基础上，提出了总体性建设要求，并分条目细化和明确了部门和地方在应急体系建设中的具体任务。经过充分论证和通盘考虑，《规划》选取了 10 个重点建设项目，每一个项目都与应急体系建设目标和主要任务直接对应或密切相关，影响应急管理工作全局，意义重大。

（二）"十一五"期间建设的成就

在党中央、国务院的高度重视下，各级政府及其有关部门坚持以人为本，按照预防与处置并重、常态和非常态结合的原则，围绕提高防范和应对突发事件能力，认真贯彻落实《"十一五"期间国家突发公共事件应急体系建设规划》，大力加强应急预案、应急体制、机制、法制和保障体系建设，取得了显著成效。概括起来，就是"八个一"。

1. 建立了一套体制。

各级政府成立了应急管理领导机构和办事机构。各地区各有关部门大力推动应急管理领导机构和办事机构建设，明确职责分工、落实人员编制，初步形成了统一领导、综合协调、分类管理、分级负责、属地管理为主的应急管理体制。全国共有24个省（区、市）成立了应急委，有7个省（区）明确了应急管理领导机构，各省（区、市）政府都成立了应急管理办公室。一些地方在推进政府机构改革中强化应急管理体制建设，全国96%以上的地级市建立应急管理领导机构和办事机构，80%以上的县级政府成立了应急管理领导机构和办事机构。

2. 健全了一套机制。

一是建立健全了隐患排查和监测预警机制。国务院应急平台已初步建成；气象、地震、卫生、水文、地质灾害、森林防火等灾害监测和综合预警能力得到提高；全国高瓦斯矿井、煤与瓦斯突出矿井和低瓦斯矿井建立了瓦斯监测监控系统；各级疾病预防控制机构突发公共卫生事件和传染病疫情的网络直报率达到100%，全国300多个地市初步完成了食品安全信息网的建设。

二是健全完善了应急处置机制。安全、民政、卫生、环保、交通运输、水利、农业、安全监管、地震、气象等部门建立了部门间的信息共享机制和应急联动机制；泛珠三角、沪苏浙、苏皖鲁豫、东北四省、黄渤海、中部六省等地建立了区域应急联动机制；外交部、公安部、交通运输部、商务部、民政部、地震局、总参等部门和单位建立健全了涉外突发事件防范处置机制。

三是建立完善了恢复重建保障机制。在重特大自然灾害等突发事件应急处置工作中，依法迅速发布救助、补偿、抚慰、抚恤、安置等善后政策，及时制订实施恢复重建计划，出台落实恢复生产、生活和社会秩序的相关政策措施。青海玉树地震发生不到2个月，国务院印发了《玉树地震灾后恢复重建总体规划》，并以最快的速度开展了灾后重建工作。

3. 完善了一套预案。

一是加强了预案编制工作。国家总体应急预案、专项预案和部门预案体系基本建立起来，制定各级各类应急预案240余万件，应对各类重特大突发事件基本有案可依。所有省、市级政府和90%以上的县级政府编制了总体应急预案。全国各级各类应急预案基本覆盖了各地常见的各类突发事件，其中高危行业企业安全生产应急预案覆盖率达到100%，为有效应对突发事件发挥了重要的基础性作用。

二是加强了预案管理和演练工作。制定了预案编制、报备、演练、评估、修订等动态管理制度，不断增强预案的针对性、操作性和实用性。按照《突发事件应对法》的要求，各地区各有关部门有针对性地开展了防汛抢险、地震救援、消防灭火、防化学泄漏、处置环境污染、公共卫生事件处置、海上救助、处置大面积停电、应急通信保障、反恐怖和核事故等方面的各级应急演练154多万次，参加演练人数超过1.8亿人次，对检验预案、锻炼队伍、磨合机制、宣传教育起到了积极作用。

4. 出台了一套法规。

2007年11月1日，《突发事件应对法》正式实施，标志着我国突发事件应对工作走上了法制化、规范化的道路。制定修订涉及自然灾害、安全生产、公共卫生与社会安全等方面的法律法规70余件。在中央和部门层面，制订或修订了《气象灾害防御条例》《食品安全法实施条例》等防范应对突发事件的法规、规章。在地方层面，北京、辽宁、湖南、广东、山东等多地相继出台了贯彻实施应对法的地方性法规。

5. 壮大了一支队伍。

一是推进专业应急救援队伍建设。各级政府及其有关部门组建的公安消防、地震救援、抗洪抢险、森林消防、海上陆地搜寻救助、应急通信、道路抢通、应急运输、铁路救援、电力抢修、矿山救护、危险化学品处置、医疗救治和卫生防疫及核事故处置等专业应急救援队伍不断壮大。

二是推进综合应急救援队伍建设。全国31个省（区、市）以公安消防等为依托成立了综合应急救援总队，所有市（地）级城市全部成立综合应急救援支队，90%的县成立了综合应急救援大队。

三是大力支持专兼职队伍和志愿者队伍。各级政府积极推进企事业单位建立承担应急救援辅助任务的专兼职队伍；民政、交通、地震等部门和共青团中央、红十字会等单位积极推进应急志愿者队伍建设，注册志愿者近千万人。

四是推动将军队应急队伍纳入国家应急队伍体系。军队组建了抗洪抢险、地震救援、交通应急抢险、海上应急搜救、应急通信保障、医疗防疫救援、核生化应急救援、空中紧急运输服务8个方面的应急队伍；武警建立了水电和交通专业应急救援队伍，进一步加强了反恐、反劫机和地震灾害紧急救援等应急专业队伍建设。

五是推动专家队伍建设。国务院和绝大部分省（区、市）均聘请有关专家组成专家组，为应急管理提供决策建议。

6. 强化了一个理念。

各地区各有关部门以贯彻落实《突发事件应对法》为契机，各级党校、行政学院等培训机构将应急管理列为培训班必备课程，举办各级各类应急管理培训40余万班次，进一步增强了各级政府对及时妥善处置突发事件重要性的意识，强化了对"人命关天、生命至上"理念的理解和重视。

7. 培养了一个意识。

将公共安全知识纳入国民教育体系，企业安全生产主体责任进一步明确，从业人员安全知识和应急技能培训广泛开展；将每年5月12日设为全国防灾减灾日，积极推进应急管理科普宣教进企业、进社区、进农村、进家庭，组织形式多样的各类科普宣教活动300多万次、发放宣传教育材料200多亿份、普及公共安全知识70多亿人次，公众防灾避险意识和自救互救能力得到明显提高。

8. 提高了一套能力。

一是提高了应急物资和经费保障能力。各地区各有关部门重点加强了防汛抗旱、防震减灾、重大疫情处置、医疗救治等应急物资储备及专业救援装备储备，初步建立了国家、省、市、县四级储备网络体系，品种和数量比"十一五"初期均有较大幅度增加。

二是强化基础设施抗灾救灾能力。2008年初，南方大面积低温雨雪冰冻灾害发生之后，电力、道路、通信等基础设施的安全设防标准得到提高。2008年"5·12"汶川地震后，提高了全国学校、医院等人员密集场所的抗震设防等级，加强了长江、黄河等大江大河防洪工程和沿海地区防潮工程建设。县级以上行政区划单位建设应急避难场所10余万个，省会城市和大中城市均建设了应急避难场所。

三是提升应急管理重大工程项目支撑能力。实施了国家应急平台体系、预警信息发布系统、国家陆地搜寻与救护基地、国家核生化应急救援基地、国家空中紧急运输服务基地、国家应急物资保障系统、国家公用应急卫星通信网络、国家应急管理人员培训基地等10个重点建设项目，在应对重特大突发事件中发挥了重要作用。

正是得益于以上"八个一"，我国防范应对突发事件的能力显著提高，经受住了各类重特大突发事件的严峻考验，成功应对了南方大范围低温雨雪冰冻、汶川特大地震、玉树强烈地震、甘肃舟曲特大山洪泥石流等自然灾害，成功开展了王家岭煤矿特大透水等事故灾难的救援行动，有效防控了甲型H1N1流感、高致病性禽流感等公共卫生事件，妥善处置了拉萨"3·14"事件和乌鲁木齐"7·5"事件，最大限度地减少了突发事件造成的生命财产损失，维护了社会和谐稳定。

（三）应急体系建设存在薄弱环节

虽然"十一五"期间我国应急管理体系建设取得了很大成就，但是，与人民群众的要求相比，与我国现代化发展新的形势要求相比,与发达国家的能力和水平相比,我国应急体系建设总体水平仍然不高,存在诸多薄弱环节。

一是应急管理基层基础能力总体薄弱。基层应急管理的组织体系、机制和预案有待健全,应急能力总体薄弱,社区、乡村、学校、企业等基层组织和单位应急管理工作进展不平衡,基层干部和专业技术人员缺乏系统的应急能力培训。部分桥梁、隧道、堤防、水库等基础设施及生命线工程抗损毁能力弱;城乡防灾减灾基础设施建设相对滞后,特别是农村设防水平低。突发事件损失快速评估和应急恢复能力有待加强。重特大自然灾害和公共卫生事件的形成机理和预测预报研究有待深入,预警信息发布的时效性、准确性和覆盖面需要进一步提高。应急管理标准体系有待健全,运用科技防灾减灾能力整体不高。

二是应急处置协调联动能力亟待加强。应急管理的综合协调能力不足,应急指挥系统功能还不完善,地区之间、部门之间、条块之间、军地之间密切协作的机制尚不健全,各类应急队伍协同作战联合训练演练不够,导致突发事件应对时有关方面难以快速形成合力,各类救灾要素难以有机整合。有关部门间应急通信与信息系统标准不一,信息资源尚难以实现完全共享。

三是应急救援专业化水平有待提升。专业应急救援队伍装备配备数量和种类不足,大型和特种专业装备缺乏,培训演练基础条件尚未得到明显改善;核生化应急救援、海上溢油应急处置、反恐处突等队伍力量亟待加强。现场信息快速获取和传输的专业手段与能力不足。应急物资储备的种类和数量仍然有限、布局不够合理、方式相对单一,各类应急物资的综合信息动态管理和资源共享管理体系亟待加强。大宗应急物资和大型装备的紧急快速运输能力还严重不足,多种运输方式综合协调的机制亟待完善。

四是应急管理的社会参与程度需要进一步提高。公众参与应急管理的组织程度和规范化程度较低,专业领域志愿者发展不足。全社会共同参与的公共安全文化氛围尚未形成,应急知识的宣传教育还不够高。应急志愿者和基层群众参与的培训演练有待进一步规范和加强。应急社会动员机制和灾害保险机制有待健全。政府引导企业积极参与应急产业发展的扶持政策和制度还有待完善。

三、"十二五"时期应急管理体系建设

(一) 印发实施"十二五"专项建设规划

在总结"十一五"期间我国应急体系建设成就和不足，分析未来五年我国经济社会发展趋势和突发事件发生特点的基础上，国务院继续支持编制突发事件应急体系建设专项规划。2012年8月，国务院办公厅印发《国家突发事件应急体系建设"十二五"规划》（以下简称"十二五"《规划》）。这是我国应急体系建设的第二个五年专项规划。"十二五"应急体系专项规划延续了"十一五"时期专项规划的格式，仍然分现状与形势，指导思想、基本原则和建设目标，主要任务，重点建设项目，相关政策与保障措施五个部分。"十二五"《规划》从形式到内容都体现了与"十一五"时期建设成就的衔接，是一个继往开来，不断开拓创新、优化提升的规划。

与"十一五"《规划》相比，在指导思想上，突出强调以强化应急管理基础和提高重特大突发事件处置能力为重点，着力加强薄弱环节和解决共性问题，加快构建统一指挥、结构合理、反应灵敏、保障有力、运转高效的国家突发事件应急体系，全面提高应对复杂多变公共安全形势的能力，最大限度地减少突发事件及其造成的人员伤亡和危害，促进经济社会全面、协调、可持续发展。

"十二五"《规划》坚持"统筹规划、突出重点，合理布局、

优化配置，政府负责、社会协同，分类分级、夯实基础"的原则，努力加强应急体系薄弱环节和优先发展能力建设，重点做好预防与应急准备工作，提高突发事件防范和应急处置能力，解决基层基础薄弱、协调联动不足等突出问题；充分利用军地存量资源，挖掘潜力，提高效率，实现资源共享，促进各地区和各行业信息、队伍、装备、物资等方面的有机整合，提高综合应急能力，避免重复建设；完善应急管理工作格局，落实各级政府责任，实现政府、社会、个人有机结合。充分发挥政策导向作用，引入市场机制，调动各方面参与应急体系建设的积极性，提高应急管理工作的社会化程度；按事权合理划分各级政府及相关部门建设任务，各司其职、各负其责。

"十二五"《规划》和"十一五"《规划》一样，既设定了总体目标，也设定了分类目标。总体目标是，到2015年，国家突发事件应急体系进一步健全，重大基础设施抗灾、城乡防灾减灾等应急管理基础能力明显增强，突发事件预防和应急准备、监测预警、应急处置、恢复重建及应急保障等综合应急能力显著提高，公众生命财产安全得到充分保障。分类目标包括应急管理基础能力、监测预警能力、应急救援能力、应急保障体系等四个方面23个具体目标。

围绕总体目标和分类目标，"十二五"《规划》分别从应急管理基础能力建设、监测预警能力建设、信息与指挥系统建设、应急队伍能力建设、物资保障能力建设、紧急运输能力建设、通信保障能力建设、应急恢复能力建设、科技与产业支撑能力建设、加强培训演练与宣传教育等10个方面进行了具体任务和重点项目建设的部署。

(二)"十二五"期间应急管理体系建设的成就

"十二五"期间，我国突发事件应急体系建设取得重要进展，防范和应对突发事件综合能力显著提升。主要表现在以下几个方面：

在应急管理体系方面，一是健全了中央统筹指导、地方就近指挥、分级负责、相互协同的抗灾救灾应急机制。2013年"4·20"芦山地震发生后，党中央、国务院领导从实际出发改变了过去抗震救灾直接指挥的做法，充分尊重当地干部的意见，尽量减少对具体工作的干预，为各级领导干部各负其责、合理分工、相互配合支持树立了榜样，成功地实践和诠释了"属地管理为主"的原则。二是建立了中央统筹指导、地方作为主体、灾区群众广泛参与的灾后恢复重建机制。在总结汶川特别重大地震和玉树强烈地震恢复重建经验教训的基础上，根据习近平总书记的指示，芦山地震之后，中央有关部门、四川省、雅安市和当地群众找准定位、群策群力、共治共享，走出了一条重特大自然灾害恢复重建的新路。党中央、国务院不再对灾后重建大包大揽，而是在履行好宏观指导和支持的同时，充分调动地方政府和灾区干部群众的积极性，推动多种力量形成合力。三是确立了党政同责、一岗双责、齐抓共管、失职追责的安全生产责任体系。在安全生产领域，不断总结地方和基层的实践经验，充分听取政府和企业干部职工的意见，进一步完善了安全生产责任体系，努力使党委和政府肩负同样的责任。四是制定和修订各类应急预案550余万件，应急管理体系进一步完善。

在监测预警方面，突发事件防范能力明显增强。一是成立了国家预警信息发布中心和国家应急广播中心。依托中国气象局成立的国家预警信息发布中心于2015年2月26日正式运行。该中心为国务院发布预警信息提供权威统一的发布渠道。该中心建立了国家、省、市、县四级综合预警信息发布业务，具备了对自然灾害、事故灾难、公共卫生事件、社会安全事件四大类突发事件预警信息的接收、处理和及时发布能力。它还与气象、海洋、地质灾害等各类预警信息发布平台开展对接，未来将陆续推进相关部委预警信息发布业务统一接入。依托中央人民广播电台，成立了国家应急广播中心，对公共安全知识科普宣教，开展灾害预警和应急救援服务。二是实施自然灾害防灾减灾工程、隐患排查治理工程。三是建立网络舆情和各类突发事件监测预警体系。

在应急救援和保障方面，队伍不断健全、能力快速提升。一是99%的县级政府依托公安消防部门等成立了综合性应急救援队伍。二是将武警专业救援力量纳入了国家应急体系。三是组建了国家核应急救援队、国家卫生应急救援队、国家矿山救援队、国家应急测绘保障队。四是初步建成国家应急平台体系。

在科技和产业支撑方面，技术装备和科研服务能力得到加强。一是成功研制AG600大型灭火/水上救援水陆两栖飞机、移动式生物安全三级实验室、救援现场大型及多功能破拆救援一体化等重大应急设施和装备。二是开展了国家应急产业示范基地建设。应急产业是为突发事件预防与应急准备、监测与预警、处置与救援提供专用产品和服务的产业。近年来，我国应急产业快速兴起并不断发展，在突发事件应对中发挥了重要作用，但还存在产业体系不健全、市场需求培育不足、关键技术装备发展缓慢等问题。为了促进应急产业健康快速发展，2014年12月，国务院办公厅印发了《关于加快应急产业发展的意见》。同时，工业和信息化部、国家发展改革委、科技部开展首批国家应急产业示范基地申报评审工作。2015年，经评审，确定中关村科技园区丰台园、河北怀安工业园区、烟台经济技术开发区、合肥高新技术产业开发区、随州市、贵阳国家经济技术开发区、中海信创新产业城等7家为首批国家应急产业示范基地。三是成立中国应急管理学会、中国安全产业协会等一批相关社会组织。2014年9月，在国务院应急办的支持下，经民政部批准，依托国家行政学院成立了中国应急管理学会。中国应急管理学会是由国内外从事应急管理理论研究、教学培训、咨询服务的专家学者、实践人员及相关专业机构、企事业单位、非政府组织等自愿组成的全国性、学术性、公益性法人社会团体，致力于发展与应用现代应急管理观念、方法、技术,提升全社会预防与应对各类突发事件的能力。中国应急管理学会的成立为从事应急管理的理论和实践工作者搭建了一个相互交流的平台。

在基层能力建设方面,社会公众防灾避险意识进一步增强。一是推进了综合减灾示范社、安全示范社区、卫生应急综合示范区等基层示范项目建设。二是初步建立了国家应急新媒体平台。三是科普宣教和应急演练活动广泛开展。

在国际和地区应急事务中发挥越来越重要的建设性作用。一是积极参与国际应急救援和人道主义紧急援助,成功组织实施我国在利比亚人员大规模撤离行动、援助西非国家抗击埃博拉出血热疫情、马航MH370失事客机家属安抚等重特大突发事件。二是充分利用上海合作组织、亚太经合组织、东盟地区论坛等框架和机制,不断深入应急管理国际交流合作,中国应对大灾巨灾的政治优势和组织优势得到国际社会广泛赞同。

与"十一五"期间相比,全国自然灾害造成的因灾死亡失踪人数和直接经济损失分别下降92.6%和21.8%,生产安全事故起数和死亡人数分别下降30.9%和25%,公共卫生事件起数和报告病例分别下降48.5%和68.1%,群体性事件起数下降25.9%。特别是在党中央、国务院坚强领导下,我国成功应对了四川芦山、云南鲁甸、甘肃岷县和漳县等地震灾害,东北松花江、黑龙江流域性大洪水和"东方之星"号客轮翻沉事件,青岛市"11·22"中石化东黄输油管道泄漏爆炸特别重大事故、天津港"8·12"瑞海公司危险品仓库特别重大火灾爆炸事故、深圳光明新区渣土受纳场"12·20"特别重大滑坡事故,有效防控了人感染H5N1禽流感、H7N9禽流感、中东呼吸综合征、埃博拉出血热和鼠疫等突发急性传染病疫情,妥善处置了"3·1"昆明火车站和"5·22"乌鲁木齐严重暴力恐怖袭击等一系列重特大突发事件,应急体系经受住了严峻考虑,并在实践中不断加强和完善。

(三) 应急管理体系建设存在薄弱环节

我国应急管理体系经过抗击"非典"疫情之后几年的全面建设以及"十一五"期间和"十二五"期间的重点推进,取得了巨大成就,具有中国特色的现代应急管理体系框架已经基本形成,重点领域的应急能力稳步提升,基层群众的防灾减灾意识和应急处置能力也在不断增强。但是,与严峻复杂的公共安全形势相比,我国应急管理体系仍然存在诸多不适应,主要表现在:

一是重事后处置、轻事前准备,风险隐患排查治理不到位,法规标准体系不健全,信息资源共享不充分,政策保障措施不完善,应急管理基础能力亟待加强。

二是应急队伍救援装备和核心能力不足,专业和区域分布结构不均衡。我国相当一部分应急救援队伍是依托大型国有企业建立的,在当前各类企业经济效益滑坡的情况下,应急队伍的建设存在欠账较多、装备数量和核心能力不足、专业和区域分布结构不均衡、技术相对落后等问题,应急保障能力有待于进一步提升。

三是应急物资储备结构不合理、快速调运配送效率不高,资源共享和应急征用补偿机制有待健全,应急信息发布和传播能力不足,公共安全科技创新基础薄弱、成果转化率不高,应急产业市场潜力远未转化为实际需求,应急保障能力需进一步提升。

四是我国城市发展已经进入新的时期,与城市安全保障相适应的应急管理体系建设压力加大。我国城市化快速发展,2015年底,城市数量达到656个,建制镇数量达到20 515个,分别比1978年增加463个和18 342个。2015年,城镇化率56.1%,城镇人口快速增加,常住人口达到7.7亿,1978年是1.7亿,增长了3.5倍,年均增长1 600万人。城市建成区面积,从1981年的7 438平方公里增加到2015年的51 948平方公里,增长了6倍,年均增加1 309平方公里。城市基础设施显著改善,1981~2015年,城市用水普及率由53.7%提高到97.7%,燃气普及率由

11.6%提高到95.3%，污水处理率由3.8%提高到91%，城市集中供热面积由不足0.2亿平方米提高到64.2亿平方米，人均道路面积由人均不足2平方米提高到15.6平方米。随着城市规模不断扩大，城市系统越来越复杂，脆弱性加大，各种常态和非常态的城市安全隐患增多，城市特别是大城市面临的风险增大，单一城市安全问题的发生，往往引发一系列次生、衍生安全问题的连锁反应，造成巨大的人员伤亡、财产损失和不良社会影响。

五是基层应急能力薄弱，公众参与应急管理的社会化组织程度较低，公共安全意识和自救互救能力总体薄弱，社会协同应对机制有待健全。

六是随着"一带一路"倡议的实施和全方位开放新格局的构建，保护我境外公民和机构安全的需求不断增长，应急体系建设的范围亟须拓展，参与国际应急的能力亟须提高。

"十二五"时期我国应急管理体系建设中存在的问题和不足，就是我国当前应急管理体系中存在的问题和不足，反映的是我国当下应急管理体系的现状和水平，其中既有规划中提出但没有很好解决的问题，也有一些是随着中国现代化发展和对外开放不断深入出现的新情况、新问题；有些问题不是通过一两个五年规划就能彻底解决的，而是需要持之以恒、久久为功才有希望根治。因此，现代应急管理体系建设只有进行时，没有完成时，"永远在路上"。

四、"十三五"时期应急管理体系建设的思考

（一）公共安全形势严峻复杂

我国现代化正在深入推进，公共安全面临诸多挑战，形势不容乐观。

1. 大灾多发、多灾并发。

我国历来是世界上自然灾害最为严重的国家之一，灾害种类多、分布地域广、发生频率高、造成损失重。据统计，20世纪全世界的地震有1/3发生在我国，因灾死亡人数1/2在我国，两次死亡20万人以上的地震灾害都发生在我国。近年来，受全球气候变化、生态环境变化和人为活动等因素影响，我国自然及其衍生、次生灾害的突发性、复杂性和危害性加重加大。特别是我国大陆正处于强震活跃阶段，存在发生强烈地震的危险。继2008年5月12日发生8.0级特大地震后，2010年青海玉树发生7.1级地震，2013年四川芦山发生7.0级地震，2014年云南鲁甸发生6.5级地震，新疆于田发生7.3级地震。2013年全年各类自然灾害共造成3.9亿人（次）受灾，因灾死亡（失踪）2 284人，紧急转移安置1 215人（次），农作物受灾面积3 135万公顷，其中绝收384.4万公顷，房屋倒塌87.5万间、损坏770.3万间，因灾直接经济损失5 808.4亿元。2014年全年各类自然灾害共造成全国2.45亿人（次）受灾，1 583人死亡，235人失踪，直接经济损失3 373.8亿元。各类自然灾害共造成601.7万人次紧急转移安置，45万间房屋倒塌，354.2万间房屋不同程度损坏；农作物受灾面积24 890.7千公顷，其中绝收3 090.3千公顷。2014年灾情虽有所减少，但是仍然非常严重。

2. 重特大事故灾难时有发生。

我国经济快速发展，能源、资源、运输供求关系长期偏紧，再加上安全生产基础薄弱，一些地方和企业安全生产责任不落实、措施不得力、监管不到位，生产安全事故总量仍然偏大，重特大事故尚未得到有效遏制。2013年，吉林省长春德惠市宝源丰禽业公司火灾事故造成121人遇难；11月22日，青岛黄岛区中石化东黄输油管道泄漏爆炸，造成62人死亡、136人受伤，直接经济损失7.5亿元。2014年，全国共发生各类事故29.8万起，死亡6.6万人。其中，3月1日山西晋城段隧道危化品燃爆造成40人死亡、12人受伤，42辆车烧毁，直接经济损失8 197万元；7月19日沪昆高速湖南邵阳段发生危化品燃爆事故，致使大客车、轻型货车等5辆车被烧毁，58人死亡、2人受伤，直接经济损失5 000多万元；8月2日江苏省昆山中荣金属制品有限公司发生铝粉尘爆炸，造成146人死亡、114人受伤，直接经济损失3.51亿元。8月9日拉萨市尼木县境内318国道发生特大道路交通事故，造成44人死亡、11人受伤，直接经济损失3 900余万元。煤矿每百万吨死亡率虽然下降到0.03以下，但是与先进产煤国家相比还有很大差距，仍然是美国的10倍。

3. 公共卫生事件防控难度增大。

突发公共卫生事件诱因和影响呈现较强的国际性特点，来自非洲、东南亚的输入性恶性疟疾、登革热等疫情在我国多次出现，虽然得到有效及时处置但对我国的威胁却在日益显现，非洲猪瘟等动物疫病经野生动物传入的风险在不断加大，全球新发的30多种传染病已有半数在我国发现。重特大疫情和群体性不明原因疾病时有发生，随着人口流动量加大和流动速度加快，疾病传播范围更广、速度更快、损失更重、防控更难。2013年，人感染H7N9禽流感疫情共报告144例确诊病例，造成48人死亡，并对家禽业造成较大损失。2014年，西非出现埃博拉疫情，在全球产生广泛影响，我国也受到威胁。近年来，食品药品安全事件频发，"病死猪""假羊肉"、中药材掺杂使假、大米镉超标、地沟油等引发社会广泛关注，尤其是婴幼儿乳粉、疫苗等食品药品安全事件涉及人群敏感，舆论影响和热度居高不下。

4. 社会安全面临新的挑战。

我国现代化发展中存在的不平衡、不协调、不可持续问题仍然比较突出，地区之间、城乡之间的发展差距以及部分社会成员之间的收入分配差距扩大，引发了大量社会矛盾。在全面深化改革的过程中，社会结构进一步深刻变化，各种利益关系更加错综复杂，历史遗留问题与改革发展中的新问题交织叠加，因利益关系调整等引发的社会矛盾多样多发，群体性事件呈现触点多、燃点低、关联性强的特点。近年来，环境保护、劳资纠纷、征地拆迁、执法司法等领域群体性事件趋于增多，大量城市白领、专业人士也加入其中，出现了直接利益与其他权益关联、利益涉及群体与无关联人员汇聚、有组织串联与自发聚集交织等新情况，互联网的聚焦发酵作用明显增强。受极端宗教思想、境外分裂势力以及国际恐怖组织的影响，我国反恐怖斗争面临严峻形势。"家族式"和"新生代"暴恐团伙不断滋生，制爆意识、技术和规模明显升级，个人极端案件时有发生。近年来，一些地区多次发生公交车纵火事件、学校商场等公共场合持刀砍人等突发事件。这类事件突发性强，侵害对象随机，极易引发公众恐慌，而且还会发生不良示范和诱导效应。电信诈骗、网络诈骗等新型犯罪事件增多，网络安全监管形势严峻。

在四大类突发事件频发的态势下，涉外突发事件呈现上升趋势，突发事件关联性、衍生性越来越强，危害性越来越大，突发事件应对处置难度加大，对我国公共安全形势造成前所未有的挑战。

（二）应急管理工作仍需加强

2003年抗击"非典"疫情是我国应急管理工作的一个转折点，自此以后我国应急管理工作开始沿着规范化、法治化和科学化的轨道发展，现代应急管理工作格局逐步形成。10多年来，我国应急管理工作取得了巨大的成就，一是预案体系不断完善，二是应急管理体制不断健全，三是应急管理机制不断完备，四是应急法规体系不断健全，五是应急保障能力不断增强，六是应急管理观念不断转变，中国特色的应急管理体系正在形成并不断完善。但是，面对日益复杂严峻的公共安全形势，面对人民群众的新期待、新要求，我国应急管理体系建设仍然任重道远。

一是思想意识需要进一步强化。仍然有不少领导干部对应急管理工作重视不够，缺乏忧患意识、风险意识，没有底线思维，抱有侥幸心理，认为本地区、本部门、本单位、本次活动不会有风险，只注重常态管理，轻视甚至忽视应急管理，把应急管理当作可有可无的工作。还有一些地方和城市不同程度存在着重处置、轻预防，重地上、轻地下，重表面、轻基础，重眼前、轻长远等情况。重大突发事件屡屡发生既有客观原因，存在不可抗拒的因素，更重要的原因是麻痹大意、工作不细致不深入、责任制不落实。2014年12月31日上海外滩发生的拥挤踩踏事件，造成36人死亡、49人受伤的严重后果。这是一起对群众性活动预防准备不足、现场管理不力、应对处置不当而引发的拥挤踩踏并造成重大伤亡和严重后果的公共安全责任事件。究其根本原因是黄浦区有关领导对群众自发大规模聚集开展迎新年活动存在风险估计不足、对应急管理工作重视不够。

二是预案管理需要进一步加强。一些重要领域、重大活动、重要目标还缺乏应急预案。一些部门和地方对应急预案的功能定位不准，一方面是把应急预案混同于应急规划，不是基于现有的队伍、物资等条件制订应对工作方案，不恰当地强调应急预案的计划性和前瞻性；不是"看菜吃饭"而是"点菜吃饭"。另一方面是预案针对的重点环节不准确，应急预案应当贯穿应急管理的全过程，包括预防准备、监测预警、处置救援、恢复重建等各个环节，而不是仅把应急预案定位于事发后的应对工作方案，侧重规范应急响应措施，强调做什么、怎么做和谁来做等具体问题。大多数地方和部门在编制应急预案时，缺乏对风险、突发事件的特点和应急资源现状的系统分析，没有结合自身应急资源和周边可以调用或支援的应急资源提出恰当的应对方案。不少预案提出的措施存在单一部门措施多、综合协作措施少，后方指挥措施多、前方组织措施少等突出问题。还有的预案对应急措施的要求过于原则甚至内容模糊，或者不切实际，影响了预案的可操作性。预案之间的衔接不够，缺乏统筹规划，造成预案重复、交叉甚至冲突。不少单位把编制应急预案作为一种应付上级检查和推卸责任的工作，编完之后就束之高阁，没有进行预案演练，也没有根据实际情况及其相关情况的变化对预案修订完善。①

三是应急管理体制机制需要进一步完善。党政协同、军地协同、条块协同、地方之间协同等都有待进一步加强，应急资源的整合和利用效率也需提高。部门之间应急管理职能缺乏规范、科学的界定，有的部门职能相近或交叉，但又各管一段，一方面容易出现漏洞，另一方面容易出现力量建设重复交叉；有的地方或领域把风险防范工作归由专业应急指挥机构负责，有的交由常态职能部门负责，缺少统一规定，防范工作往往不到位。各地应急管理办事机构不规范，应急管理办公室职责和级别不同，协调能力及发挥的作用也不同。应急指挥协调机制不够明确科学，大部分应急救援处置队伍都是由隶属不同的上级部门指挥派遣，有时存在各自为政、各自为战的问题，而指挥部往往是在达到一定伤亡后才启动，甚至临时组建指挥部，有时造成统一指挥的滞后。社会舆情监控引导机制不够健全，社会动员机制和社会组织参与机制亟须规范。

四是监测预警和快速处置能力需要进一步提高。气象灾害预评估和预警能力不足，地震预测预报仍处于探索阶段，地质灾害、森林火灾等监测网络建设还不健全，灾害信息获取处理、遥感减灾应用等方面与发达国家相比仍有不小差距。预警信息发布的"最后一公里""瓶颈"问题还没有很好解决，特别是对农村和偏远地区的预警信息服务亟待加强。应急通信专业保障队伍装备技术水平滞后于网络发展，机动通信和特殊通信装备不足，在常规通信瘫痪情况下，不能很好满足应急指挥的需要。各类专业应急队伍特别是救援队伍和装备数量不足，布局不尽合理，缺乏

---

① 国务院办公厅国务院应急管理办公室：《全国应急预案体系建设情况调研报告》，载于《中国应急管理》2013年第1期。

大型和特种装备；现场处置能力尤其是第一时间生命搜救能力亟待增强。在发生巨灾、交通和电力等重要基础设施遭受破坏的情况下，缺乏备用系统及可供迂回的路线和线路。空中救援和大型装备快速运抵现场能力不足，特殊环境下飞机救援配套装备欠缺，影响了对偏远地区和常规交通难以抵达地区的应急救援。应急物资储备的种类和数量仍然有限、布局不够合理，大宗应急物资紧急生产、采购、储存、调运和配送体系还不完善。

五是群众的风险意识和自救互救能力有待进一步提升。群众安全意识还不高，缺少防灾避险、应急处置的知识和技能，不少人在突发事件面前常常手足无措，不知如何应对。居民家庭、社区、基层单位紧急避险、自救逃生的装备设施准备不足。每年因违章指挥、违章作业造成事故灾难以及因遇险人员缺乏自救知识而导致不应有的伤亡情况屡见不鲜。

此外，应急管理法律制度还需要进一步完善。《突发事件应对法》存在诸多需要修订完善的地方，同时，还缺乏与之配套的相关制度。对一些新兴突发事件的防范应对还缺乏相应的、适用的法律法规。

（三）加强应急管理的总体思路

根据发达国家的经验和我国应急管理的实际，今后一段时间特别是"十三五"时期，我国应急管理工作发展的总体思路是以社会治理理念为指引，以"一案三制"为主线，以综合应急为方向，以能力建设为重点。

以社会治理理念为指引。社会治理是现代化国家保持社会秩序、维护公共安全，激发社会活力、促进社会和谐的重要手段。社会治理要求坚持以人为本，把维护人的尊严、保障人的权益、满足人的需求作为现代化发展的出发点和落脚点；社会治理要求坚持系统治理，在党委领导和政府主导下，鼓励和支持企事业单位、人民团体、基层自治组织、社会组织和公民个人等多方面力量积极参与；社会治理要求坚持依法治理，运用法治思维和法治方式解决问题、推动工作；社会治理要求坚持综合治理，从多个层次、多个维度运用多种手段、多种方法激发社会活力、维护社会秩序；社会治理要求源头治理，从前端入手维护公平正义，进行风险评估，把隐患和问题消除在萌芽状态，不让"小事拖大、大事拖炸"。作为非常态的社会治理，应急管理同样需要遵循以人为本的理念，遵循系统治理、源头治理、依法治理、综合治理的原则。

以"一案三制"为主线。2003年以来，推动应急管理工作的一条重要经验是紧紧抓住"一案三制"这个主线。"一案"是指编制应急预案，"三制"是指应急管理的体制、机制和法制。编制应急预案、加强预案管理，是应急管理的基础性也是关键性工作。应急预案是对过去应急管理工作的经验总结，是对当下和今后风险评估和应对突发事件的工作方案，是应急管理体制的重要载体，也是应急法律法规的必要补充。今后仍然应该以"一案三制"作为总抓手来部署和推动应急管理工作。先是要抓好预案编制、演练和修订工作，同时，开展与预案相衔接的应急管理体制机制创新和应急管理法制建设。

以综合应急为方向。国际应急管理发展总的趋势，一是由单一事件处置向多种事件综合管理转变，由单项减灾向综合减灾转变，自然灾害、事故灾难、公共卫生和社会安全等突发事件的综合应急处置工作日趋完善。二是由单一部门应急处置向多个部门协同配合应对处置转变。三是从单纯应对一个区域的突发事件向更多领域、更大区域拓展，更加强调合作、协调、联动和高效。① 我国应急管理的实践经验也充分表明，必须顺应发展综合应急的要求，改革完善应急管理的体制机制，加强多方协调联

---

① 闪淳昌、薛澜：《应急管理概论——理论与实践》，高等教育出版社2012年版，第18页。

动，理顺各方关系，整合多种资源，提高应对效率。

以能力建设为重点。应急管理能力首先体现在人的能力和物的能力两个方面。人的能力又包括领导干部的能力、救援人员的能力和普通民众的能力等方面；物的能力包括应急保障的物资装备和交通通信等方面的能力。应急管理中人的能力和物的能力的组合又可以分为组织机构的能力、组织体系的能力、基层组织的能力、科技支撑的能力等。我国应急管理的"瓶颈"在于领导干部、救援队伍、受灾群众的应急能力不高，应急物资保障能力和紧急运输通信能力不高。因此，今后应着力提升领导干部的应急决策指挥能力，加强专业应急队伍和综合应急队伍的处置救援能力建设。同时，从娃娃抓起、从基层做起，加强安全文化建设，提高全民紧急避险和自救互救能力。大力发展应急科技和应急装备，加强监测预警、紧急运输和通信保障能力建设，提高应急保障能力。

要做好新发突发事件的预防和处置工作。近年来，有些领域和行业突发事件呈现新发高发的态势，例如，环境突发事件、食品药品突发事件、暴力恐怖事件、涉外突发事件高发频发。还有一些领域存在着突发事件高发的风险，例如，城市的一些重要基础设施。我国城市地下燃气、供水供暖等管网设置布局不尽合理，大城市地下管网普遍进入老化期，存在发生问题的较大危险，需要引起高度重视。再比如，大城市地下空间，包括城市人防工事和地铁。不少城市地下人防工事用作商场、旅馆、饭店，人员密集、安全防护和疏散通道存在较多隐患；大城市地铁发展迅速，客流量巨大，如何防范和应对各种自然的和人为突发事件是一个紧迫而严峻的课题。要加强对新发领域突发事件发生、发展规律的研究，加强对此类突发事件预防预警和应对处置工作的研究。开展重大突发事件情景构建工作，研究这些重大事件情景的可能诱发原因、一般演化过程、后果和基本应对策略与具体应对任务，为应急准备提供具体目标，通过"情景"引领和整合，使应急管理中的规划、预案和演练三项工作在目标和方向上能够保持协调一致。①

四是加强科普宣教。有效应对突发事件主要依赖于公众如何开展自救互救。公众学习应急知识与技能的途径主要有三个渠道，即学校、社会和家庭。提升公众应急知识与技能水平的方式主要有科普宣传、知识讲授、技能培训和应急演练等四种。要加强应急知识宣传教育和技能培训工作，提高全社会风险防范意识和能力。加强学校和社会应急教育，做好应急教育培训"进机关、进学校、进社区、进企业、进农村和进家庭"工作。将公共安全知识纳入国民教育体系，针对幼儿教育、中小学教育和高等教育的不同阶段，开设不同课程。各地区、各有关部门要组织编写应急知识手册，向社区、农村等基层单位群众发放。加强企业应急管理培训，进一步严格落实高危行业和领域生产人员的岗前、岗中教育培训制度，进一步加大对各级领导干部应急管理知识和能力的培训。要强化应急技能培训和应急演练工作。利用各种新闻媒体，介绍普及应急知识，宣传应急预案。

---

① 刘铁民：《重大突发事件情景规划与构建研究》，载于《中国应急管理》2012年第4期。

第九章

新时代中国社会治理新趋势

党的十九大对中国社会主义现代化建设进行了全面部署,即建设平安中国,加强和创新社会治理,维护社会和谐稳定,确保国家长治久安、人民安居乐业。党的十九大坚持在继承中创新,秉持兼容并蓄的理念,立足中国国情和发展阶段特征,提出打造共建共治共享的社会治理格局,并进行了重点安排,以期形成有效的社会治理、良好的社会秩序。可以预见,在习近平新时代中国特色社会主义思想的指引下,按照党的十九大部署,新时代中国社会治理现代化将稳步向前推进,中国特色社会主义社会治理体系将进一步完善。

一、社会治理的体制机制将更加完善

(一) 党的领导进一步强化

中国特色社会主义最本质的特征是中国共产党领导,中国特色社会主义制度的最大优势也是中国共产党领导。党的十九大深刻地指出,党政军民学,东南西北中,党是领导一切的。加强和创新社会治理,必须在党的领导下进行。社会治理创新绝不能虚化、弱化,更不能离开党的领导。党的领导和社会主义制度是加强和创新社会治理的重要保障和突出优势。社会组织、非公有制经济组织以及新型社区要加强党组织建设,做到全覆盖、无死角,使党组织成为这些新兴领域社会治理的主心骨。党的十九大指出,要完善党委领导、政府负责、社会协同、公众参与、法治保障的社会治理体制。新时代,面对新形势和新任务,迫切需要构建多元参与的社会治理体制。在诸多社会治理主体中,党的领导居于核心地位。在社会治理中,既要加强党的领导,也要改进党的领导。党的领导一是确保正确的政治方向,保证社会治理在正确的政治轨道上运行,不能偏离中国特色社会主义道路;二是谋大局、定政策,定期研判形势、分析问题、寻找思路、提供支持;三是统揽全局、协调各方,有效整合各种力量和资源,搭建多方参与的平台,妥善处理各种关系,使社会治理规范有序进行。要把加强和创新社会治理,纳入各级党委和政府重要议事日程,纳入地方党政领导班子和领导干部政绩考核指标体系。坚持和强化党的领导,不是让党代替其他社会治理主体包揽一切,而是要充分调动和依靠其他主体积极参与社会治理,要处理好党与政府的关系,也要处理好党与其他各类社会治理主体的关系,形成"一核多元"的治理格局。

(二)联动融合与开放共治进一步加强

2016年10月,习近平总书记指出,社会治理"要更加注重联动融合、开放共治"。联动融合,是指体制内不同主体之间权责更加清晰、衔接更加顺畅、运转更加高效;开放共治,是指体制内力量与体制外力量协调配合、共同治理。很多关系群众切身利益的事情、很多具体的社会问题和社会矛盾,涉及多个部门、多个单位,仅靠一个部门或者一个单位往往难以很好满足和解决群众的合理诉求,需要党委和政府、不同层次的党委政府之间、不同部门之间、政府部门和企事业单位之间协调联动,相互配合、共同努力。要梳理和规范党政各部门社会治理职能,加强顶层设计、整体规划、统筹协调,建立健全社会治理领域权力清单制度和责任追究制度,形成权责明晰、奖惩分明、分工负责、齐抓共管的社会治理责任链条。有些信访事项、利益纠纷、不满情绪的产生,既有历史的原因,也有现实的因素;既有合理的主张,也有过高的诉求甚至无理的要求;既有利益的原因,也有观念和心理的原因,因此,对于解决此类事项和问题,很多时候仅靠党委政府是不够的,需要亲朋好友、当地有威望的社会贤达、有关社会组织等民间力量参与,运用亲情、友情、乡情等民间资源和方法,或者委托给专业社会工作者运用专业化手法、人性化关怀,春风化雨,综合施策地解决疑难杂症。新时代,社会群体和社会阶层越来越多元化、人们的需求越来越多样化、个性化、高级化,社会利益关系、社会问题、社会矛盾也越来越复杂化,满足社会需要、解决社会问题的方法和手段必然不能再走党委政府包打天下的老路。党的十九大提出,深化机构和行政体制改革,统筹考虑各类机构设置,科学配置党政部门及内设机构权力、明确职责,进一步转变政府职能,深化简政放权,这将为社会治理的联动融合、开放共治创造有利条件。

(三) 社会治理的基础制度进一步完善

社会治理的核心是对人的服务和管理。社会良性运行和协调发展,社会治理有效,需要一套科学合理的基础制度作为保障,包括基本的法律制度和社会道德规范,保证体制机制和方式方法能够发挥应有的作用。社会信用和信息体系建设是社会治理基础制度的重要内容。党的十八届五中全会提出,要加强社会治理基础制度建设,建立国家人口基础信息库、统一社会信用代码制度和相关实名登记制度,完善社会信用体系。国家"十三五"规划对此进行了专门的安排,一是在公民身份证号码准确性、唯一性目标基本实现后,加快国家人口信息管理系统升级改造,深入推进居民身份证换发、异地办理和指纹信息登记工作,建立户口和身份证信息联网查询对比制度,逐步实现跨部门、跨地区信息整合和共享,确保基础信息全面准确。近年来,中国努力推进基于公民身份证号码"一人一号、终身不变"的信任根制度,大力推进落实手机号码、银行卡、网络、邮寄快递等方面的实名制,消除网上网下各领域虚假身份,取得了积极的成效。二是推动社会信用体系建设,开展《信用法》相关调研起草工作,加快公共信用信息管理、统一社会信用代码等条例立法进程,推动出台政务诚信建设、个人信用体系建设、电子商务诚信建设等相关规范性文件。推动各地区、各部门依法制定和实施政府信息采集、整理、加工、保存、使用,以及守信激励和失信惩戒等方面的规章制度。2014年出台《社会信用体系建设规划纲要(2014-2020年)》,2016年出台《关于建立完善守信联合激励和失信联合惩戒制度 加快推进社会诚信建设的指导意见》和《关于加快推进失信被执行人信用监督、警示和惩戒机制建设的意见》。积极提升信用征用能力,加强信用体系基础设施建设,例如,抓好全国信用信息共享平台上线、共享、更新、归集、开放、应用、延伸和推送各个环节。① 中国正处于传统社会向现代社会转变的过程中,原有的制度体系和社会治理方式已经难以适应变化发展的需要,很多社会治理基础制度需要重新规划和建设,这将是一个长期的系统工程,不可能一蹴而就,也不可指望毕其功于一役,但是,改革的方向已经明确、框架已经建立,经过持续不断的努力,一定会有积极的成效。

---

① 徐绍史:《〈中华人民共和国国民经济和社会发展第十三个五年规划纲要〉辅导读本》,人民出版社2016年版,第396~398页。

二、社会治理的理念原则将更加优化

(一) 以人民为中心的理念进一步深化

党的十九大报告指出,人民是历史的创造者,是决定党和国家前途命运的根本力量。因此,必须坚持人民主体地位,坚持立党为公、执政为民,践行全心全意为人民服务的根本宗旨,把党的群众路线贯彻到治国理政全部活动之中。人民的概念是具体的,不是抽象的,它是由不同方面的人组成的。换言之,人民是由不同的群体、不同的社会阶层构成的。坚持以人民为中心,就是面向最广大的人民,代表他们的利益、反映他们的诉求、维护他们的权利。新时代,我们要更多地关心困难群众和弱势群体的生产生活困难,维护他们的合法权益。在城镇化进程中,中国现有流动人口达到2.45亿人,其中相当一部分人在城市处于"半市民化"状态,还没在流入地特别是大城市扎下根来,在就业、社会保障、住房和子女教育等方面面临比当地居民更多更大的困难,社会融入面临诸多问题,外来人口与本地居民的矛盾和冲突也时有发生。大量流动人口带来的城镇空巢家庭、农村"三留守"人员(留守儿童、留守妇女、留守老人)问题突出。另外,还有贫困人员、下岗失业人员、困境儿童、残疾人士等弱势人群,都是社会治理需要重点关心的对象。只有木桶的短板补齐了,水桶的盛水量才能增加。同理,只有困难群众和弱势群体的权益维护好、发展好了,社会文明程度才能提高,社会稳定和谐才有保障。坚持以人民为中心,就是要抓住人民最关心、最直接、最现实的利益问题,包括教育、就业、收入分配、社会保障、卫生健康、环境保障、安全等。处理问题、化解矛盾、协调利益时,首先应该从大多数人的角度把握尺度、拿捏分寸,维护公平正义，有时对于弱势群体和困难群众还应给予必要的倾斜保护和特殊照顾。党的十九大提出，打造共建共治共享的社会治理格局。共享是目的，共建和共治是手段；共建是重点和前提，共治是关键和保障；共建和共治相辅相成、互为条件，二者服务于共享这一根本目的。共建共治共享是以人民为中心思想的生动体现和具体要求。

（二）公平正义成为社会治理的核心要义[①]

随着中国社会主要矛盾的变化，公平正义将成为继物质文化需要之后更加强烈和迫切的需要。习近平总书记说，随着中国经济发展水平和人民生活水平不断提高，人民群众的公平意识、民主意识、权利意识不断增强，对社会不公问题反映越来越强烈。总书记高度重视公平正义在社会治理中的核心作用和地位，要求通过制度创新安排，努力克服人为因素造成的有违公平正义的现象，保证人民平等参与、平等发展权利，努力实现规则公平、机会公平和权利公平；要求从人民最关心最直接最现实的利益出发，着力构建公平公正、共建共享的发展新机制，让经济发展更具包容性，让广大人民群众共享改革发展成果；要求"政法战线的同志要肩扛公平天平、手持正义之剑，以实际行动维护社会公平正义，让人民群众切实感受到公平正义就在身边。"新时代，以深化户籍制度改革为抓手的新型城镇化将加快推进，农民进城落户的障碍将越来越小，外来人口与本地居民的权益差异将大大缩小，流动人口的社会融入更加容易。乡村振兴战略的实施必将大大推动城乡融合发展，城乡关系将呈现崭新的面貌，城乡发展差距也将大大缩小。全面从严治党深入推进，"老虎和苍蝇一起打"，开展扫黑除恶专项行动，将净化社会治理环境，保障广大

[①] 魏礼群：《社会治理新思想、新实践、新境界》，中国言实出版社2017年版，第3页。

人民群众的公平正义权利。司法和执法体制改革深入推进、就业和收入分配制度进一步完善、社会保障制度进一步建立健全，都为提高社会治理的公平正义水平提供了制度保障。

（三）维权重于维稳的理念进一步巩固

维权是落实社会源头治理的重要举措。习近平总书记指出，当前，各种人民内部矛盾和社会矛盾已经成为影响社会稳定很突出、处理起来很棘手的问题，而其中大量问题是由利益问题引发的。这就要求我们处理好维稳和维权的关系。从人民内部和社会一般意义上说，维权是维稳的基础，维稳的实质是维权。十八大以来，中国社会治理形势出现根本性好转，打破了犯罪率随着现代化推进必然升高的西方"魔咒"，严重暴力犯罪案件、群体性事件、信访总量、非正常上访量等社会秩序的关键性指标同时出现下降趋势，成为世界上命案发案率较低的国家之一。从20世纪90年代中后期开始，群众信访和群体性事件数量迅猛增加，到党的十六大前后形成历史高峰。其中重要原因是，改革过程中没有能够妥善处理好各种利益关系，没有能够满足各方面群众的合理诉求，一部分群众的利益甚至在改革过程中受到损害，承担了改革和发展的成本和代价。例如，2004年以前，中国农村干群冲突经常发生，主要原因是计划生育工作难、农业税费负担重。随着全面取消农业税和农业各种补贴政策的实施，由于年轻一代生育观念的变化以及放开生育"二孩政策"的实施，农村干群关系大大改善。近年来，党和政府一直倡导服务为先、寓管理于服务之中，坚持源头治理，全面深化改革，多个社会治理领域出现积极的变化，信访和社会治安形势根本好转。比如，随着国有企业改革的深入和各项社会政策的完备，20世纪90年代末国有企业改革引发的职工下岗潮已不会再出现；随着以人为核心的新型城镇化大力推进，因征地拆迁引发的群体性事件频发时期也已基本结束。① 这些积极的成果充分表明只有维护好实现好发展好人民群众的现实利益,才能消除社会不稳定的隐患,才能促进社会长治久安。在习近平新时代中国特色社会主义思想的指引下,维权重于维稳的理念将更加深入人心,成为新时代社会治理的重要原则。

(四) 兼顾秩序与活力

社会治理追求秩序和活力的统一,强调既要追求稳定和秩序,更要激发社会活力。追求秩序和活力的统一是社会治理对社会管理理念的重要发展。过去很长一段时期内,经常出现"一管就死、一放就乱"的局面,在放和管之间、在秩序和活力之间往往顾此失彼。习近平总书记指出,"社会治理是一门科学,管得太死,一潭死水不行;管得太松,波涛汹涌也不行。要讲究辩证法,处理好活力和秩序的关系。"② 党的十八大以来,各级党委政府一直努力纠正过去片面强调维护社会秩序而忽视激发社会活力的做法,取得了显著成绩,致力于社会充满活力又和谐有序。为了有效激发活力,党和政府一直把"简政放权、放管结合、优化服务"作为深化行政审批制度乃至行政体制改革的中心任务,把政府不该管、管不了、管不好的事情交给市场、交给社会,把该由地方和基层政府去做的事情权力下放,正确处理政府与市场、政府与社会、社会与市场以及中央政府和地方政府的关系,激发市场和社会的活力,鼓励和支持大众创业、万众创新,让一切创造财富的源泉充分涌流,努力做到人尽其才、物尽其用,人人心情舒畅。在具体工作中,努力改变简单依靠管卡压罚、硬性维稳的做法,重视疏导化解、柔性维稳,注重动员组织社会力量

---

① 李培林:《用新思想指导新时代的社会治理创新》,载于《人民日报》2018年2月7日。
② 中共中央宣传部编:《习近平总书记系列重要讲话读本 (2006年版)》,学习出版社、人民出版社2016年版。

共同参与，发动全社会一起来做好维护社会稳定工作。党的十九大报告要求，发挥社会组织作用，实现政府治理和社会调节、居民自治良性互动，为社会治理既有活力又有秩序提供了制度和组织保障。

三、社会治理的方式方法将更加科学

（一）法治保障进一步加强

党的十九大提出，"完善党委领导、政府负责、社会协同、公众参与、法治保障的社会治理体制"。法治是社会治理的最优模式。依法进行社会治理，是社会治理现代化的必然要求和重要标志。坚持全面依法治国是习近平新时代中国特色社会主义思想的重要组成部分。因此，党的十九大之后，社会治理领域相关法律法规立改废和相关政策制度制定完善工作的进程会加快，城市居民委员会组织法、村民委员会组织法等法律法规的修订工作也会加快，必将形成上下贯通的社会治理法律制度体系。在健全和完善社会治理法律制度体系的同时，要求各级领导干部提升依法行政、依法办事的能力，善于运用法治思维和法治方式化解矛盾、破解难题、促进和谐；广大群众要依法有序表达诉求、维护权益。在强调法治的同时，还要继续发扬传统社会治理中的德治作用，做到礼法并用。中国历史上一直强调"礼法共治"，认识到徒法不足以自行。党的十八届四中全会指出，国家和社会治理需要法律和道德共同发挥作用。党的十九大提出，加大全民普法力度，建设社会主义法治文化，不仅要求提高公民法治素养、培养全民法治信仰，还要求弘扬社会主义核心价值观，使宪法法律至上、法律面前人人平等的法治理念深入人心，让法治成为全社会的思维方式和行为模式。汲取中华传统法律文化之精华，弘扬家国相通的大局观、仁义诚信的价值观、天人合一的和谐观、礼法结合的秩序观,情理法融合的正义观,让优秀传统法律文化和文明风尚得以弘扬,维护公序良俗成为人们的自觉行为。①

(二)现代科技的作用进一步彰显

社会治理要善于运用多种方式方法,实行综合治理,其中现代科技为日益复杂的社会治理创新提供了工具和手段。科技的发展、技术的进步是现代化的重要推力和必然结果,但是,现代科技发展又是一把"双刃剑",既能造福人类,也会危害社会。现代科技越来越发达,对人们生产生活的影响越来越大,为人类打开了许多意想不到的广阔空间,带来了无限的发展机会,为人类自由而全面的发展创造了良好条件,为解决社会问题、社会矛盾、利益纠纷、公共安全提供了便利的条件和手段。但是,现代科技的快速发展,也是许多社会问题和社会矛盾产生的根源,带来诸多新兴社会风险。只有趋利避害、顺势而为,才能体现科技发展的应有之义。互联网、物联网、人工智能、云计算、大数据技术等现代信息技术的发展,就是现代科技发展成果的一个代表,它们既为人类带来福祉,也引发诸多社会问题,同时还在改变着社会治理方式,为解决社会治理问题提供便利条件。习近平总书记在中共中央政治局第三十六次集体学习时指出,随着互联网特别是移动互联网发展,社会治理模式正在从单向管理转向双向互动,从线下转向线上线下融合,从单纯的政府监管向更加注重社会协同治理转变。他还要求我们要深刻认识互联网在国家管理和社会治理中的作用,以推行电子政务、建设新型智慧城市等为抓手,以数据集中和共享为途径,建设全国一体化的国家大数据中心,推进技术融合、业务融合、数据融合,实现跨层级、跨

---

① 汪永清:《深化依法治国实践》,载于《党的十九大报告辅导读本》,人民出版社2017年版,第284页。

地域、跨系统、跨部门、跨业务的协同管理和服务。近年来，各地纷纷开展智慧城市建设，充分运用大数据、云计算技术服务于社会治理。经济发达的地区例如浙江省、上海市、深圳市等走在了全国前列，经济欠发达地区如贵州省也不甘落后，超前谋划、抢占先机，"云上贵州"做得有声有色，成为西部地区乃至全国的一个先进典型，为社会治理创新提供了有益的经验。

（三）精细化和专业化进一步发展

随着城市化和现代化的深入推进，社会的分工越来越细密，社会事务越来越复杂，人们的需求也越来越多样化，呈现分众化、小众化、差异化和个性化的特点，社会治理进入了精细化和专业化的时代。2017年，中国城镇化率超过了58%，8亿多人常年工作和生活在城镇，相当一部分城市人口集中在100万以上的大城市，其中30个城市人口超过800万、13个城市人口超过1 000万[①]，给城市社会治理提出了新的课题。2017年"两会"期间，习近平总书记对上海代表团的同志说，"走出一条符合超大城市特点和规律的社会治理新路子，是关系上海发展的大问题。""要强化智能化管理，提高城市管理标准，更多运用互联网、大数据等信息技术手段，提高城市科学化、精细化、智能化管理水平。"实施精细化治理的前提是准确地把握人们的具体需求，把握社会问题及社会矛盾的本质及个性特征，精准施策，对症下药，一把钥匙开一把锁，而不是用一种方法进行处理。专业化是精细化的要求和保障，两者密不可分，共同服务于高质量的社会治理。在精准定位社会需要和社会问题的基础上，更多运用专业人士、专业方法服务群众、解决难题。随着精细化和专业化的发展，网格化管理将越来越成熟，现代化的社会调查研究方法

---

① "中国30个城市人口超过800万 13城超1000万"，载于《第一财经日报》2017年8月11日。

将在社会治理中更多地得到运用,社会工作等现代职业将在社会治理中扮演更加重要的角色。

(四)舆情引导更加专业和精准

新时代的社会治理,一要做,二要说。做,就是协调利益关系、处理社会问题,化解社会矛盾,应对突发事件。说,就是发布信息,公开真相,以正视听,消除误会,引导舆论,赢得理解、信任和支持。做好是说好的前提,做不好肯定说不好。但是,做好并不一定能够说好,说有自身的规律和技巧。说好有助于做好;说不好,做的效果会打折扣。因此,在社会治理实践中,既要做好,也要说好,两者相得益彰。党的十八大以来,党和政府高度重视舆论引导工作,首先,要求党委政府公开信息,以公开促公正,引导社会舆论和社会情绪。2017年底,中共中央通过了《中国共产党党务公开条例(试行)》,标志着在原来政务公开的基础上,又迈出了新步伐。其次,建立新闻发言人制度,不仅要求各级党委和政府部门建立专门的新闻发言人和专门的新闻发布机构,而且要求党政主要负责同志成为第一新闻发言人。近年来,一些突发公共事件,如火灾、爆炸、交通事故等,与群众切身利益密切相关,广受关注,成为舆论焦点。各级党委政府在处理这些事件中做了大量的舆情引导工作,为事件的平稳有序处理提供了较好的舆论环境。新媒体时代,传播手段现代化、传播速度快捷化、传播内容复杂化和传播主体分众化,使得党和政府必须更加重视舆论引导和舆情引导工作,把它当作一项极其重要的国家治理和社会治理的重要任务和重要手段。社会群体阶层化和舆论场圈层化趋势越来越明显,对舆论引导工作提出了更高的要求,简单、粗放的舆论引导方式已经难以适应形势的发展变化,要求舆论引导工作更加专业和精准,要求统筹各种舆情引导部门的工作,精心设计议程,科学发布信息,对不同的受众采取灵活多样有效的手段进行定向发布和舆情引导,把握好舆论引导的时、度、效。

四、社会治理的重点任务将更具时代性

（一）统筹推进风险治理和应急处置

社会治理包括正常状态下的风险治理和突发事件发生状态下的应急处置两种类型、两个环节。长期以来，理论界对社会治理的研究主要集中在正常状态的社会风险治理，例如，利益关系如何协调、风险如何防控、社会问题和社会矛盾如何解决等方面，对如何应对突如其来的突发事件研究不够、准备不足。实际工作部门对风险治理重视不够，往往抱着侥幸心理，总认为不会发生突发事件，等到真的有了问题、有了突发事件时又手足无措，经常临时抱佛脚，病急乱投医。2003年，抗击"非典"之后，中国开始建立以"一案三制"为核心的现代应急体系，经过十几年的发展，中国应急管理事业有了长足的发展，体制机制不断建立健全，应急管理逐步走上规范化、科学化和法治化轨道，处置各类突发事件的能力明显提高。2017年1月，国务院办公厅印发了《国家突发事件应急体系建设"十三五"规划》，为新时代国家应急体系建设提供了蓝图，要求按照"补短板、织底网、强核心、促协同"的思路，加强应急管理基础能力、核心应急救援能力、综合应急管理保障能力、社会协同应对能力和涉外突发事件应急能力建设。这一规划的落实不仅会进一步改变应急体系建设基础薄弱、理论滞后和能力较低的状况，而且会进一步推动应急管理向前端的风险治理延伸，使风险防范和应急处置结合起来，共同提升社会治理的能力和水平。

（二）公共安全的地位更加突显

公共安全是社会治理的重要内容。从相关法律和政策规定可以看出，中国公共安全的范围主要涉及自然灾害、生产安全事故、公共卫生事件以及社会安全事件四种类型突发事件的预防、处置和重建工作，目的在于保障人民群众的生命和财产安全。随着中国特色社会主义现代化建设的不断推进，各类风险因素越来越多，公共安全变得越来越紧迫、越来越重要。从突发事件发生态势看，突发事件仍处于易发多发期。地震、地质灾害、洪涝、干旱、极端天气事件、海洋灾害、森林草原火灾等重特大自然灾害分布地域广、造成损失重、救灾难度大。以2016年为例，全年各类自然灾害共造成全国近1.9亿人次受灾，1 432人因灾死亡，274人失踪；52.1万间房屋倒塌，334万间房屋不同程度损坏；农作物受灾面积2 622万公顷，其中绝收290万公顷；直接经济损失5 032.9亿元。① 生产安全事故总量仍然偏大，道路交通、煤矿等矿产开采、危险化学品等重点行业领域重大事故频发，部分城市建筑、生命线工程、地下管网等基础设施随着使用年限增长，事故隐患逐步显现，由于生产安全事故、污染物排放或者自然灾害等因素导致的突发环境污染事件多发，危及公众生命、健康和财产安全，威胁生态环境，造成重大社会影响；鼠疫、霍乱等法定报告传染病时有发生，突发急性传染病在全球不断出现，境外输入传染病以及生物技术误用滥用谬用风险不断增大，食品药品安全基础依然薄弱，公共卫生事件防控难度增大；社会利益关系错综复杂，诱发群体性事件因素较多，涉外安全风险日益增加，社会安全面临新的挑战。从突发事件的复杂程度看，各种风险相互交织，呈现出自然和人为致灾因素相互联系、

---

① 洪毅：《中国应急管理报告2017》，国家行政学院出版社2017年版，第55页。

传统安全与非传统安全因素相互作用、既有社会矛盾与新生社会矛盾相互交织等特点。在工业化、城镇化、国际化、信息化推进过程中，突发事件的关联性、衍生性、复合性和非常规性不断增强，跨区域和国际化趋势日益明显，危害性越来越大；随着网络新媒体快速发展，突发事件网上网下呼应，信息快速传播，加大了应急处置难度。同时，在推进全面建成小康社会进程中，公众对政府及时处置突发事件、保障公共安全提出了更高的要求，而国家应对能力与严峻复杂的公共安全形势还不相适应。因此，防灾减灾救灾、安全生产管理、食品药品安全治理以及紧急医学救援，与社会矛盾化解、社会安全事件处理一样，成为社会治理的重要任务，而且其地位和作用越来越凸显。

（三）统筹开展现实社会治理与网络社会治理

21世纪以来，互联网技术迅猛发展，快速形成了一个庞大复杂的网络社会。由于网络社会的匿名性、平等性、参与性和互动性等特点，它的发展速度远远超出人们的想象。它既独立于现实社会，又与现实社会紧密相连，成为人类历史上新的生存交往空间和方式。网络社会的诞生虽然给人们的生产生活、学习购物、交流交友等带来极大方便，但是网络信息鱼龙混杂、真假难辨，往往充斥着暴力、色情、欺诈、谣言等有害信息，信息安全存在隐患，一些言论不理性、不负责甚至有政治目的，对社会秩序和政治稳定构成威胁，甚至成为违法犯罪的工具和罪恶的避风港。网络社会如同高速公路，如果没有交通警察和交通法规，每个司机为所欲为、不受约束，结果受害的是每一个司机和乘客。据中国互联网信息中心发布的第40次《中国互联网发展状况统计报告》显示，截至2017年6月，中国网民总数占全球网民总数的1/5，达7.51亿；互联网普及率超全球平均水平4.6个百分点，为54.3%。作为绝对意义上的网络大国，统筹开展现实社会的治理和网络社会的治理成为一项紧迫的任务。党的十八大以来，党中央不断强化互联网治理的顶层设计，成立专门的管理机构、制定专门的政策法律，依法实施网络治理，促进网络社会健康有序发展。2014年以来，多次开展针对网络谣言、网络犯罪的专项治理行动。2017年6月1日，《网络安全法》正式实施，标志着中国互联网空间正式进入了依法治理的崭新阶段。

（四）社会心理服务体系建设受到重视

现代社会工作和生活节奏越来越快，工作压力、学习压力、竞争压力、生活压力越来越大，传统的家庭、熟人社会的支持网络却日益变小，新的社会支持的网络又很不稳定，难以满足人们的情感和心理需要，心理健康问题日益浮出水面，成为一个无法回避的现实问题。一些极端的暴力伤人杀人案件以及一些对于个人生命采取极端消极措施的事件，经常见诸媒体报道。有专家根据中国部分地区精神疾病流行病学调查结果估算：中国15岁以上人口中，各类精神疾病患者人数超过1亿人，其中1600万人是重性精神障碍患者，其余大多数是抑郁症、自闭症等精神障碍或心理行为障碍患者。① 还有一些工作、生活、学习、情感受到挫折的人群，缺少家庭和朋友交流的人群，心理往往较为脆弱，例如，失业人员、受过法纪处理的人员、流动人口及其家庭留守人员等。精神异常、心理脆弱，不仅严重影响其本人正常的工作生活，也严重影响其家庭的幸福安康，还会影响社会和谐稳定。习近平总书记说，加强和创新社会治理，核心是人，只有人与人和谐相处，社会才会安定有序。因此，无论是出于保障人权，还是维护社会平安和谐，心理服务都必须得到重视，心理服务体系建设完善刻不容缓。党的十八大开始关注心理健康问题，要求"健全社会心理服务和疏导机制、危机干预机制"。各地积极探

---

① 《你，抑郁了吗?》（民生视线·关注国人心理健康（上）），载于《人民日报》2016年10月14日。

索，积累了不少好的经验，党的十九大在此基础上进行了更系统、更科学的部署，提出"加强社会心理服务体系建设，培育自尊自信、理性平和、积极向上的社会心态"，使得心理服务变得更为积极主动、明确具体，从事后干预向事前防范转变、从零打散敲向体系化建设转变。

（五）城乡社区成为社会治理的重心

由于计划经济时期形成的"单位制"解体和城乡社会结构深刻变化，随着社会治理实践逐步深入，人们越来越强烈地意识到，城乡社区是社会治理的基本单元，是社会治理的重心所在。城乡社区治理事关党和国家大政方针的贯彻落实，事关居民群众切身利益，事关城乡基层和谐稳定。习近平总书记指出，"社会治理的重心必须落到城乡社区，社区服务和管理能力强了，社会治理的基础就实了。要深入调研治理体制问题，深化拓展网格化管理，尽可能把资源、服务、管理放到基层，使基层有职有权有物，更好为群众提供精准有效的服务和管理。"[①] "城乡社区处于党同群众连接的'最后一公里'，要把加强基层党的建设、巩固党的执政基础作为贯穿社会治理和基层建设的一条红线，深入拓展区域化党建。要调整和完善不适应的管理体制机制，推动管理重心下移，把经常性具体服务和管理职责落实下去，把人财物和权责对称下沉到基层，把为群众服务的资源和力量尽量交给与老百姓最贴近的基层组织去做，增强基层组织在群众中的影响力和号召力。"[②] 2016年"两会"期间，习近平总书记参加上海代表团分组审议，就社会治理发表重要讲话，他指出，基层是一切工作的落脚点，社会治理的重心必须落实到城乡、社区。为全面提

---

① 中共中央文献研究室编：《习近平关于社会主义社会建设论述摘编》，中央文献出版社2017年版，第127页。
② 中共中央文献研究室编：《习近平关于社会主义社会建设论述摘编》，中央文献出版社2017年版，第129页。

升城乡社区治理法治化、科学化水平和组织化程度，促进城乡社区治理体系和治理能力现代化，2017年6月，中共中央、国务院颁布了《关于加强和完善城乡社区治理的意见》。党的十九大报告提出，加强社区治理体系建设，推动社会治理重心向基层下移，发挥社会组织作用，实现政府治理和社会调节、居民自治良性互动。这些重要的政策规定必将大大提升城乡社区在社会治理中的地位，促进社区治理体系和治理能力现代化。

主要参考文献

1. 丁元竹著：《中国社会建设战略思路与基本对策》，北京大学出版社 2008 年版。

2. 丁元竹著：《社区的基本理论与方法》，北京师范大学出版社 2009 年版。

3. 费孝通著：《乡土中国》，上海世纪出版集团 2007 年版。

4. 龚维斌、吴旭、葛玉琴主编：《社区社团与社会管理创新》，中国社会出版社 2012 年版。

5. 龚维斌著：《社会结构变迁与社会治理创新》，国家行政学院出版社 2014 年版。

6. 龚维斌主编：《中国社会治理研究》，社会科学文献出版社 2014 年版。

7. 龚维斌编著：《当代中国社会治理实例分析》，云南出版集团公司、云南教育出版社 2014 年版。

8. 龚维斌、马西恒主编：《中国社会管理论丛（2012）——城市进程中的社会管理》，国家行政学院出版社 2013 年版。

9. 李培林著：《社会改革与社会治理》，社会科学文献出版社 2014 年版。

10. 李培林、韩秀记、卢阳旭著：《发达国家和地区社会治理研究》，云南出版集团公司、云南教育出版社 2014 年版。

11. 李强、胡宝荣著：《中国历代社会治理论纲》，云南出版集团公司、云南教育出版社 2014 年版。

12. 李皋、丹彤著：《基层之治》，人民出版社 2018 年版。

13. 李文主编：《中华人民共和国社会史（1949—2012）》，当代中国出版社2016年版。

14. 李文主编：《东亚社会的结构与变革》，社会科学文献出版社2006年版。

15. 陆学艺主编：《当代中国社会结构研究报告（全四册）》，社会科学文献出版社2018年版。

16. 陆益龙著：《后乡土中国》，商务印书馆2017年版。

17. 马庆钰、廖鸿主编：《中国社会组织发展战略》，社会科学文献出版社2015年版。

18. 马福云著：《户籍制度研究：权益化及其变革》，中国社会出版社2013年版。

19. 青连斌著：《求解中国养老难题》，中共中央党校出版社2017年版。

20. ［美］塞缪尔·P.亨廷顿著，王冠华等译：《变化社会中的政治秩序》，生活·读书·新知三联书店1989年版。

21. 魏礼群主编：《创新社会治理案例选（2014）》，社会科学文献出版社2015年版。

22. 魏礼群主编：《社会治理新思想、新实践、新境界》，中国言实出版社2018年版。

23. 宋贵伦主编：《中外社会治理研究报告》（上、下集），中国人民大学出版社2015年版。

24. 孙中山著：《建国方略》，中国长安出版社2011年版。

25. 唐忠新著：《中国城市社区建设概论》，天津人民出版社2000年版。

26. 吴忠民著：《社会公正论》，山东人民出版社2004年版。

27. ［德］乌尔里希·贝克著，何博闻译：《风险社会》，译林出版社2004年版。

28. 谢志强、李慧英主编：《社会政策概论》（第二版），中共中央党校出版社2017年版。

29. 俞可平主编：《城市治理现代化与城市治理创新》，中国社会出版社 2018 年版。

30. 张林江著：《社会治理十二讲》，社会科学文献出版社 2015 年版。

31. 张林江著：《走向"社区＋"时代》，社会科学文献出版社 2018 年版。

32. 张展新、侯亚非等著：《城市社区中的流动人口——北京等 6 城市调查》，社会科学文献出版社 2009 年版。

33. 中共中央文献研究室编：《习近平关于社会主义社会建设论述摘编》，中央文献出版社 2017 年版。

34. 中共中央党史研究室著：《中国共产党的九十年》，中共党史出版社、党建读物出版社 2016 年版。

35. 《中国应急管理的全面开创与发展（2003—2007）》编写组：《中国应急管理的全面开创与发展（2003—2007）》（上、下册），国家行政学院出版社 2017 年版。

后记

本书是集体劳动的成果，龚维斌撰写导言、第五章、第八章和第九章，王涛撰写第一章和第三章，吴超撰写第二章，陈偲撰写第四章，龚春明撰写第六章，翟慧杰撰写第七章。龚维斌设计写作框架，并统修全部书稿。